Inhaltsverzeichnis

Informationen und Tipps zur Prüfung

Beispiele für Prüfungsaufgaben

Original-Prüfungsaufgaben

Basiswissen

Arbeiten mit FiNALE

Vorbemerkung

Dieses Buch ist speziell für die Vorbereitung auf das Deutsch-Abitur 2020 in NRW konzipiert. Dabei wurden die offiziellen Prüfungsvorgaben zugrunde gelegt und die Erfahrungen aus den vorausgegangenen Jahren berücksichtigt.

Zur gezielten Vorbereitung auf das Abitur 2020 bietet FiNALE:

- präzise und übersichtlich angeordnete Informationen zu den **Vorgaben für das Abitur 2020** im Fach Deutsch sowie zum Aufbau, zur Gestaltung und zu den Bewertungskriterien der schriftlichen Abiturprüfungsaufgaben;
- vielfältige **Aufgabenbeispiele mit Beispiellösungen**, die alle Aufgabenarten sowie die vorgeschriebenen inhaltlichen Schwerpunkte und Fokussierungen im Grund- und Leistungskurs berücksichtigen;
- umfangreiche und gut strukturierte Angebote zur systematischen Wiederholung und zeitökonomischen **Vertiefung des erforderlichen Basiswissens** und der grundlegenden Arbeitstechniken;
- eine **Abi-Checkliste** zum Download auf www.finaleonline.de, mit der Sie sich einen Überblick darüber verschaffen können, welchen Wiederholungsbedarf Sie haben und welche Seiten oder Kapitel in FiNALE Sie daher vorrangig bearbeiten sollten;
- **Original-Prüfungsaufgaben** aus vergangenen Jahren zu Grundkurs und Leistungskurs mit ausformulierten, nicht amtlichen Lösungen. Das Zentralabitur 2019 hat zum Zeitpunkt der Drucklegung dieses Buches noch nicht stattgefunden. Sobald die Prüfungsaufgaben zur Veröffentlichung freigegeben sind, können sie zusammen mit ausführlichen Lösungen kostenlos im Internet unter www.finaleonline.de heruntergeladen werden. Dazu müssen Sie folgenden Code eingeben: **DE6P6T2**

FiNALE ist so angelegt, dass Sie sich individuell vorbereiten können. Je nach persönlichen Stärken und Schwächen, die Sie auf www.finaleonline.de mithilfe der Abi-Checkliste ermitteln können, kann die Arbeit mit den einzelnen Kapiteln und Teilkapiteln ausgewählt und an Ihre individuellen Erwartungen und Bedürfnisse angepasst werden.

Der systematische Aufbau und die komprimierte Form fördern eine zeitökonomische und effektive Vorbereitung der Abiturprüfung. FiNALE empfiehlt sich daher als sinnvolle Begleitung und Ergänzung des Fachunterrichts.

Wir wünschen Ihnen viel Erfolg!

Tipps zum Umgang mit FiNALE

Für die Vorbereitung auf die zentrale Abiturprüfung im Fach Deutsch schlagen wir folgende Arbeitsweise vor:

- Um einen Überblick über die verschiedenen Möglichkeiten der Aufgabenstellung zu erhalten, sollten Sie zunächst das Kapitel *Informationen und Tipps zur Prüfung* lesen und sich einen Überblick über die Beispielaufgaben im Kapitel *Beispiele für Prüfungsaufgaben* verschaffen. Zu diesem Zweck ist es zunächst ausreichend, wenn Sie die Aufgabenstellungen gründlich überprüfen und das dazu gehörende Textmaterial aufmerksam durchlesen.
- Laden Sie sich auf www.finaleonline.de die kostenlose Abi-Checkliste zu diesem FiNALE-Band herunter. Die Liste hilft Ihnen dabei, herauszufinden, in welchem Bereich für Sie in der persönlichen Vorbereitung auf das Zentralabitur der größte Handlungsbedarf besteht. Die Liste steht Ihnen als offene Word-Datei zur Bearbeitung am Rechner zur Verfügung. Sie können sich aber auch das PDF ausdrucken und handschriftliche Eintragungen vornehmen. Wenn Sie die Liste bearbeitet haben, sollten Sie sie sich zur Erinnerung über Ihren Schreibtisch hängen. Dann haben Sie Ihren Zeitplan immer im Blick.
- Bearbeiten Sie nun die Kapitel in FiNALE, die laut Checkliste für Ihre Wiederholung besonders wichtig sind. Für die Bearbeitung der Beispielaufgaben bieten sich zwei alternative Herangehensweisen an:

A In Form eines Selbsttests versuchen Sie ausgewählte Beispielaufgaben direkt selbst zu lösen, bevor Sie sich in den weiteren Ausführungen zu den einzelnen Aufgabenbeispielen anschauen, welche Kompetenzen erforderlich sind und welche Erwartungen mit den Aufgaben verbunden sind.

B Nach der Überprüfung der Aufgabenstellungen und dem gründlichen Lesen der Texte beschäftigen Sie sich zunächst intensiv mit den Ausführungen zum *Kompetenzbezug* und zum *Erwartungshorizont,* um dann Ihr Wissen gegebenenfalls im Kapitel *Basiswissen* zu vertiefen, bevor Sie eine eigene Lösung der Aufgabe versuchen.

Das Teilkapitel *Grundlegende Arbeitstechniken* bietet für die Bearbeitung aller Aufgaben wichtige Hinweise zu Lese- und Schreibstrategien, zu Interpretationsverfahren, zu Textmustern, zu rhetorischen Mitteln sowie zur Arbeit an häufig vorkommenden Fehlerquellen in Klausuren.

Bei diesen Vorschlägen zur Arbeitsweise mit FiNALE handelt es sich nur um Anregungen, die Sie nach eigenen Vorstellungen variieren können.

Informationen und Tipps zur Prüfung

Prüfungsvorgaben und Operatoren

Inhaltliche Schwerpunkte

Auf der Grundlage des Lehrplans Deutsch werden in den Aufgaben der schriftlichen Abiturprüfung im Jahr 2020 die folgenden Unterrichtsinhalte vorausgesetzt:

Grundkurs

Inhaltsfeld Sprache:
sprachgeschichtlicher Wandel
- *Dialekte und Soziolekte*

Inhaltsfeld Texte:
strukturell unterschiedliche Dramen aus verschiedenen historischen Kontexten, u. a.:
- *J. W. Goethe: Faust I*

strukturell unterschiedliche Erzähltexte aus verschiedenen historischen Kontexten, u.a. als epische Kurzformen:
- *H. v. Kleist: Die Marquise von O...*
- *J. Hermann: Sommerhaus, später* (Titelerzählung des gleichnamigen Erzählbands)

lyrische Texte zu einem Themenbereich aus verschiedenen historischen Kontexten
- *„unterwegs sein" – Lyrik von der Romantik bis zur Gegenwart*

Leistungskurs

Inhaltsfeld Sprache:
sprachgeschichtlicher Wandel
- *Aktualität der Sapir-Whorf-Hypothese*

Inhaltsfeld Texte:
strukturell unterschiedliche Dramen aus verschiedenen historischen Kontexten, u. a.:
- *J. W. Goethe: Faust I*

strukturell unterschiedliche Erzähltexte aus verschiedenen historischen Kontexten, u.a. als epische Kurzformen:
- *H. v. Kleist: Die Marquise von O...*
- *E.T.A. Hoffmann: Der Sandmann*
- *H. Lange: Das Haus in der Dorotheenstraße* (Titelerzählung des gleichnamigen Novellenbands)

lyrische Texte zu einem Themenbereich im historischen Längsschnitt
- *„unterwegs sein" – Lyrik vom Barock bis zur Gegenwart*

Aufgabenarten

Dies sind die Aufgabenarten, die im Abitur 2020 vorkommen können:

Aufgaben-art **I**	Typ A	Analyse eines literarischen Textes (ggf. mit weiterführendem Schreibauftrag)
	Typ B	Vergleichende Analyse literarischer Texte
Aufgaben-art **II**	Typ A	Analyse eines Sachtextes (ggf. mit weiterführendem Schreibauftrag)
	Typ B	Vergleichende Analyse von Sachtexten
Aufgaben-art **III**	Typ A	Erörterung von Sachtexten
	Typ B	Erörterung von Sachtexten mit Bezug auf einen literarischen Text

Die Aufgabenart IV „Materialgestütztes Verfassen eines Textes mit fachspezifischem Bezug“, die zusätzlich im Lehrplan für das Fach Deutsch genannt wird, ist für das Abitur 2020 nicht vorgesehen und wird deshalb in FiNALE auch nicht weiter thematisiert.

FiNALE bietet Ihnen im Folgenden beispielhafte Aufgaben, die den offiziellen Vorgaben für das Abitur 2020 entsprechen. Sie sind so gewählt, dass die möglichen Aufgabenarten (siehe oben) exemplarisch berücksichtigt sind. Aufgrund der Vielzahl der Kombinationsmöglichkeiten, die sich aus der Obligatorik und den zulässigen Aufgabenarten für die beiden Kursarten – Grund- und Leistungskurs – ergeben, wird hier eine repräsentative Auswahl angeboten.
Im Interesse der Übersichtlichkeit und einer zeitökonomischen Vorbereitung werden die Anforderungen und Erwartungen z. T. stichwortartig präsentiert. Ergänzend dazu werden Aufgaben mit ausformulierten Beispiellösungen angeboten.

Liste der Operatoren

Als Operatoren bezeichnet man Verben, die in den Aufgabenstellungen inhaltlich-methodische Arbeitsanweisungen geben (z. B. *beschreiben, erklären, bewerten* usw.). Gleichzeitig deuten die Operatoren an, welchem Anforderungsbereich die jeweilige Arbeitsanweisung zuzuordnen ist. Während z. B. die Arbeitsanweisung „beschreiben Sie“ dem Anforderungsbereich I (Reproduktion) zuzuordnen ist, gehört „erörtern Sie“ zum Anforderungsbereich III (Reflexion und Problemlösung). Kontrollieren Sie Ihr Wissen zu den Operatoren, indem Sie die einzelnen Aufgabenstellungen im Kapitel *Beispiele für Prüfungsaufgaben* genau überprüfen.
Damit es bei den Abituraufgaben nicht zu Missverständnissen darüber kommt, welcher Anforderungsbereich gemeint ist und welche Arbeitsschritte genau zu leisten sind, gibt es eine Liste von Operatoren, die in den Aufgabenstellungen im Rahmen des Abiturs verwendet werden können.

Übergeordnete Operatoren – alle drei Anforderungsbereiche	
analysieren (interpretieren)	**Literarische Texte:** **Texterfassung, Textbeschreibung, Textdeutung** Erfassen zentraler strukturbildender genretypischer, syntaktischer, semantischer und stilistisch-rhetorischer Elemente und ihrer Funktion für das Textganze unter Berücksichtigung des Wechselbezugs von Textstrukturen, Funktionen und Intentionen **Kontextualisierung** (historischer und aktueller Verstehenshorizont) **Reflektierte Schlussfolgerungen** auf der Grundlage der Ergebnisse der Textdeutung ziehen *Sollte eine Wertung oder Beurteilung gewünscht sein, wird dies ausdrücklich in der Aufgabenstellung formuliert.* **Sachtexte:** **Texterfassung, Textbeschreibung, Textdeutung** Zusammenhang Textstruktur und Textintention, strukturbildende semantische, syntaktische Elemente unter Berücksichtigung der sprachlichen Funktion, Wirkung; Erfassen der pragmatischen Struktur des Textes unter besonderer Berücksichtigung der Argumentationsweise **Reflektierte Schlussfolgerungen** ziehen aus dem Zusammenspiel von Struktur, Intention und Wirkung im Rahmen des historischen und aktuellen Verstehenshorizontes *Sollte eine Wertung oder Beurteilung gewünscht sein, wird dies ausdrücklich in der Aufgabenstellung formuliert.*
erörtern	eine These oder Problemstellung, eine Argumentation durch Für-und-Wider- bzw. Sowohl-als-Auch-Argumente auf ihren Wert und ihre Stichhaltigkeit hin abwägend prüfen und auf dieser Grundlage eine widerspruchsfreie Schlussfolgerung bzw. eigene Stellungnahme verfassen
Generalisierende Aufforderung zur Durchführung konkreter Operationen	
formulieren **darstellen** **verfassen**	einen Sachverhalt, Zusammenhang, eine methodische Entscheidung oder eine Problemstellung strukturiert und fachsprachlich angemessen darlegen
Operatoren – Anforderungsbereich I (Reproduktion)	
(be)nennen	aus einem Text entnommene Informationen, Aspekte eines Sachverhalts, Fakten zusammentragen
beschreiben	Textaussagen oder Sachverhalte in eigenen Worten strukturiert und fachsprachlich richtig darstellen
wiedergeben	Inhalte, Zusammenhänge in eigenen Worten sachlich und fachsprachlich richtig formulieren
zusammenfassen	Inhalte, Aussagen, Zusammenhänge eines Textes komprimiert, strukturiert und fachsprachlich richtig darstellen

Operatoren – Anforderungsbereich II (Reorganisation und Transfer)	
untersuchen erschließen	an Texten, Textaussagen, Problemstellungen, Sachverhalten kriterienorientiert bzw. aspektgeleitet arbeiten
einordnen	einen Inhalt, eine Aussage, eine Problemstellung, einen Sachverhalt in einen vorgegebenen oder selbst gewählten Kontext einbeziehen
vergleichen	Texte, Textaussagen, Problemstellungen, Sachverhalte unter vorgegebenen oder selbst gewählten Aspekten auf der Grundlage von Kriterien gegenüberstellen, in Beziehung setzen und analysieren, um Gemeinsamkeiten, Unterschiede, Teil-Identitäten, Ähnlichkeiten, Abweichungen oder Gegensätze ermitteln zu können
erläutern erklären	Textaussagen, Sachverhalte auf der Basis von Kenntnissen und Einsichten differenziert darstellen und durch zusätzliche Informationen und Beispielen veranschaulichen
in Beziehung setzen	Analyseergebnisse, Textaussagen, Sachverhalte, Problemstellungen mit vorgegebenen oder selbstgewählten Aspekten in Verbindung bringen
Operatoren – Anforderungsbereich III (Reflexion und Problemlösung)	
deuten	unter Berücksichtigung des Wechselbezuges von Textstrukturen, Funktionen und Intentionen, der erfassten zentralen strukturbildenden genretypischen, syntaktischen, semantischen und stilistisch-rhetorischen Elemente und ihrer Funktion für das Textganze Ergebnisse der Textbeschreibung in einen Erklärungszusammenhang bringen
beurteilen	hinsichtlich eines Textes, einer Textaussage, der ästhetischen Qualität eines Textes, eines Sachverhalts, einer Problemlösung, einer Problematik ohne subjektiven Wertebezug mit Bezug auf Fachwissen und -erkenntnis zu einem selbstständigen, begründeten Sachurteil gelangen
bewerten	wie Operator „beurteilen", verbunden mit der Offenlegung begründeter eigener Wertmaßstäbe, die sich aus ausgewiesenen Normen und Werten ableiten
(kritisch) Stellung nehmen	die Einschätzung einer Problemstellung, Problemlösung, eines Sachverhaltes, einer Wertung auf der Grundlage fachlicher Kenntnis und Einsicht nach kritischer Prüfung und sorgfältiger Abwägung formulieren
begründen	ein Analyseergebnis, Urteil, eine Einschätzung, eine Wertung fachlich und sachlich absichern (durch einen entsprechenden Beleg, Beispiele, eine Argumentation)
sich auseinandersetzen mit	zu einer (fachlichen) Problemstellung oder These eine Argumentation entwickeln, die zu einem begründeten und nachvollziehbaren Ergebnis führt

prüfen überprüfen	eine Textaussage, These, Argumentation, Analyseergebnis, einen Sachverhalt auf der Grundlage eigener Kenntnisse, Einsichten oder Textkenntnis auf ihre/seine Angemessenheit hin untersuchen und zu Ergebnissen kommen
entwerfen	in Verbindung mit einer Textvorlage, auf der Grundlage einer konkreten Arbeitsanweisung einen eigenen Text unter Benennung der notwendigen Entscheidungen und Arbeitsschritte planen
gestalten	in Verbindung mit einer Textvorlage, auf der Grundlage einer konkreten Arbeitsanweisung einen eigenen Text nach ausgewiesenen Kriterien erarbeiten

Vorstellung einer Beispielaufgabe für die schriftliche Abiturprüfung

Sie werden sicher wissen, dass Sie im Fach Deutsch drei Aufgabenvorschläge bekommen, aus denen Sie sich einen aussuchen müssen. Die Bearbeitungszeit beträgt im **Grundkurs 210 Minuten** und im **Leistungskurs 285 Minuten**. Da im Fach Deutsch drei Themen zur Auswahl stehen, sind in diesen Bearbeitungszeiten jeweils **30 Minuten Auswahlzeit** enthalten.

Das Deckblatt zu einer dieser Aufgaben könnte für das Abitur 2020 ungefähr so aussehen:

Ministerium für
Schule und Weiterbildung
des Landes
Nordrhein-Westfalen

NRW.

D GK BX 1
Seite 1 von 3

Name: ______________________

Abiturprüfung 2020
Deutsch, Grundkurs

Aufgabenstellung:
Erörtern Sie die Positionen der beiden Rezensenten zu Judith Hermanns Erzählband „Sommerhaus, später“, indem Sie zunächst die zentralen Argumente herausstellen und im Anschluss mit Bezug zur literarischen Vorlage Stellung zu den beiden Argumentationsansätzen beziehen.

Materialgrundlage:
- Text 1: Ador: Judith Hermann: Sommerhaus später. Aus: FAZ – Frankfurter Allgemeine Zeitung vom 17.3.2002
- Text 2: Edo Reents: Judith Hermanns erster Roman: Stella oder das Märchen vom Stalker (Auszug). Aus: FAZ – Frankfurter Allgemeine Zeitung vom 18.8.2014

Zugelassene Hilfsmittel:
Wörterbuch zur deutschen Rechtschreibung

Im Anschluss an das Deckblatt folgen der Text bzw. die Texte und gegebenenfalls Anmerkungen (z. B. Worterklärungen, Hinweise zum Autor oder auch Bildmaterial). Jede Aufgabenstellung sollte unter folgenden Aspekten genau überprüft werden:

- Auswertung der Aufgabenformulierungen unter genauer Beachtung der Operatoren, die verwendet werden;
- Bestimmung der Arbeitsschritte, die die Operatoren erfordern;
- Gewichtung der Teilaufgaben;
- Konsequenzen für die Einteilung der eigenen Arbeitszeit.

Im Teilkapitel *Grundlegende Arbeitstechniken* (→ S. 104 ff.) erhalten Sie nützliche Entscheidungshilfen für die Aufgabenauswahl.

Hinweise zur Bewertung der Klausuren

DieLehrkräfte bekommen für jede Aufgabe Bewertungskriterien an die Hand, die ähnlich aussehen, wie unten gezeigt. Zunächst werden Kursart und Aufgabentyp angegeben.

Deutsch
Informationen für die Hand der Lehrerin/des Lehrers

Grundkurs ☒ Leistungskurs ☐

Aufgabenart **I**	Typ A	Analyse eines literarischen Textes (ggf. mit weiterführendem Schreibauftrag)	
	Typ B	Vergleichende Analyse literarischer Texte	
Aufgabenart **II**	Typ A	Analyse eines Sachtextes (ggf. mit weiterführendem Schreibauftrag)	
	Typ B	Vergleichende Analyse von Sachtexten	
Aufgabenart **III**	Typ A	Erörterung von Sachtexten	
	Typ B	Erörterung von Sachtexten mit Bezug auf einen literarischen Text	X

Dann folgen Vorgaben für die inhaltliche Auswertung. Insgesamt gibt es eine maximal zu erreichende Punktzahl (in der Regel zwischen 110–120 Punkten).

Die *Teilaufgaben* (in der Regel gibt es zwei) der jeweiligen Aufgabenstellung und die gesondert ausgewiesene *Darstellungsleistung* (→ S. 15) werden dabei durch die vorgegebene maximal zu erreichende Punktzahl gewichtet. Während die Gewichtung der Teilaufgabe je nach Umfang und Anspruchsniveau variieren kann, umfasst die Darstellungsleistung in der Regel ca. 30 % der maximalen Gesamtpunktzahl.

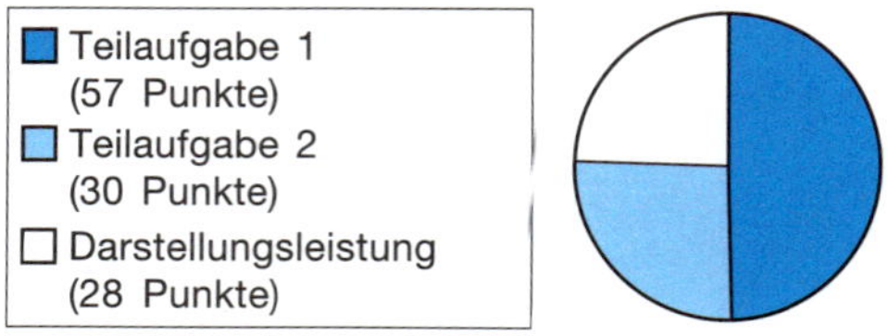

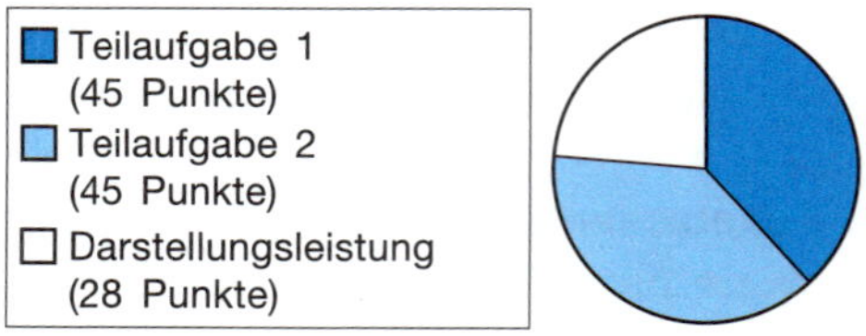

Inhaltliche Leistungen

Vorgaben für die Bewertung der Schülerleistungen
Teilleistungen – Kriterien

a) inhaltliche Leistung
Darstellung der zentralen Argumente der Rezensionen

	Anforderungen **Der Prüfling**	**maximal erreichbare Punktzahl (AFB)**
1	nennt die äußeren Textmerkmale: Autor, Titel, Textsorte, Erscheinungsort.	4 (I)
2	benennt zentrale Unterschiede beim ersten Vergleich der Texte: unterschiedliche Länge, gegensätzliche Gesamtbewertung, Bezug zur Erzählung, zeitliche Distanz zur Entstehungszeit.	6 (I)
3	stellt die wesentlichen Kerngedanken beider Rezensionen sachgemäß dar, indem er zu Text 1 herausarbeitet, dass der Autor die Erzählung sehr positiv bewertet und dafür z. B. folgende Begründungen nennt: Erzeugung einer spezifischen Stimmung („angespannte Ruhe") durch das Zusammenspiel von sprachlicher Reduktion (Beschränkung des Wortmaterials, Einfachheit der Sätze) und handlungsarmer inhaltlicher Anlage der Gesichte.	8 (II)
…		
7	fasst die zentralen Ergebnisse in einer Schlussbemerkung strukturiert zusammen, indem er herausstellt, dass die Technik der sprachlichen Reduktion und die an Emotionslosigkeit grenzende Gelassenheit gegenüber dem erzählten Geschehen den Reiz und die Qualität der Erzählung für den Rezensenten ausmachen.	6 (III)
…		
9	erfüllt ein weiteres aufgabenbezogenes Kriterium.	5

Stellungnahme zu den Argumentationsansätzen

	Anforderungen **Der Prüfling**	**maximal erreichbare Punktzahl (AFB)**
1	schildert einleitend seine eigenen Leseerfahrungen, indem er z. B. darstellt	

Die Tabelle lässt erkennen, dass für die korrigierende Lehrerin bzw. den korrigierenden Lehrer zu jeder Teilaufgabe Anforderungen formuliert werden, die die Schülerinnen und Schüler erbringen müssen. Vor dem Hintergrund wird entschieden, inwieweit die Erwartungen an die Lösungsqualität erfüllt wurden und welche Punktzahl vergeben wird. Aus der Summe der vergebenen Punkte für die Teilleistungen ergibt sich dann die Punktzahl für die jeweilige Aufgabe.
Darüber hinaus können zusätzliche Teilleistungen berücksichtigt werden, die in den Vorgaben nicht explizit aufgeführt werden. Die dabei maximal zu erreichende Punktzahl wird in Klammern angegeben (siehe Grafik S. 12 unten). Die für die jeweilige Teilaufgabe vorgesehene Höchstpunktzahl kann dadurch allerdings nicht überschritten werden. Das heißt, dass durch eine zusätzlich erbrachte Teilleistung Minderleistungen in anderen Anforderungsbereichen derselben Teilaufgabe etwas ausgeglichen werden können.

TIPP

Abituraufgaben werden so gestellt, dass sie alle drei Anforderungsbereiche umfassen. Der **Schwerpunkt der Bewertung** liegt in der Regel auf dem Anforderungsbereich II.
Beachten Sie, dass mit einer Klausur, in der nur Leistungen im Anforderungsbereich I erbracht werden, die Note „ausreichend" nicht erreicht wird.

Die einzelnen Teilleistungen werden folgenden drei **Anforderungsbereichen** (AFB in der rechten Spalte der Tabelle) zugewiesen:

Anforderungsbereich (AFB)	
I	Reproduktion
II	Reorganisation und Transfer
III	Reflexion und Problemlösung

Die Teilleistungen in den AFB II und III werden höher bewertet als im AFB I, da zunehmend komplexere kognitive Operationen zu erbringen sind. Während in der Beispielaufgabe maximal 3 Punkte durch richtiges Benennen der äußeren Textmerkmale erreicht werden können, gibt es maximal 6 Punkte, wenn die wesentlichen Ergebnisse der Analyse in einer Schlussbemerkung strukturiert zusammengefasst werden. Die vorgegebene Maximalpunktzahl zeigt also die Gewichtung der einzelnen Teilaufgaben.

Darstellungsleistung

Wie bereits oben angedeutet, wird die Darstellungsleistung in den Informationen für die Hand der Lehrerin/des Lehrers neben den inhaltlichen Leistungen gesondert ausgewiesen, wie in folgendem Beispiel:

b) Darstellungsleistung

	Anforderungen **Der Prüfling**	**maximal erreichbare Punktzahl (AFB)**
1	**strukturiert seinen Text kohärent, schlüssig, stringent und gedanklich klar.** • angemessene Gewichtung der Teilaufgaben in der Durchführung • gegliederte und angemessen gewichtete Anlage der Arbeit • schlüssige Verbindung der einzelnen Arbeitsschritte • schlüssige gedankliche Verknüpfung von Sätzen	6
2	**formuliert unter Beachtung der fachsprachlichen und fachmethodischen Anforderungen.** • begründeter Bezug von beschreibenden, deutenden und wertenden Aussagen • Verwendung von Fachtermini in sinnvollem Zusammenhang • Beachtung der Tempora • korrekte Redewiedergabe (Modalität)	6
3	**belegt Aussagen durch angemessenes und korrektes Zitieren.** • sinnvoller Gebrauch von vollständigen oder gekürzten Zitaten in begründender Funktion	3
4	**drückt sich allgemeinsprachlich präzise, stilistisch sicher und begrifflich differenziert aus.** • sachlich-distanzierte Schreibweise • Schriftsprachlichkeit • begrifflich abstrakte Ausdrucksfähigkeit	5
5	formuliert lexikalisch und syntaktisch sicher, variabel und komplex (und zugleich klar).	5
6	schreibt sprachlich richtig.	3
	Summe	28

Die Qualität der Darstellung kann für eine ganze Notenstufe (z. B. 2+, 2, 2–) ausschlaggebend sein.

Die Gesamtpunktzahl, die in einer Klausur erreicht wird, ergibt sich rechnerisch also folgendermaßen:

Summe der Punkte aus Teilaufgabe 1
\+ Summe der Punkte aus Teilaufgabe 2
\+ Summe der Punkte für die Darstellungsleistung
Gesamtpunktzahl

Hinweise für die mündliche Abiturprüfung

Wenn Sie Deutsch als viertes Abiturfach gewählt haben, werden Sie eine mündliche Abiturprüfung in diesem Fach ablegen.
Doch auch bei der Wahl von Deutsch als erstem bis drittem Abiturfach kann neben der schriftlichen eine mündliche Prüfung erfolgen,

- falls Ihre Leistung im schriftlichen Abitur um mehr als 3,75 Punkte von Ihrer Vornote abweicht oder
- wenn Sie sich – unter bestimmten Voraussetzungen – entscheiden, zur Verbesserung Ihrer Note zusätzlich in eine mündliche (Nach-)Prüfung zu gehen.

Ist Deutsch Ihr viertes Fach, stellt die Lehrkraft Ihnen eine Aufgabe, für deren Bearbeitung Sie **30 Minuten Vorbereitungszeit** haben. Ein Beispiel für eine mündliche Prüfung finden Sie auf Seite 100. Die Vorbereitung erfolgt in einem gesonderten Raum.
Die **Aufgabe** bezieht sich, wie in der schriftlichen Prüfung, auf einen der inhaltlichen Schwerpunkte aus der Qualifikationsphase, aber der Umfang des Textes ist deutlich geringer. Die Aufgabe selbst beinhaltet, anders als in einer Klausur, meist nur eine Teilaufgabe.

TIPP zum Punktesammeln

Gehen Sie bei der Erarbeitung der Aufgabe vor, wie Sie es aus dem Unterricht bzw. von Ihren Klausuren kennen. Es wird ein **freier Vortrag** von Ihnen erwartet. Dieser sollte möglichst eng am Text bleiben, sinnvoll gegliedert sein und Zusammenhänge zwischen Form und Inhalt, Text und literaturwissenschaftlichem Kontext herstellen. Notieren Sie Ihre Stichwörter also sehr strukturiert.

Insgesamt dauert die **mündliche Prüfung mind. 20, max. 30 Minuten**. Im Prüfungsraum erwarten Sie neben Ihrem Deutsch-Fachprüfer zwei weitere Deutschlehrer als Prüfungskommission. Für den **Vortrag Ihrer Ergebnisse** haben Sie bis zu **10 Minuten** lang Zeit. Anschließend sind Nachfragen dazu möglich.
Danach leitet Ihr Fachprüfer zu **einem oder mehreren Themen aus der Qualifikationsphase Deutsch** über, ggf. mit einer gedanklichen Verknüpfung der Prüfungsteile, zu der Sie beitragen können. Zu diesen Themen findet mit Fragen oder Impulsen das Prüfungsgespräch statt.
Bewertet werden die Komplexität der dargestellten Gegenstände, die sachliche Richtigkeit und Schlüssigkeit Ihrer Aussagen, die Vielfalt der Aspekte, die Differenziertheit Ihrer Aussagen (u. a. die Qualität eigener Argumentationen), die methodisch überzeugende, strukturierte Vorgehensweise, der sichere Umgang mit der Fachsprache und die Erfüllung standardsprachlicher Normen.

Beispiele für Prüfungsaufgaben

Die Aufgabenstellung richtig verstehen

Finden Sie heraus, was GENAU Sie tun sollen, bevor Sie eine Klausur ausarbeiten oder sich in der Prüfungssituation für eine der angebotenen Aufgaben entscheiden. Denn Punkte gibt es bei der Bewertung der Abituraufgabe nur für das, was tatsächlich verlangt wird.

TIPP zum Punktesammeln

Lesen Sie die Aufgabe mehrfach gründlich durch und prüfen Sie:
- Welcher Operator wird verlangt (= was ist zu tun, vgl. S. 9 ff.)?
- Gibt es ergänzende Hinweise für die Ausarbeitung (z. B. „und", „indem")?
- Wird ein inhaltlicher und/oder methodischer Fokus vorgegeben?
- Kann man bestimmte Aspekte auswählen oder sind alle obligatorisch?
- Gibt es Hinweise zum Umfang der Teilaufgaben/Anteil an den Gesamtpunkten?
- Werden Zeiträume zur Bearbeitung von Teilaufgaben vorgeschlagen?

Es ist sinnvoll, die im Tipp genannten Fragen mithilfe von Unterstreichungen und Markierungen zu kennzeichnen. Am folgenden Aufgabenbeispiel zeigen wir Ihnen exemplarisch, wie man durch aufmerksames Lesen wichtige Hinweise erhält:

Aufgabenstellung (Beispiel)

1. Analysieren Sie das Gedicht „Schöne Fremde" von Joseph von Eichendorff. Berücksichtigen Sie dabei auch seine Epochenzugehörigkeit.
2. Vergleichen Sie das Gedicht Eichendorffs mit dem Gedicht „Verfall" von Georg Trakl im Hinblick auf das Selbstverständnis des lyrischen Ichs, die Darstellung des Sehnsuchtsmotivs sowie die formale und sprachliche Gestaltung des Gedichts. Berücksichtigen Sie auch die jeweilige Entstehungszeit.

Ergänzend zu den übergeordneten Operatoren (vgl. S. 9 ff.) enthalten Aufgabenstellungen in der Regel zusätzliche Hinweise, was inhaltlich erwartet wird. Es handelt sich hier durchaus auch um Operatoren, welche jedoch nicht in der offiziellen Liste enthalten sind. Sie können z. B. so lauten: „bestimmen", „eingehen auf", „entwickeln", „berücksichtigen", „einführen", „einbetten", „in Beziehung setzen" oder „(kritisch) Stellung nehmen". Erstellen Sie eine kurze Liste mit den in der Aufgabenstellung benannten Aspekten und prüfen Sie während des Schreibens und nach Abschluss Ihrer Arbeit, ob Sie zu allen Aspekten etwas geschrieben haben.

Exemplarische Analyse der Aufgabenstellung:

> **1** Analysieren Sie das Gedicht „Schöne Fremde" von Joseph von Eichendorff. Berücksichtigen Sie dabei auch seine Epochenzugehörigkeit.

übergeordneter Operator (unterscheiden Sie zudem: Handelt es sich um einen literarischen Text oder um einen Sachtext?)

Hinweis auf **einen** verbindlich zu bearbeitenden Aspekt, hier: Epochenzugehörigkeit. Die Ergänzung dabei auch grenzt den Umfang, den Sie diesem Teilaspekt bei der Bearbeitung der Aufgabe widmen, deutlich ein. Es handelt sich um einen unter mehreren Aspekten der Analyse.

> **2** Vergleichen Sie das Gedicht Eichendorffs mit dem Gedicht „Verfall" von Georg Trakl im Hinblick auf das Selbstverständnis des lyrischen Ichs, die Darstellung des Sehnsuchtsmotivs sowie die formale und sprachliche Gestaltung des Gedichts. Berücksichtigen Sie auch die jeweilige Entstehungszeit.

übergeordneter Operator (Was soll womit verglichen werden?)

Hinweis auf **vier** verbindlich zu bearbeitende Aspekte, hier: Selbstverständnis des lyrischen Ichs, Sehnsuchtsmotiv, formale und sprachliche Gestaltung, jeweilige Entstehungszeit. Die Ergänzung auch grenzt den Umfang, den Sie diesem Teilaspekt bei der Bearbeitung der Aufgabe widmen, deutlich ein. Es handelt sich um einen unter mehreren Aspekten der Analyse.

TIPP zum Punktesammeln

Achten Sie sorgfältig darauf, ob überhaupt etwas über den „reinen" Operator hinaus (z. B. Analyse oder Vergleich eines Textes) verlangt wird. Wenn Hintergrundwissen gefordert ist, z. B. zu Epochen, zur Entstehungszeit oder zu Gattungen/Textsorten, sollten Sie **keinesfalls einfach auswendig gelernte Passagen einfügen**. Binden Sie Ihr Wissen in Ihre Darstellung ein, indem Sie es auf den Gegenstand der Analyse oder Argumentation beziehen.

Fokus: Dialekte – Soziolekte

Grundkurs, Aufgabenart II A

Analyse eines Sachtextes (ggf. mit weiterführendem Schreibauftrag)

Aufgabenstellung

1. Analysieren Sie den Zeitungsartikel „Dialekt im Umbruch. Das Ende der Bulette" von Wolfgang Krischke und nehmen Sie mit Bezug auf Ihre Analyse abschließend Stellung zu der Frage, ob der Erhalt regionaler Mundarten zum Beispiel durch die Einführung eines entsprechenden Unterrichtsfachs gefördert werden sollte.

TIPP Die Aufgabenstellung verstehen

Analysieren Sie: Der Operator bezieht sich auf einen Sachtext. Die Textart (hier: Zeitungstext) ist benannt.
Nehmen Sie Stellung: Der Operator fordert eine eigenständige Einschätzung der Problemstellung, allerdings mit Bezug auf Ihre Analyse des Zeitungstextes.
zum Beispiel bedeutet, dass Sie diesen Vorschlag aufgreifen, aber ggf. auch eine andere Art der Förderung von Dialekt befürworten oder ablehnen können.

Materialgrundlage

Wolfgang Krischke: Dialekte im Umbruch. Das Ende der Bulette. Aus: F.A.Z. vom 19.09.2018, https://www.faz.net/-gqz-9ekbu (04.05.2019) © Alle Rechte vorbehalten. Frankfurter Allgemeine Zeitung GmbH, Frankfurt. Zur Verfügung gestellt vom Frankfurter Allgemeine Archiv.

Dialekte im Umbruch – Das Ende der Bulette *Wolfgang Krischke*

Dialekte gelten als bewahrenswerte Zeugnisse beschaulicherer Zeiten. Aber die Sprachlandschaft ist im Umbruch, seit es Massenmedien und digitale Netzwerke gibt.

Wer durch die verwinkelten Gassen von Marburg spaziert, vorbei an seinen spitzgiebeligen Fachwerkhäusern, fühlt sich in ein Reservat deutscher Butzenscheibenromantik versetzt. Dass hier, im nordhessischen Studienort der Brüder Grimm, mit dem Forschungszentrum Deutscher Sprachatlas die größte Einrichtung der germanistischen Dialektforschung beheimatet ist, scheint gut zu passen. Schließlich gelten auch die Dialekte heutzutage als bewahrenswerte Zeugnisse beschaulicherer Zeiten, aus Wörtern gefügt, statt aus Stein.

Doch mit derlei Sprachnostalgie haben die Linguisten im Marburger Forschungszentrum wenig im Sinn. Und auch dem Gebäude, in dem sie arbeiten, fehlt jeder altfränkische Charme. Der helle Neubau mit seinen Labors für phonetische Analysen und digitale Sprachverarbeitung strahlt kühle Funktionalität aus. Dieser Geist der Moderne passt durchaus zur aktuellen Situation der Mundarten. Das machte der Kongress der Internationalen Gesellschaft für Dialektologie des Deutschen, der hier unlängst stattfand, deutlich. Die Vorträge und Diskussionen zeigten eine Dialektlandschaft im rapiden Umbruch, unter dem Druck einer kommunikativen Dynamik, die immer stärker durch Mobilität, Massenmedien und digitale Netzwerke geprägt ist. Die volkstümliche Vorstellung von der Mundart als Sprachidyll im stillen Winkel – schon immer mehr Fiktion als Fakt – hat endgültig ausgedient.

Stärker ist der Schwund in Mittel- und Norddeutschland

Zwar steht der baldige Tod der Dialekte, der bereits vor dreihundert Jahren prophezeit wurde, nicht bevor. Aber ihr Rückzug lässt sich nicht leugnen. Die bairischen und alemannischen Mundarten sind noch ziemlich fest verankert, auch wenn in der jungen Generation die Kompetenz zu bröckeln beginnt. Stärker ist der Schwund in Mittel- und Norddeutschland, besonders in den ostdeutschen Bundesländern. In diesen Gegenden können viele Jüngere ihre Heimatmundart nicht einmal mehr verstehen. Allerdings verbergen sich hinter den Durchschnittsbefunden starke regionale Unterschiede. Ostfriesland beispielsweise hat sich in aktuellen Untersuchungen als Bastion des Plattdeutschen erwiesen, während Mecklenburg-Vorpommern, die Heimat Fritz Reuters, zur mundartfreien Zone zu werden droht.

Dort wo die lokalen Dialekte aus der Alltagskommunikation verschwinden, hält allerdings nicht das keimfreie Standarddeutsch der Nachrichtensprecher Einzug, sondern ein großräumiges, regional geprägtes Umgangsdeutsch, das zwischen Dialekt und Standard oszilliert. Beispiele für solche Verschmelzungs- und Überformungsprozesse sind das Moselfränkische und das Rheinfränkische in Teilen von Rheinland-Pfalz, Hessen und Baden-Württemberg. Diese Entwicklungen im gesamten deutschen Sprachraum zu erfassen und zu kartieren ist ein langfristiges Projekt des Marburger Forschungszentrums. Viele Formen des regionalen Umgangsdeutschs wie „getz (jetzt)" oder „bissu (bist du)", „dem sein Vater", „das ist ein ganz ein Schlauer" oder „er ist das Auto am reparieren" sind schriftsprachlich falsch, verleihen dem Sprecher aber „Stallgeruch".

Wo trägt man „Puschen"?

Allerdings ist mitunter schwer festzustellen, was an einem Regiolekt wirklich regionale Wurzeln hat und was nur einer auf Nähe und Mündlichkeit ausgerichteten Kommunikation entspringt. Gerade diese Überlagerungen und Mischungen könnten aber Keimzellen für neue Sprachformen sein, meinte Michael Elmentaler (Kiel), der deshalb dafür plädierte, in den Regiolekten nicht nur die Schwundstufen dialektaler Vielfalt zu sehen. Wörter mit regionaler Signalwirkung liefern immer wieder Stoff für anregende Unterhaltungen: Wo trägt man „Puschen" oder „Pantoffeln", zeigt die Uhr „viertel zehn" oder „Viertel nach neun", kaut man auf dem „Knust", dem „Küppchen", dem „Knäuschen" oder dem „Scherzl"?

Stephan Elspaß (Salzburg) und seine Kollegen haben per Online-Umfrage den Wortgebrauch von fast zwei Millionen vorwiegend jungen Sprechern erhoben. Die Antworten von 800000 dieser Informanten haben sie mittlerweile ausgewertet und mit den Ergebnissen früherer Untersuchungen zur Alltagssprache verglichen. Was sich abzeichnet, sind ein Rückgang von weniger weit verbreiteten Formen und eine regionale Arrondierung[1]. So schiebt zum Beispiel der „Schluckauf" viele seiner Synonym-Kollegen – den „Schnackel", „Schluckser" oder „Hecker" – allmählich aufs Abstellgleis. Im gesamten Westen Deutschlands macht derweil die „Frikadelle" der „Bulette", dem „Klops" und dem „Fleischküchle" den Garaus, die allerdings in anderen Gegenden weiterhin in den Mund genommen werden.

Sprachgrenzen sind ein wichtiger Teil regionaler Identität. Aber nicht immer stimmen reale und gefühlte Grenzen überein. Das gilt besonders für die ehemalige innerdeutsche Grenze, wie Stephanie Sauermilch (Münster) und Nicole Palliwoda (Siegen) durch Interviews und Tests mit Menschen im früheren Grenzgebiet festgestellt haben. Obwohl die Probanden westlich und östlich der ehemaligen Grenze objektiv dieselben Dialekte sprechen, hört in ihrer Selbstwahrnehmung die eigene Mundart jeweils an der Grenze auf. Jenseits „spricht man ganz anders", dort „gibt es gar keinen Dialekt".

Die heutigen Regiolekte haben jahrhundertealte Wurzeln, wie Brigitte Ganswindt (Marburg) ausführte. Sie reichen zurück in eine Zeit, in der das Hochdeutsche nur auf dem Papier existierte, als Schriftsprache, deren Buchstaben die Menschen in der Lautung ihrer Dialekte aussprachen. Das taten auch die Klassiker: Als Schiller in Mannheim schwäbelnd aus seinen Werken vortrug, reagierten die Zuhörer befremdet, und wenn der Frankfurter Goethe „Ach neige, du Schmerzensreiche" reimt, so ist das seinem rheinfränkisch geprägten Hochdeutsch geschuldet, in dem es „neiche" heißt.

Einen großen Schub hin zur heutigen Standardsprache brachten die dreißiger Jahre des vergangenen Jahrhunderts, als Radio und Tonfilm zu Massenmedien wurden. Ihre Sprecher orientierten sich an der buchstabengetreuen Leseaussprache der Norddeutschen. Als Norm existierte sie zwar schon zuvor, doch nur in der Theorie. Jetzt aber wurde sie für jedermann hörbar und machte vielen Menschen erst bewusst, wie stark gefärbt ihr eigenes Hochdeutsch war. Eine Umwertung begann, die bis heute anhält: Was bis dahin als Hochsprache zählte, wird nun zum „Substandard" herabgestuft, während sich die Nachrichtensprache des Rundfunks als Goldstandard des reinen Hochdeutschs durchgesetzt hat.

1 **Arrondierung** = Zusammenlegung, Abrundung (gebräuchlich bei Grundstücken)

Beispiellösung

Einführung in das Thema

Beim vorliegenden Text „Dialekte im Umbruch. Das Ende der Bulette" von Wolfgang Krischke handelt es sich um einen Zeitungstext, der am 19.9.2019 in der Tageszeitung „FAZ" erschienen ist.

Der Verfasser stellt in seinem Artikel Veränderungstendenzen in Bezug auf die Nutzung von Mundarten bzw. Dialekten im Alltag fest, die er jedoch für einen zeitgemäßer Ausdruck des Sprachwandels hält. Er grenzt sich klar von Positionen ab, die für den Schutz von Dialekten in ihrer ursprünglichen Form eintreten.

Auseinandersetzung mit der Argumentation

Der argumentative Aufbau gliedert sich in drei Teile, wobei der zweite und dritte Teil durch Zwischenüberschriften eingeleitet werden.

Der erste Teil entfaltet die Gegenüberstellung zweier Positionen: Einerseits herrscht die Meinung, dass Dialekte als Zeugnisse der Sprachgeschichte geschützt werden sollten, während andererseits nicht zu übersehen sei, dass die Entwicklung der Massenmedien und digitalen Netzwerke zum Umbruch in der Sprachlandschaft geführt habe.

Im ersten Abschnitt unterstellt der Verfasser, dass viele meinen, die historische Altstadt Marburgs sei ‚als Reservat deutscher Butzenscheibenromantik' ein bestens geeigneter Ort für die größte Einrichtung germanistischer Dialektforschung, da sowohl die Altstadt als auch Dialekte als schützenswerte Zeugnisse der Vergangenheit betrachtet würden.

Parallel zum „aber" im Head leitet das „doch" (Z. 14) zu Beginn des zweiten Abschnitts die Opposition dazu ein. Das Marburger Forschungszentrum für Dialektforschung sei dem sog. „Geist der Moderne" (Z. 21 f.) verpflichtet, der zur aktuell tatsächlich gegebenen Umbruchsituation der Mundarten passe. Hier stehe wissenschaftliche Klarheit und Aktualität einer Sprachnostalgie im stillen Winkel entgegen. Seine Einschätzungen begründet der Verfasser mit Erfahrungen, die er im Verlauf eines Kongresses sammeln konnte, der von der Internationalen Gesellschaft für Dialektologie des Deutschen vor Kurzem in Marburg durchgeführt wurde.

Der antithetische Aufbau des Head und des ersten Teils des Textes sowie die Wortwahl bei der Beschreibung der Position, die nicht die seinige ist (z. B. „Butzenscheibenromantik" (Z. 4 f.), „bewahrenswerte Zeugnisse beschaulicher Zeiten" (Z. 11 f.) oder „volkstümliche Vorstellung von der Mundart" (Z. 32)) lassen keinen Zweifel daran, dass der Verfasser kein Freund einer statischen, unveränderlichen Sprachauffassung.

Mit der Überschrift „Stärker ist der Schwund in Mittel- und Norddeutschland" wird der zweite Teil des Textes eingeleitet, in dem es um eine aktuelle Standortbestimmung der Dialektlandschaft geht. Vor allem die Situation in Mittel- und Norddeutschland zeige, dass sich ein Rückzug der Dialektsprache nicht mehr leugnen lasse, zumal jüngere Generationen ihre Heimatmundarten häufig gar nicht mehr verstünden. Der Verfasser bezieht sich auf Ergebnisse des Kongresses, ohne dass konkrete Fakten genannt werden. Neu und durchaus positiv zu bewerten erscheinen ihm beobachtbare Tendenzen der Verschmelzung von lokalen Dialekten mit dem Standarddeutsch in der Alltagskommunikation. Viele Formen dieses regionalen Umgangsdeutsches bildeten sich heraus, da sie dem Sprecher „Stallgeruch" (Z. 77) verleihen würden.

Mit der Überschrift „Wo trägt man ‚Puschen'?" beginnt der dritte Teil des Textes, in dem der Verfasser einige Kurzberichte zu Beiträgen des oben angesprochenen Kongresses als Beispiele für den informativen Gehalt, aber auch zur Stärkung der eigenen Position anführt. Die vier angesprochenen Beiträge verbindet, dass sie mit unterschiedlicher Akzentsetzung Aspekte der in der Überschrift angedeuteten Umbruchsituation der Dialekte thematisieren. Vor diesem Hintergrund erscheint es nachvollziehbar, dass der Verfasser als erstes Beispiel den Beitrag von Michael Ementaler aus Kiel aufgreift, der dafür plädiert, die Entstehung neuer Sprachformen durch Mischung und Verschmelzung stärker als positives Element des Sprachwandels zu begreifen und nicht nur den Schwund alter Dialektformen zu bedauern (Z. 83 – 96). Der Verfasser bezieht sich zudem auf Stephan Elspaß (Salzburg) und seine

Kollegen, die z. B. durch eine Online-Umfrage zum Wortgebrauch von fast zwei Millionen überwiegend jungen Sprechern zu dem Ergebnis gekommen seien, dass ein Rückgang weniger verbreiteter mundartlicher Formen zu Gunsten einer regionalen Zusammenlegung festzustellen sei (vgl. Z. 97 – 116). Stephanie Sauermilch (Münster) und Nicole Palliwoda (Siegen) hätten in ihrem Beitrag herausgestellt, dass Sprachgrenzen zwar identitätsstiftend seien, aber reale und gefühlte Grenzen häufig nicht übereinstimmten (vgl. Z. 117 – 131). Brigitte Ganswindt (Marburg) habe in ihrem Beitrag durch ausgewählte Beispiele beabsichtig, die Tatsache ins Bewusstsein zu rücken, dass heutige Regiolekte auf jahrhundertealte Wurzeln zurückzuführen seien (vgl. Z. 132 – 145).
Der letzte Abschnitt löst die vorherige Struktur (Kurzberichte) auf, da der Verfasser in einem abschließenden Exkurs erläutert, wie sich unter dem Einfluss der Massenmedien die heutige Nachrichtensprache als „Goldstandard des reinen Hochdeutsch" durchgesetzt habe. Im Gegensatz zu den beiden ersten Teilen des Zeitungstextes fehlt dem dritten und letzten Teil eine klare Struktur und ein thematisch roter Faden.

Schluss mit eigener Stellungnahme

In meiner Analyse des Zeitungstextes von Wolfgang Krischke habe ich herausgearbeitet, dass der Verfasser davon überzeugt ist, dass die Dialekte sich in einer Umbruchsituation befinden, was er als zeitgemäß und als Ergebnis des normalen Sprachwandels begreift. Für ihn sollten solche Veränderungen in der Dialektlandschaft nicht in erster Linie bedauert werden, sondern der Fokus sollte stärker auf positive Effekte durch das Entstehen neuer Sprachformen gerichtet werden. Vor diesem Hintergrund wertet er diejenigen als ‚Sprachnostalgiker' (vgl. Z. 14) ab, die sich für den Schutz der alten Dialekte aussprechen und dafür eintreten.
Ich persönlich bin der Meinung, dass die Positionen sich nicht ausschließen. Für mich ist es zwar auch sehr wahrscheinlich, dass unter dem starken Einfluss der Medien die Vielfalt der Dialekte im Alltagssprachgebrauch zunehmend verdrängt wird. Das bedeutet aber nicht, dass sie als Zeugnisse unserer Sprachgeschichte und Bestandteil unserer Kultur zwangsläufig in Vergessenheit geraten müssen. Ich halte es für angebracht und legitim, sich mit den eigenen Wurzeln zu befassen, und dazu gehören auch die Wurzeln der eigenen Sprache. Bezogen auf Dialekte wird es aber darauf ankommen, geeignete Formate zu finden, die vor allem auch bei den jüngeren Generationen das Interesse für die eigene Sprachgeschichte wecken.
Vor diesem Hintergrund böte sich natürlich die Einführung eines Unterrichtsfachs zur Förderung regionaler Mundarten als ein Format an. Ich selbst fände es zwar durchaus wünschenswert, etwas mehr von der regionalen Mundart meiner Heimat zu erfahren, halte aber bei der Dichte des jetzt schon umfangreichen Lernstoffs ein zusätzliches Unterrichtsfach nicht für eine geeignete Maßnahme. Ich könnte mir allerdings gut vorstellen, dass ein entsprechendes Angebot als Arbeitsgemeinschaft gewählt werden kann bzw. dass schulische Veranstaltungen (z. B. Lesungen oder Theaterstücke in Mundart) zusätzlich angeboten werden. Zudem meine ich, dass vor allem die Veranstaltungskalender und Spielpläne in den Städten und Gemeinden stärker mundartliche Angebote berücksichtigen sollten. Damit würden nicht nur Schülerinnen und Schüler, sondern alle Bürgerinnen und Bürger erreicht.

Fokus: Die Aktualität der Sapir-Whorf-Hypothese

Leistungskurs, Aufgabenart II B

Vergleichende Analyse von Sachtexten

Aufgabenstellung

1. Der Zusammenhang von Sprache – Denken – Wirklichkeit wird in den Sprachwissenschaften kontrovers diskutiert. Analysieren Sie die beiden Texte (M1 und M2) vergleichend, um zu zeigen, welchen spezifischen Beitrag sie zu dieser Diskussion leisten.
2. Erläutern Sie mit Bezug auf Ihre Analysen, warum beide Texte Anlass zu einer kritischen Reflexion der Sapir-Whorf-Hypothese geben.

TIPP Die Aufgabenstellung verstehen

1 Funktion des Einleitungssatzes: Er stellt beide Texte in einen übergeordneten Kontext (hier: das Verhältnis von Sprache-Denken-Wirklichkeit).
Analysieren Sie vergleichend: Der Operator bezieht sich auf beide Sachtexte. Die Formulierung lässt Ihnen Entscheidungsfreiheit für die Anordnung Ihrer vergleichenden Ergebnisse: Sie können die Analyseergebnisse für beide Texte aspektorientiert gegeneinanderstellen oder die Texte nacheinander vorstellen.
um zu zeigen: Die Formulierung setzt voraus, dass beide Texte einen Beitrag zur Diskussion um die Wechselbeziehung zwischen Sprache, Denken und Wirklichkeit leisten. Untersuchen Sie sie gezielt unter diesem Gesichtspunkt und legen Sie abschließend ihren jeweils spezifischen Beitrag zur Diskussion dar.
2 Erläutern Sie, warum: Der Operator erfordert eine begründete Klärung einer Problemstellung, hier: die kritische Reflexion der Sapir-Whorf-Hypothese. Punkte können Sie sammeln, indem Sie diese Theorie als Einleitung zur Teilaufgabe 2 kurz und prägnant darstellen.
mit Bezug auf Ihre Analysen: Sie sollen die Ergebnisse Ihrer Analyse beider Texte für Ihre Auseinandersetzung mit der Sapir-Whorf-Hypothese nutzen. Die kausale Konjunktion „warum“ legt inhaltlich nahe, dass diese kritisch zu beurteilen ist.

Materialgrundlage

M1 Guy Deutscher: Dem Gefängnis der Sprache entfliehen [Auszug]. Aus: Der Tagesspiegel, 04.04.2012 – https://www.tagesspiegel.de/wissen/sprachwissenschaft-dem-gefaengnis-der-sprache-entfliehen/6473176.html – (aufgerufen 29.1.2019, gekürzt)
M2 Christina Beck: Geschwätzige Zebrafinken. Pressemitteilung der Max-Planck-Gesellschaft vom 31.3.2004. Aus: https://www.mpg.de/485408/pressemitteilung20040330 (aufgerufen 30.1.2019, gekürzt)

Der israelische Linguist Guy Deutscher (geb. 1969) ist in Tel Aviv aufgewachsen, hat Mathematik und Linguistik in Cambridge studiert und forscht an der Fakultät für Linguistik der Universität Manchester. In der ersten Hälfte des Textes, dem der vorliegende Textauszug entnommen ist, bietet der Verfasser als Einleitung einen kurzen historischen Überblick über die kontroverse Diskussion bezüglich des Zusammenhangs von Sprache – Denken – Wirklichkeit.

M1 Dem Gefängnis der Sprache entfliehen *Guy Deutscher*

[...] Die Idee, unsere Muttersprache könne Einfluss auf unser Denken haben, dürfen wir dennoch nicht ganz verwerfen. Doch um den wahren Einfluss der Sprache auf das Denken zu verstehen, müssen wir der Täuschung entkommen, dass die Sprache ein Gefängnis für das Denken ist. Stattdessen müssen wir uns einer grundlegenden Einsicht zuwenden, die ich als das Boas-Jakobson-Prinzip bezeichne. Der Anthropologe Franz Boas stammte aus einer deutsch-jüdischen Familie aus Minden und wanderte gegen Ende des 19. Jahrhunderts nach Amerika aus.

1938 machte Boas eine scharfsinnige Beobachtung über die Verschiedenheit der Sprachen, die 20 Jahre später von dem russisch-amerikanischen Linguisten Roman Jakobson zu einer markigen Maxime zusammenfasst wurde: „Sprachen unterscheiden sich hauptsächlich durch das, was sie vermitteln müssen, und nicht durch das, was sie vermitteln können." Mit anderen Worten, der entscheidende Unterschied zwischen Sprachen liegt nicht darin, was jede Sprache ihren Sprechern auszudrücken gestattet – denn theoretisch könnte jede Sprache alles zum Ausdruck bringen –, sondern in den Informationen, zu deren Wiedergabe jede Sprache ihre Sprecher zwingt.

Jakobson führt das folgende Beispiel aus der Alltagssprache an: Wenn ich auf Englisch sage "I spent yesterday evening with a neighbour", dann können Sie sich durchaus die Frage stellen, ob ich mit einem Mann oder mit einer Frau ausgegangen bin. Aber ich habe das Recht, Ihnen höflich zu erklären, dass Sie das nichts angeht. Wenn wir aber Deutsch sprechen, dann verfüge ich nicht über das Privileg, die Dinge im Unklaren zu lassen, denn ich werde von der Sprache dazu gezwungen, mich zwischen Nachbar oder Nachbarin zu entscheiden. Deutsch zwingt mich also, Sie über das Geschlecht des Menschen, der mich begleitet hat, zu informieren.

Das bedeutet natürlich nicht, dass Englischsprecher die Unterschiede zwischen Abenden, die man mit Nachbarn, und solchen, die man mit Nachbarinnen verbringt, nicht wahrnehmen. Ebenso wenig bedeutet es, dass Englischsprecher den Unterschied nicht ausdrücken können, falls sie das wünschen sollten. Es bedeutet nur, dass Englischsprecher nicht verpflichtet sind, das Geschlecht jedes Mal anzugeben, wenn von dem Menschen aus dem Nachbarhaus die Rede ist, während diese Verpflichtung für die Sprecher mancher Sprachen gewohnheitsmäßig besteht.

Das Boas-Jakobson-Prinzip ist der Schlüssel, mit dem sich die tatsächlichen Auswirkungen einer bestimmten Sprache auf das Denken enthüllen lassen. Wenn verschiedene Sprachen den Geist ihrer Sprecher auf unterschiedliche Weise beeinflussen, dann nicht wegen der Dinge, die jede Sprache angeblich den Menschen zu denken gestattet. Vielmehr ist der Einfluss eine Folge des Umstands, dass Menschen von Kindesbeinen an gewohnheitsmäßig bestimmte Ausdrucksweisen verwenden. Denn schließlich können sich Sprachgewohnheiten zu geistigen Gewohnheiten verfestigen, die uns über das Sprechen hinaus beeinflussen, und die Konsequenzen für unsere Denkweise und Wahrnehmung der Welt haben können. Wenn unsere Sprache uns dazu zwingt, auf gewisse Aspekte der Erfahrung gewohnheitsmäßig achtzugeben, kann diese Notwendigkeit uns trainieren, ein besonderes Gespür oder eine Sensibilität für bestimmte Details zu entwickeln, und fördert bestimmte Arten von Gedächtnis und Assoziationen.

In den letzten Jahren konnte experimentell nachgewiesen werden, dass solche Sprachgewohnheiten einen Einfluss auf die Wahrnehmung ihrer Sprecher ausübten. Eines dieser Beispiele betrifft das Genus, oder das grammatische Geschlecht unbelebter Objekte. Wer etwa Deutsch als Fremdsprache lernt, hört häufig, man solle der Tatsache, dass Brücken weiblichen und Schlüssel männlichen Geschlechts sind, keine weitere Bedeutung beimessen. Es handele sich lediglich um eine grammatische Eigenheit.

Natürlich ist es richtig, dass kein Sprecher des Deutschen tatsächlich glaubt, Brücken seien biologisch betrachtet weiblich. Und dennoch haben eine ganze Reihe unterschiedlicher Experimente empirisch gezeigt, dass das grammatische Geschlecht der unbelebten Gegenstände die alltäglichen Assoziationen färbt, die Muttersprachler mit diesen Gegenständen in Verbindung bringen. So tendieren Sprecher des Deutschen beispielsweise dazu, Brücken eher „weiblich“ konnotierte Attribute zuzuschreiben (schmal, elegant), während Sprecher des Spanischen, für die Brücken grammatisch männlich sind, sie häufiger mit eher „männlich“ besetzten Attributen in Verbindung bringen, wie z. B. kräftig.

Es geht nicht darum, dass unsere Muttersprache uns davon abhält, Unterscheidungen und Konzepte anderer Sprachen zu verstehen oder wahrnehmen zu können. Wenn eine Sprache uns zwingt, über Brücken zu sprechen, als wären sie Frauen, bedeutet das nicht, dass wir nicht imstande sind zu verstehen, dass unbelebte Objekte kein biologisches Geschlecht haben. Und dennoch können die Sprechgewohnheiten, die uns von jungen Jahren an eingebläut wurden, entscheidenden Einfluss auf unser Denken und unsere Wahrnehmung ausüben.

M2 Pressemitteilung der Max-Planck-Gesellschaft: Geschwätzige Zebrafinken *Christina Beck*

Berliner Max-Planck-Wissenschaftler und ihre amerikanischen Kollegen weisen „Sprach-Gen“ bei Singvögeln nach

Mutationen im so genannten FOXP2 Gen führen bei Menschen zu einem spezifischen Sprachproblem, insbesondere bei der Artikulation und dem Sprachverständnis. Offensichtlich besitzt dieses Gen eine zentrale Funktion bei der Entwicklung der Sprachfähigkeit. Neurobiologen konnten nun zeigen, dass auch beim Gesangslernen von Vögeln FOXP2 eine Schlüsselrolle spielt. […]

Bereits 2002 hatte eine Arbeitsgruppe um Svante Pääboo vom Max-Planck-Institut für evolutionäre Anthropologie in Leipzig die DNA-Sequenz des intakten FOXP2 Gens beim Menschen mit der Sequenz von Menschenaffen sowie Mäusen verglichen.

Dabei fanden die Wissenschaftler heraus, dass das menschliche FOXP2 Gen eine ganz spezifische Sequenzvariation aufweist, die sie bei den anderen Spezies nicht nachweisen konnten. Diese geringfügige Änderung könnte im Zuge der Evolution eine ganze Kette von weiteren Änderungen nach sich gezogen haben; denn das FOXP2-Gen stellt die Bauanleitung für einen Transkriptionsfaktor bereit – ein Protein, dass die Aktivität zahlreicher anderer Gene steuert. Die Leipziger fanden Hinweise dafür, dass die menschliche Form von FOXP2 für seinen Träger vorteilhaft gewesen sein muss und daher vermutlich maßgeblich mit der Entwicklung der menschlichen Sprache verknüpft ist.

Im Gegensatz zu Mäusen und Menschenaffen lernen zahlreiche Vogelarten ihre Gesangsmuster ähnlich wie Menschen das Sprechen. Constance Scharff, Forschungsgruppenleiterin am Max-Planck-Institut für molekulare Genetik, wollte daher herausfinden, ob die beim Menschen gefundene Sequenzvariation in FOXP2 auch bei Gesang lernenden Vögeln existiert. Zusammen mit Sebastian Haesler sowie den Kollegen von der amerikanischen Duke-Universität, Erich Jarvis und Kazuhiro Wada, verglichen sie die Expression von FOXP2 im Gehirn Gesang lernender Vögel, wie Zebrafinken, Kanarienvögeln, Sittichen, Spatzen, Meisen und Kolibris sowie nicht Gesang lernender Vögel, wie zum Beispiel Ringeltauben. Darüber hinaus studierten die Forscher das Gen bei den nächsten Verwandten der Vögel, den Krokodilen.

Zunächst einmal interessierten sie sich dafür, wann und wo das Gen im Vogelhirn exprimiert[1] wurde: Waren es Regionen, die für die Gesangsproduktion verantwortlich sind oder für das Gesangslernen, und wurde das Gen in erster Linie während der Lern- oder Produktionsphase exprimiert? Darüber hinaus analysierten die Forscher die Struktur des Singvogel-Gens und verglichen sie mit der menschlichen Form von FOXP2. Dabei kamen sie zu dem Ergebnis, dass das FOXP2-Gen beim Zebrafinken dem des Menschen sehr ähnelt, allerdings nicht die beim Menschen gefundenen charakteristischen Sequenzvariationen aufweist.

„Offensichtlich ist diese Veränderung nicht zwingend erforderlich für das Gesangslernen, zumindest nicht bei Vögeln", erklärt Constance Scharff, „oder es gibt eine andere Variation im Singvogel-Gen, die dazu geführt hat, dass diese Fähigkeit entwickelt wurde." In Zusammenarbeit mit den Leipziger Max-Planck-Wissenschaftlern will Scharff daher herausfinden, ob ein Sequenzvergleich zwischen dem FOXP2-Gen von Gesang lernenden und nicht lernenden Arten Unterschiede zu Tage fördert, analog zu denen zwischen Mensch und Schimpanse.

Ganz sicher sind sich die Forscher bei der Identifizierung der relevanten Hirnregionen – FOXP2 wird tatsächlich bei Vögeln wie bei Säugetieren, einschließlich dem Menschen, in den Basalganglien exprimiert, und zwar zu einem Zeitpunkt, wenn die Vögel Gesangsmuster erlernen. Im Fall von Zebrafinken erfolgt das während der frühen Entwicklung, bei Kanarienvögeln dagegen saisonal. „Wir konnten feststellen, dass der FOXP2 Level in einem Basalganglien-Kern, der für das Gesangslernen spezialisiert ist, genau zu jenem Zeitpunkt anstieg, wenn die Vögel ihren Gesang änderten", erklärt Scharff. „Vergleichbare Änderungen konnten wir bei den nicht Gesang lernenden Arten nicht nachweisen."

Auf der Basis dieser Befunde erhoffen sich die Forscher nun weitere Erkenntnisse über den Beitrag der Gene zur Architektur und Funktion jener Schaltkreise im Gehirn, die den Vogelgesang steuern. Die Entdeckung von FOXP2 bei Vögeln stellt lediglich einen Anfang dar, noch sei nicht direkt gezeigt, warnt Scharff, dass das Gen notwendig für das Gesangslernen sei. Versuche, FOXP2 gentechnisch zu verändern und die möglichen Auswirkungen auf den Vogelgesang zu studieren, stehen daher ganz oben auf ihrem Arbeitsprogramm.

1 **ein Gen exprimieren** = Genexpression bedeutet, dass genetisches Material abgelesen und in Proteine „übersetzt" wird

Beispiellösung: Teilaufgabe 1

M1 Der Verfasser bringt zu Beginn des Textauszugs (M1) seine Überzeugung bezüglich des Zusammenhangs von Sprache – Denken – Wirklichkeit zum Ausdruck, dass Sprache zwar kein „Gefängnis" für das Denken sei, aber durchaus einen Einfluss darauf nehme. Unter Bezug auf Beobachtungen des Anthropologen Franz Boas und des Linguisten Roman Jakobson, die er mit dem Begriff Boas-Jakobson-Prinzip zusammenfasst, will der Verfasser hervorheben, dass Sprache das Denken zwar beeinflusse, jedoch nicht einschränke. In jeder Sprache könne alles ausgedrückt werden.

Der Text ist sehr klar strukturiert. Einleitend klärt der Verfasser zunächst seine Grundposition zum Verhältnis zwischen Sprache, Denken und Wirklichkeit (Z. 1 – 14), um dann die beiden Sprachwissenschaftler einzuführen, deren Beobachtungen seine Grundposition maßgeblich beeinflussten (Z. 15 – 31). Im Anschluss folgt ein erstes Beispiel (Z. 32 – 61), welches, ausgehend von dem englischen Satz „I spent yesterday evening with a neighbour", beispielhaft zeigt, welche Verständnisunterschiede durch die spezifischen sprachlichen Vorgaben des Englischen und Deutschen gegeben seien. Die anschließende Auswertung des Beispiels (Z. 62 – 86) stellt heraus, dass die durch eine Muttersprache vorgegebenen Ausdrucksweisen bestimmte Arten von Gedächtnis und Assoziationen fördern. Das zweite Beispiel (Z. 87 – 96) befasst sich mit dem Einfluss grammatischer Eigenheiten wie des Genus bei der Bezeichnung von unbelebten Gegenständen. Die Auswertung dieses Beispiels (Z. 97 – 115) stellt heraus, dass empirische Experimente Indizien dafür erbracht hätten, dass das grammatische Geschlecht die alltäglichen Assoziationen beeinflusse, die man mit geschlechtslosen Gegenständen in Verbindung bringe. Im letzten Abschnitt des Textauszugs (Z. 115 – 129), wird die Auswertung präzisiert, indem deutlich betont wird, dass die Sprechenden in beiden Beispielen prinzipiell die Möglichkeit haben, Unterscheidungen und Konzepte anderer Sprachen zu verstehen oder wahrnehmen zu können.

Mit dem Ansatz, den er als das Boas-Jakobson-Prinzip bezeichnet, wendet sich der Verfasser gegen sprachwissenschaftliche Erklärungsmodelle, die behaupten, dass die Strukturen einer Sprache das Denken so stark beeinflussten, dass die Wahrnehmung der Wirklichkeit dadurch eingeschränkt werde. Gemeint sind theoretische Ansätze, die Sprache quasi als ein „Gefängnis" des Denkens beschreiben (vgl. Z. 7 ff.), sicherlich auch die Sapir-Whorf-Hypothese und das linguistische Relativitätsprinzip. Die indirekt kritisierten Ansätze werden deutlich abgewertet, wenn von einer „Täuschung" die Rede ist, der man „entkommen" müsse (vgl. Z. 6 ff.) und konträre Beobachtungen von Boas bzw. Jakobson als „scharfsinnig" bzw. „markig" bezeichnet werden (vgl. Z. 15 und Z. 19) und schließlich feststellt, dass das Boas-Jakobson-Prinzip für ihn der Schlüssel sei, mit dem sich die tatsächlichen Auswirkungen von Sprache auf das Denken „enthüllen" lasse (vgl. Z. 62 – 65).

„Sprachen unterscheiden sich hauptsächlich durch das, was sie vermitteln müssen, und nicht durch das, was sie vermitteln können." (Z. 20 f.). Der Verfasser schließt sich dieser Maxime Jakobsons voll und ganz an und bemüht sich, sie durch die Präsentation von zwei Beispielen (siehe oben) zu konkretisieren und zu verifizieren. Bei beiden Beispielen kommt es ihm darauf an, zu zeigen, dass durch Sprache ausgelöste Veränderungen in Verstehen bzw. in der Wahrnehmung nicht bedeuten, dass die Sprechenden nicht die Möglichkeit hätten, entsprechende Unterschiede auszudrücken, wenn sie das wollten (vgl. Z. 48 ff. und 99 ff.). Allerdings macht er dabei durch die Wortwahl recht deutlich, dass der Einfluss der Sprache auf das Denken auch vor dem Hintergrund des Boas-Jakobson-Prinzips recht massiv ist, wenn er davon spricht, dass Sprache ihre Sprecher zur Wiedergabe bestimmter Informationen „zwinge" (vgl. Z. 43, Z. 45, Z. 80 ff. und Z. 120 f.) bzw. bestimmte Sprechgewohnheiten den Sprechenden „eingebläut" würden (vgl. Z. 126 ff.). Verantwortlich dafür ist laut Verfasser, dass „Menschen von Kindesbeinen an gewohnheitsmäßig bestimmte Ausdrucksweisen verwenden" (Z. 72 ff.) bzw. dass Eigentümlichkeiten wie z. B. das grammatikalische Geschlecht einer Sprache die Sprechenden „trainieren, ein besonderes Gespür oder eine Sensibilität für bestimmte Details zu entwickeln" (Z. 83 ff.) und bestimmte Arten von Gedächtnis und Assoziationen förderten (vgl. Z. 106 f.).

M2 Bei dem vorliegenden Text (M2) handelt es sich um eine Pressemitteilung der Max-Planck-Gesellschaft vom 31.3.2004, die die Öffentlichkeit über ein neues Forschungsergebnis der Neurobiologie informiert. Die Max-Planck-Gesellschaft (MPG) erklärt durch ihre Pressesprecherin, dass es Berliner Wissenschaftlern und ihren amerikanischen Kollegen gelungen sei, ein „Sprach-Gen" bei Singvögeln nachzuweisen (Vorspann). Kurz und inhaltlich prägnant wird über Details zur Ausgangslage der Problemstellung, die Anlage des Forschungsansatzes, die Ergebnisse und die geplante Weiterarbeit informiert. Die Gliederung des Textes ist dementsprechend klar strukturiert:

Vorspann	Head: Schlagwortartige Kurzfassung der Forschungsergebnisse
Z. 1 – 10	Präzisierung der Forschungsergebnisse
Z. 11 – 33	Informationen zur bisherigen Ausgangslage des neuen Forschungsansatzes
Z. 35 – 69	Aufbau des Forschungsansatzes
Z. 70 – 83	Ergebnisse
Z. 84 – 101	Geplante Fortführung des Forschungsansatzes
Z. 101 – 114	Perspektiven der Weiterarbeit

Die Bedeutsamkeit der neuen Forschungsergebnisse wird zu Beginn der Pressenachricht herausgestellt: Es sei der Nachweis erbracht worden, dass das wahrscheinlich für die menschliche Sprachentwicklung wichtige Gen FOXP2 auch für das Gesangslernen von Vögeln eine Schlüsselrolle einnehme (vgl. Z. 9 ff.). Die Beschreibung der Ausgangslage für den neuen Forschungsansatz zeigt dessen Bedeutung für die Erklärung der Fähigkeit zur Entwicklung von Sprachvermögen. Bereits im Jahr 2002 fand eine Gruppe von Wissenschaftlern durch den Vergleich des FOXP2 Gens des Menschen mit dem von Menschenaffen und Mäusen einen signifikanten Unterschied: Nur das menschliche FOXP2 Gen besitzt eine ganz spezifische Sequenzvariation (vgl. Z. 18 ff.). Die wissenschaftliche Arbeitsgruppe schlussfolgerte, dass

genau diese Sequenzvariation evolutionär zur Entwicklung von Sprachfähigkeit beigetragen habe (vgl. Z. 30 ff.).
Um diesen Forschungsansatz zu erhärten, versuchte man auch für einige Vogelarten nachzuweisen, dass sie ihre Gesangsmuster nicht qua Geburt in sich tragen, sondern erlernen können, weil auch sie das FOXP2 Gen tragen (vgl. Z. 36 ff., Z. 41 – 43). Dazu verglich man Gesang lernende Vögel (z. B. Zebrafinken, Kanarienvögeln usw.) mit nicht Gesang lernenden Vogelarten (z. B. Ringeltauben) sowie den nächsten Verwandten der Vögel, den Krokodilen (vgl. Z. 48 ff.). Die Ergebnisse hätten zwar gezeigt, dass das FOXP2 Gen bei den Zebrafinken dem des Menschen sehr ähnlich sei, aber nicht die beim Menschen gefundene spezifische Sequenzvariation aufweise (vgl. Z. 69 ff.). Konkret untersuchte man, wann das Gen exprimiert wurde, das heißt vom Genom „abgelesen" und in ein Protein (Eiweiß) eingebracht wurde. Nachgewiesen wurde im vorgestellten Experiment, dass diese Genexpression bei Zebrafinken dann stattfindet, wenn sie ihren Gesang ändern (vgl. Z. 93 ff.), sprich: neue Muster erlernen. Die weitere Arbeit soll den Wissenschaftlern Ausschlüsse über den Aufbau und die Funktion der neurologischen „Schaltkreise" geben, die im Gehirn der Vögel den Vogelsang steuern (vgl. Z. 106 ff.). Da noch nicht sicher nachgewiesen sei, dass das FOXP2 Gen für das Gesangslernen unbedingt erforderlich sei (vgl. Z. 107 ff.), sollen durch gentechnische Veränderungen mögliche Auswirkungen auf das Gesangslernen überprüft werden (vgl. Z. 112 ff.). Einführend bettet die Pressemitteilung die Forschungsergebnisse in einen größeren Zusammenhang ein. Neurobiologen fragen sich, inwieweit eine spezifische Sequenzvariation des menschlichen FOXP2 Gens für die Entwicklung der menschlichen Sprache maßgeblich sein könnte. (vgl. Z. 24 ff. und Z. 34 ff.). Dieser Bezug wird jedoch später im Beitrag nicht mehr explizit aufgegriffen. Das mag daran liegen, dass sowohl der Forschungsansatz als auch die Ergebnisse zum Zeitpunkt der Veröffentlichung nicht aussagekräftig genug waren. Die Verwendung des Konjunktivs „könnte" (Z. 22) bzw. die Formulierungen „vermutlich" (Z. 31) oder „offensichtlich" (Z. 70) verdeutlichen diese Unsicherheit. Interessant für die weiterhin kontroverse Diskussion des Verhältnisses zwischen Sprache, Denken und Wirklichkeit ist dieser relativ neue Forschungsansatz, weil damit nativistische, also auf Angeborenheit beruhende, Erklärungsmodelle möglicherweise eine neurobiologische Begründung erhalten könnten: Der Mensch lernt sprechen, weil er eine genetische Anlage für entsprechende Hirnfunktionen hat.

Beispiellösung: Teilaufgabe 2

Einleitung mit Wissenshorizont

Die Sapir-Whorf-Hypothese besagt, dass das Denken des Menschen stark durch die semantische Struktur und den Wortschatz seiner Muttersprache beeinflusst wird. Die erlernte Muttersprache vermittelt insofern eine spezifische Weltsicht und bestimmt auch die Deutung von Erfahrungen und das Handeln eines Menschen. Insofern ergibt sich ein linguistisch begründetes Relativitätsprinzip zwischen Sprache und Sein.

Erläuterung mit Bezug auf die Analyse beider Texte

Guy Deutscher zweifelt in M1 den Einfluss der Sprache auf das Denken nicht grundsätzlich an. In diesem Punkt stimmt er mit der Sapir-Whorf-Hypothese überein. Allerdings stellt er das Ausmaß dieser Beeinflussung infrage: Sprache sei keineswegs das „Gefängnis" des Denkens. Der Verfasser, selbst Linguist, geht vielmehr davon aus, dass die spezifischen Ei-

genarten lexikalischer oder grammatischer Strukturen einer Muttersprache die Gedanken und Assoziationen der Sprechenden beeinflussen können, ohne dass jedoch dadurch die Denkfähigkeit insgesamt festgelegt würde. Der zentrale Unterschied besteht also darin, dass Whorf davon ausgeht, dass Sprache das Denken prägt, während Guy Deutscher anhand seiner Beispiele zeigen will, wie das Denken die Sprache nutzt, indem es bestimmte Darstellungs- bzw. Interpretationsgewohnheiten mit dem Erlernen der Sprache ausprägt. Der Mensch könne sehr wohl auch Unterschiede und Konzepte anderer Sprachen verstehen und wahrnehmen. Der für die Sapir-Whorf-Hypothese bestimmende Gedanke einer sprachlichen Determiniertheit des Denkens wird durch das Boas-Jakobson-Prinzip aufgelöst.
Der in der Pressemitteilung der Max-Planck-Gesellschaft dargestellte neurobiologische Forschungsansatz (vgl. M2) könnte die Sapir-Whorf-Hypothese grundsätzlich in Frage stellen, auch wenn diese im Text nicht angesprochen wird. Sollte durch die geplante Forschungsarbeit nachgewiesen werden können, dass tatsächlich die untersuchte, spezifische Sequenzvariante des menschlichen FOXP2 Gens nur beim Menschen zu finden ist, würde sich die Vermutung erhärten, dass ein „Sprach-Gen“ es dem Menschen ermögliche, sprechen zu lernen. Damit würden bisher bereits bekannte nativistische Erklärungsmodelle, die in kritischer Abgrenzung zur Sapir-Whorf-Hypothese entstanden, durch aktuelle Forschungsergebnisse in der Neurobiologie wissenschaftliche Unterstützung erhalten. Der Nachweis eines menschlichen Gens, das Sprachfähigkeit möglich macht, würde im Hinblick auf den Einfluss von Sprache auf das Denken die eher dogmatische Sichtweise, die in der Sapir-Whorf-Hypothese zum Ausdruck kommt, kritisch hinterfragen.

Schluss mit Fazit

Die beiden vorliegenden Texte belegen, dass das Verhältnis zwischen Sprache, Denken und Wirklichkeit in unterschiedlichen wissenschaftlichen Disziplinen nach wie vor kontrovers diskutiert wird. Es kann von einer Wechselbeziehung zwischen Sprache und Welterkenntnis ausgegangen werden, jedoch schränkt die (Mutter-)Sprache die Erkenntnisfähigkeit eines Menschen nicht nachweislich ein.

Fokus: J. W. Goethe, Faust I

Grundkurs, Aufgabenart I A

Analyse eines literarischen Textes mit weiterführendem Schreibauftrag

Aufgabenstellung

1. Analysieren Sie den vorliegenden Textauszug vor dem Hintergrund Ihrer Kenntnisse des Endes von Faust I (V. 4596 ff.). Bestimmen Sie die Funktion dieses Monologs, indem Sie auf den Schauplatz, die Motive, Fausts Gefühlslage, seine Erkenntnis und seine Sprache eingehen.

2. Vergleichen Sie diesen Eingangsmonolog mit dem aus Faust I (V. 397 ff.).

TIPP Die Aufgabenstellung verstehen

1. Analysieren Sie: Der Operator bezieht sich auf den Eingangsmonolog von Faust II (= dieser Textauszug).
vor dem Hintergrund Ihrer Kenntnisse: Sie sollen in die Analyse einfließen lassen, was Sie über das Ende von Faust I wissen (Fausts egoistisches Streben nach höchster Erkenntnis/Genuss, Verantwortungslosigkeit gegenüber Gretchen, Gretchens Kindstötung/Kerkeraufenthalt/Erlösung, Fausts Gewissensqualen/Heilschlaf).
eingehen auf: Berücksichtigen Sie die Aspekte Schauplatz, Motive, Fausts Gefühlslage, seine Erkenntnis, seine Sprache.
2. Vergleichen Sie: Der Operator fordert Sie auf, die Eingangsmonologe aus Faust I und Faust II zu vergleichen. Die Vergleichsmomente müssen Sie selbst festlegen.

Materialgrundlage

J. W. Goethe: Eingangsmonolog Faust II, 1. Akt, 1. Szene, V. 4679 – 4727 („Anmutige Gegend“)

Hinweis: „Faust I“ wurde während der Qualifizierungsphase im Deutschunterricht gelesen. Das Drama wird in diesem Band nicht zusätzlich abgedruckt.

Faust II (1831/32) *Johann Wolfgang Goethe (1749 – 1832)*

FAUST.
Des Lebens Pulse schlagen frisch-lebendig,
Ätherische Dämmerung milde zu begrüßen;
Du, Erde, warst auch diese Nacht beständig
Und atmest neu erquickt zu meinen Füßen,
Beginnest schon mit Lust mich zu umgeben,

Du regst und rührst ein kräftiges Beschließen,
Zum höchsten Dasein immer fortzustreben. –
In Dämmerschein liegt schon die Welt erschlossen,
Der Wald ertönt von tausendstimmigem Leben;
Talaus, talein ist Nebelstreif ergossen,
Doch senkt sich Himmelsklarheit in die Tiefen,
Und Zweig und Äste, frisch erquickt, entsprossen
Dem duftgen Abgrund, wo versenkt sie schliefen;
Auch Farb an Farbe klärt sich los vom Grunde,
Wo Blum und Blatt von Zitterperle triefen:
Ein Paradies wird um mich her die Runde.

Hinaufgeschaut! – Der Berge Gipfelriesen
Verkünden schon die feierlichste Stunde;
Sie dürfen früh des ewigen Lichts genießen,
Das später sich zu uns herniederwendet.
Jetzt zu der Alpe grüngesenkten Wiesen
Wird neuer Glanz und Deutlichkeit gespendet,
Und stufenweis herab ist es gelungen –
Sie tritt hervor! – und leider schon geblendet,
Kehr ich mich weg, vom Augenschmerz durchdrungen.

So ist es also, wenn ein sehnend Hoffen
Dem höchsten Wunsch sich traulich zugerungen,
Erfüllungspforten findet flügeloffen;
Nun aber bricht aus jenen ewigen Gründen
Ein Flammenübermaß, wir stehn betroffen:
Des Lebens Fackel wollten wir entzünden,
Ein Feuermeer umschlingt uns, welch ein Feuer!
Ists Lieb? Ists Haß? die glühend uns umwinden,
Mit Schmerz- und Freuden wechselnd ungeheuer,
So daß wir wieder nach der Erde blicken,
Zu bergen uns in jugendlichstem Schleier.

So bleibe denn die Sonne mir im Rücken!
Der Wassersturz, das Felsenriff durchbrausend,
Ihn schau ich an mit wachsendem Entzücken.
Von Sturz zu Sturzen wälzt er jetzt in tausend,
Dann abertausend Strömen sich ergießend,
Hoch in die Lüfte, Schaum an Schäume sausend.
Allein wie herrlich, diesem Sturm ersprießend,
Wölbt sich des bunten Bogens Wechseldauer,
Bald rein gezeichnet, bald in Luft zerfließend,
Umher verbreitend duftig-kühle Schauer!

Der spiegelt ab das menschliche Bestreben.
Ihm sinne nach, und du begreifst genauer:
Am farbigen Abglanz haben wir das Leben.

Anmerkungen

Die vorliegende Textstelle entstammt der ersten Szene des ersten Aktes aus „Faust II“ und trägt den Titel „Anmutige Gegend“. In der Pakt-Szene (Faust I) hatte Mephisto Faust versprochen: „Wir sehn die kleine, dann die große Welt.“ (V. 2052). Die „kleine Welt“ wird in „Faust I“ dargestellt, die „große Welt“ in „Faust II“. Goethe beginnt mit dem Verfassen des II. Teils des Faust 1816 und vollendet ihn kurz vor seinem Tod.
Dem Monolog Fausts gehen der Gesang und die Magie von Luftgeistern und Elfen voraus, die Faust in den tiefen Schlaf des Vergessens, einen Heilschlaf, versetzt haben. Faust erwacht, gereinigt von Sinnlichkeit und Leidenschaft. Sein Handlungsmotiv bleibt dasselbe: nach dem Höchsten zu streben. Der vorliegende Monolog ist die erste Äußerung Fausts im zweiten Teil des Dramas.

INFO Gliederung der Analyse

Bevor Sie in die Detailanalyse gehen, bearbeiten Sie folgende Punkte in der gegebenen Reihenfolge: 1. Einleitung mit Angaben zur Aufgabenstellung, 2. Kurze Wiedergabe der Sinnabschnitte/Phasierung (1 – 2 Sätze pro Abschnitt, Präsens), 3. Textbeschreibung, 4. Inhaltliche Analyse unter Beachtung der in der Aufgabenstellung geforderten Aspekte, 5. Überleitungssatz zu (Teil-)Aufgabe 2 und Benennen der Vergleichsaspekte.

Beispiellösung: Teilaufgabe 1

Einleitung

Goethe ist bereits 67 Jahre alt und hat sich längst als berühmter Weimarer Dichterfürst etabliert, als er mit der Niederschrift des zweiten Teils seines Faust-Dramas beginnt.
Am Ende des ersten Teils stehen der Tod und die Erlösung Gretchens. Der vorliegende Eingangsmonolog steht jedoch im Vergleich zum Eingangsmonolog aus dem ersten Teil des Faust unter anderem Vorzeichen: Faust ist in den heilsamen Schlaf des Vergessens versetzt worden und kann nach seiner innerlichen Zerrüttung, seiner tiefen Erschütterung durch seine Mitschuld am Tod Gretchens („Oh wär ich nie geboren!“ [V. 4596]), neu beginnen in einer psychisch und räumlich veränderten, diastolischen Situation: „anmutige Gegend“. Wie schon im ersten Teil des Dramas führt sein Weg nach existenziell erschütternden Situationen (Osterspaziergang, Wald und Höhle) in die Natur. Nur hier kann er zu neuer Erkenntnis in seinem Handlungsdrang gelangen.

Grundgedanke/Thema des Textauszugs

Das Erwachen Fausts aus dem Heilschlaf wird parallel dargestellt zum Erwachen der Natur. Es kennzeichnet einen Neubeginn, eine neue Erkenntnis der Begrenztheit des Menschen im Streben nach dem Absoluten, dem Postulat der Klassik entsprechend.

Aufbau / inhaltliche Phasierung des Textes

Der Monolog beginnt (1) mit dem Erwachen aus dem Heilschlaf parallel zum Erwachen der Natur, die als paradiesisch empfunden und beschrieben wird (V. 4679 – 4694); danach folgt (2) eine Perspektiverweiterung nach oben zu gewaltigen Naturphänomenen, denen sich die Sonne in ihrem Glanz zuerst zeigt; darauf die Abkehr von der Sonne (V. 4695 – 4703). Es schließt sich (3) die Darstellung der Kraft und (göttlichen) Herrlichkeit der Sonne als Lebensspenderin an; jedoch erfolgt eine erneute Abkehr von ihr, da Faust sie nicht anblicken/ergründen kann (V. 4704 – 4714). Zum Schluss (4) stellt er die Beschränkung auf die Welt des Menschen/auf die Erde und dessen/deren Herrlichkeit im „Abglanz" dar (V. 4715 – 4727).

Formale Analyse

Es liegen vier ungleich lange Strophen vor mit einem fünfhebigen Jambus (= Blankvers: der Vers der deutschen Klassik), der durch seinen fließenden Rhythmus Harmonie und Ausgeglichenheit (entsprechend der aktuellen Befindlichkeit des Protagonisten) vermittelt. Die Verse sind durch einen Kettenreim verbunden, wie er für die Terzine, eine Strophenform der italienischen Klassik, charakteristisch ist. Es wird sehr viel Bildsprache verwendet. Dominant sind das Motiv des Lichts/Feuers (Sonne) als Ausdruck des Wunsches, nach dem Höchsten, der allumfassenden Erkenntnis zu streben, sowie das des Wassers als Ausdruck des drängenden Genies und der Quelle allen Lebens. Auffällig ist eine Fülle von direkten oder indirekten Farbbeschreibungen, welche die Mannigfaltigkeit der Welt, der Schöpfung Gottes, zeigt. Klangmalerei liegt vor, ähnlich der Beschreibung der Sphärenklänge im „Prolog im Himmel" (vgl. V. 243 ff.). Bild- und Klanggestaltung bilden eine harmonische Einheit. Die personifizierende Ansprache der Erde und anschauliche Neologismen wie „Zitterperle" und „Gipfelriesen" machen deutlich, dass die Natur positiv empfunden – und in ihrer Eigenständigkeit akzeptiert wird. Enjambements tragen zum Lesefluss bei. Etliche Inversionen (z. B. V. 4707/4708) heben bedeutsame Aspekte hervor und gliedern die Sicht des erlebenden und beschreibenden Faust.

Inhaltliche Analyse (aspektbezogen)

Die gedankliche Abfolge ist gebunden an Fausts Blickrichtung. Er betrachtet die Natur im Kleinen – dann die Natur im Großen: erst den Sonnenaufgang, dann einen Regenbogen über einem Wasserfall. Der gesamte Monolog lässt sich symbolisch verstehen: der Aufgang der Sonne (Lebensspenderin, Lebenselixier) und deren Abglanz (Regenbogen) auf der Erde. Das Erfassen eines immer dauernden, immer wiederkehrenden Kreislaufs des Lebens bedeutet für den Menschen Faust Ruhe, Beruhigung, Harmonie. Diese (neuartige) Grundstimmung Fausts, die dadurch entsteht, dass er sich den Naturereignissen zuwendet und diese auf sich wirken lässt, lässt sich in seinem getragenen, einem Reflexionsprozess ähnlichen Sprechen wiederfinden. In der Natur sind ihm nun Welt- und Selbsterkenntnis möglich.

Teil eins: Faust hat neue Lebenskraft gewonnnen, wie die ihn umgebende Natur (V. 4679 – 4682). Der Tatendrang scheint ungebrochen optimistisch: „Du Erde [...] beginnest schon, mit Lust mich zu umgeben [...] zum höchsten Dasein immerfort zu streben" (V. 4681 – 4685). Sein Ziel bleibt es, zum Höchsten zu streben. Die Natur wird wie ein Partner gleichberechtigt angeredet: „du" (V. 4681/4684). Die Natur erwacht wie er selbst in ihrer Pracht und Mannigfaltigkeit, die mit diversen Bildern, Farbwörtern, Neologismen und Synästhesien zum Ausdruck gebracht wird, und bringt Klarheit (vgl. V. 4689). Hier wird angeknüpft an die Metaphorik der Aufklärung, die Erkenntnis mit Licht und Erhellung in Verbindung bringt. Den Tagesanbruch erfährt Faust hier als „Spiegel seiner Seele", als erfrischend und belebend. Zusammenfassend vergleicht er die „anmutige Gegend" mit einem „Paradies" (V. 4694). Der Beginn des zweiten Teils zeigt Faust, wie Goethe im Paralipomenon 74 (also in seinem erst posthum veröffentlichten Notizen zu Faust II) ankündigt, aus der „bisherigen kümmerlichen Sphäre" enthoben und in „würdigere Verhältnisse" geführt.

Teil zwei: Sein Blick erfährt eine Perspektiverweiterung zu den mächtigen Naturerscheinungen, die die „feierlichste Stunde" (V. 4696) und von der Sonne „ewige[s] Licht[]" (V. 4697) erwarten. Hier finden sich Anklänge an sakrale Momente, an Göttliches. Die Sonne wird verabsolutiert und personifiziert; das Wortfeld „Klarheit" wird aufgegriffen in dem Wort „Deutlichkeit" (V. 4700). Das Personalpronomen „uns" steht in Objektstellung, ist untergeordnet. Faust kann inzwischen ertragen, dass die Naturerscheinungen als Gottes Schöpfung ihm übergeordnet sind und dass er sie nur indirekt erfassen kann (vgl. V. 4702 ff.).

Teil drei: Zur Natur entwickelt Faust ein neues Verhältnis: ein „sehnend Hoffen" (V. 4704), nicht mehr ein unbedingtes Erkennen-Wollen. Die Natur entfaltet sich dynamisch vor seinen Augen. Ausdrucksstarke Verben und Bilder, Licht- und Feuer-Metaphorik (vgl. V. 4707 ff.) enthüllen ein im typisch goetheschen Sinne dualistisches Weltbild von Liebe/Freuden/Diastole – Hass/Schmerzen/Systole (vgl. V. 4711 – 12), das der Mensch („wir") demutsvoll empfängt. Das Zerstörerische des Flammenmeers der Sonne erlebt Faust retrospektiv als hybrides Verlangen nach ganzheitlicher Erkenntnis; gereift wendet er sich wieder der Erde zu (vgl. V. 4713). Der Schleier, das Verhüllende, das Geheimnisvolle der Natur wird nun von ihm akzeptiert (vgl. V. 4714).

Teil vier: Die letzte Strophe beginnt mit einem Imperativ: Die Sonne soll im Rücken bleiben, dem Menschen geziemt es nur, sich an dem Abglanz der Sonnenstrahlen/der göttlichen Wahrheit (vgl. Platons Höhlengleichnis) zu erfreuen. Fausts Befindlichkeit ist trotz der selbst auferlegten Einschränkung positiv/euphorisch, was sich an den Ausdrücken „Entzücken" (V. 4717) und „herrlich" (V. 4721) erkennen lässt. Der Regenbogen (Oxymoron/Neologismus: „Wechseldauer") spiegelt die dem Menschen mögliche Erkenntnis des Lebens. Auch er ist als Symbol zu sehen für Vergänglichkeit und Neuerstehen als Gesetz des Lebens. Jeder Erkenntnisprozess des Menschen erfährt eine Grenze, so wie der Regenbogen in seiner Farbigkeit begrenzt ist (vgl. V. 4725 – 27).

Zusammenfassung der Ergebnisse

Auffallend, auch sprachlich, ist die Veränderung des Protagonisten in eine Figur, die – entsprechend dem Postulat der Klassik – sich beschränkt, demütig wird und sich mit dem Schauen des Abglanzes des Göttlichen begnügt. Die reine Erkenntnis bleibt dem Menschen verwehrt. Als gereifter Mensch fügt sich Faust dieser Erkenntnis und entwickelt ein inniges Verhältnis zur Natur, die ihm wie ein Partner erscheint und nicht als Feind verschlossen gegenübersteht. Diesem neu entwickelten Naturverständnis und Menschenbild wird seine euphorische, pathetische, bild- und farbenreiche, harmonische Sprache gerecht.

Beispiellösung: Teilaufgabe 2

(Hier werden mögliche Vergleichsaspekte genannt.)

Die Ausgangssituation hat sich erheblich verändert: Der erste Teil des Faust führt in eine systolische Situation, nämlich in Fausts gotisches Arbeitszimmer, das ihn einengt und deprimiert. Im zweiten Teil ist die Situation, in der er aufwacht, diastolisch: Die Natur erwacht in aller Schönheit, die Gegend wird als „anmutig" beschrieben, Faust kann sich entfalten, zu neuen Erkenntnissen gelangen.

Der mittelalterliche Knittelvers des ersten Eingangsmonologs passt zur wütenden, depressiven Stimmung des alles verwünschenden Faust. Der klassische Blankvers im zweiten Eingangsmonolog wirkt harmonisch und unterstützt die positive, ausgeglichene Gefühlslage des Protagonisten nach seinem Heilschlaf.

Fausts Verzweiflung, seine umfassende Anklage, sein Trotz, seine Selbstmordgedanken sind einer Euphorie angesichts der Schönheit der Natur gewichen. Im Gegensatz zu seinen Flüchen steht hier seine Akzeptanz der menschlichen Beschränkung, seine innere Verbundenheit mit der Schöpfung Gottes.

Im ersten Teil wendet sich Faust vom Erdgeist, dessen Licht er nicht ertragen kann (vgl. V. 485), ab. Im zweiten Teil erträgt er das Licht, den Abglanz des Göttlichen, zwar nur im Rücken, jedoch zeigt es ihm trotzdem das Leben in seiner Farbigkeit und Unverwechselbarkeit.

Seine These im Eingangsmonolog, der Mensch könne nichts erkennen (vgl. V. 364), wird hier durch seine neue Erfahrung widerlegt: Auch in der Beschränkung ist Erkenntnis möglich.

Sein unbedingter Wille, sein geradezu zwanghaftes Streben, die Grenzen des Mensch-Seins zu durchbrechen, in seiner Hybris gottgleich zu sein, sind einem Sehnen und einem Hoffen als neuen Kategorien des Lebens und der Erkenntnis gewichen. Ein neuer, veränderter, positiv gestimmter, gereifter Faust tritt dem Leser im zweiten Teil des Dramas entgegen.

INFO Begriffserklärung „diastolisch/systolisch"

Goethe ist nicht nur Dichter, sondern auch Naturwissenschaftler. So versucht er, allumfassende, höhere Regeln und Gesetzmäßigkeiten zu erkennen und zu formulieren. Als Grundprinzipien der Schöpfung gelten für ihn Polarität (= immerwährendes Anziehen und Abstoßen) und Steigerung (= stetiges Aufsteigen). Für diese Formeln des Lebens findet er in zahlreichen naturwissenschaftlichen Aufsätzen, z. B. zur Farbenlehre, immer wieder neue Bilder und Begriffe, wie z. B. die des Einatmens und Ausatmens, der Ausdehnung und Zusammenziehung, Konzentration und Expansion und der Systole und Diastole. „So setzt das Einatmen schon das Ausatmen voraus und umgekehrt, so jede Systole [Zusammenziehung, insbesondere des Herzmuskels] ihre Diastole [Ausdehnung]. Es ist die ewige Formel des Lebens." (zitiert nach: Sudau, Ralf: Johann Wolfgang Goethe, Faust I und II, Interpretation / von Ralf Sudau. Oldenbourg Verlag, München 1998, S. 222)

Leistungskurs, Aufgabenart I B

Vergleichende Analyse literarischer Texte

Aufgabenstellung

1 Vergleichen Sie die vorliegenden Auszüge aus den Dramen „Faust I" von Johann Wolfgang Goethe und „Woyzeck" von Georg Büchner. Berücksichtigen Sie für die Charakterisierung der Figuren die Rollenbilder, die Intentionen der Figuren und ihr Verhalten sowie die sprachliche Ausgestaltung ihrer Dialogbeiträge.

TIPP Die Aufgabenstellung verstehen

1 Vergleichen Sie: Der Operator fordert Sie auf, die Dramenauszüge aus Faust I und Woyzeck zu vergleichen. Die Formulierung lässt Ihnen Entscheidungsfreiheit für die Anordnung Ihrer vergleichenden Ergebnisse: Sie können die Analyseergebnisse für beide Texte aspektorientiert gegeneinanderstellen oder die Texte nacheinander vorstellen.
Berücksichtigen Sie: Gefordert ist eine aspektgeleitete Charakterisierung der Figuren, jeweils ein Mann und eine Frau. Für die Rollenbilder müssen Sie Hintergrundwissen einbringen. Gemeint sind v. a. die Vorstellungen der Entstehungszeit der beiden Dramen, also zu Beginn des 19. Jahrhunderts (trotz Aufklärung vorwiegend noch vorbürgerliche Standesgesellschaft, patriarchale Strukturen, Dominanz religiöser Vorstellungen). Die Analyse der Intentionen und des Verhaltens stützt sich auf offen artikulierte Absichten/Wünsche, Interaktionen, aber auch nonverbale Äußerungen (z. B. Gesten). Die sprachliche Gestaltung nimmt die Sprachverwendung von Figuren in den Blick (z. B. elaboriert vs. Alltagssprache, Ironie/Doppeldeutigkeit, sprachliche Bilder, Satzbau).

Materialgrundlage

M1 Johann Wolfgang Goethe: Faust. Der Tragödie Erster Teil. Hrsg. v. Lothar J. Scheithauer. Philipp Reclam Junior, Stuttgart 1971, S. 95 – 98 (V. 3164 – 3194)
M2 Georg Büchner: Woyzeck. 2. Szene; 6. Szene. Aus: Georg Büchner: Woyzeck. Erarbeitet von Peter Bekes und Heinz Reichling. Schroedel, Braunschweig 2007, S. 10f., 19

Hinweis: Beide Dramen wurden während der Qualifizierungsphase im Deutschunterricht gelesen. Sie werden in diesem Band nicht zusätzlich abgedruckt.

M1 Faust I *Johann Wolfgang Goethe (1749 – 1832)*

Text in alter Rechtschreibung

Marthes Garten.

Faust: Du kanntest mich, o kleiner Engel, wieder,
Gleich als ich in den Garten kam?
Margarete: Saht Ihr es nicht, ich schlug die Augen nieder.
Faust: Und du verzeihst die Freiheit, die ich nahm?
Was sich die Frechheit unterfangen,
Als du jüngst aus dem Dom gegangen?
Margarete: Ich war bestürzt, mir war das nie geschehn;
Es konnte niemand von mir Übels sagen.
Ach, dacht ich, hat er in deinem Betragen
Was Freches, Unanständiges gesehn?
Es schien ihn gleich nur anzuwandeln,
Mit dieser Dirne gradehin zu handeln.
Gesteh ich's doch! Ich wußte nicht, was sich
Zu Eurem Vorteil hier zu regen gleich begonnte;
Allein gewiß, ich war recht bös auf mich,
Daß ich auf Euch nicht böser werden konnte.
Faust: Süß Liebchen!
Margarete: Laßt einmal!
(Sie pflückt eine Sternblume und zupft die Blätter ab, eins nach dem andern.)
Faust: Was soll das? Einen Strauß?
Margarete: Nein, es soll nur ein Spiel.
Faust: Wie?
Margarete: Geht! Ihr lacht mich aus.
(Sie rupft und murmelt.)
Faust: Was murmelst du?
Margarete *(halblaut):* Er liebt mich – liebt mich nicht.
Faust: Du holdes Himmelsangesicht!
Margarete *(fährt fort):* Liebt mich – nicht – liebt mich – nicht –
(Das letzte Blatt ausrupfend, mit holder Freude.)
Er liebt mich!
Faust: Ja, mein Kind! Laß dieses Blumenwort
Dir Götterausspruch sein. Er liebt dich!
Verstehst du, was das heißt? Er liebt dich!
(Er faßt ihre beiden Hände.)
Margarete: Mich überläuft's!
Faust: O schaudre nicht! Laß diesen Blick,
Laß diesen Händedruck dir sagen
Was unaussprechlich ist:
Sich hinzugeben ganz und eine Wonne
Zu fühlen, die ewig sein muß!
Ewig! – Ihr Ende würde Verzweiflung sein
Nein, kein Ende! Kein Ende!
(Margarete drückt ihm die Hände, macht sich los und läuft weg. Er steht einen Augenblick in Gedanken, dann folgt er ihr.)

M2 Woyzeck (1836) *Georg Büchner (1813–1837)*

Anmerkung zum Kontext: Woyzeck, ein einfacher Stadtsoldat in einer Kleinstadt, lebt mit Marie zusammen. Sie haben ein gemeinsames Kind. Marie betrügt Woyzeck mit einem Tambourmajor. Woyzeck versucht zunächst, das Geschehen zu verdrängen, was aber auf Dauer nicht gelingt. Schließlich sieht er keinen anderen Ausweg mehr, als Marie zu töten.

Text in alter Rechtschreibung

2. Szene (Auszug)

Marie (mit ihrem Kind am Fenster). Margreth[1].

Der Zapfenstreich geht vorbei, der Tambourmajor voran.

Marie *(das Kind wippend auf dem Arm)* He, Bub! Sa ra ra ra! Hörst? Da kommen Sie!

Margreth Was ein Mann, wie ein Baum!

Marie Er steht auf seinen Füßen wie ein Löw.

(Tambourmajor grüßt)

Marie *(singt)* Soldaten, das sind schöne Bursch ...

6. Szene

Marie. Tambourmajor

Tambourmajor Marie!

Marie *(ihn ansehend, mit Ausdruck)* Geh einmal vor dich hin. – Über die Brust wie ein Rind und ein Bart wie ein Löw ... So ist keiner ... Ich bin stolz vor allen Weibern!

Tambourmajor: Wenn ich am Sonntag erst den großen Federbusch hab' und die weiße Handschuh, Donner Wetter, Marie, der Prinz sagt immer: Mensch, er ist ein Kerl.

Marie *spöttisch* Ach was! *(Tritt vor ihn hin)* Mann!

Tambourmajor Und du bist auch ein Weibsbild, Sapperment, wir wollen eine Zucht Tambourmajors anlegen. He? *(Er umfasst sie.)*

Marie *(verstimmt)* Lass mich!

Tambourmajor Wild Tier!

Marie *(heftig)* Rühr mich an!

Tambourmajor Sieht dir der Teufel aus den Augen?

Marie Meinetwegen! Es ist alles eins!

1 eine Nachbarin Maries

Beispiellösung

Einleitung

(Einordnung der Szenen in den Handlungszusammenhang)

Goethes „Faust I" wurde 1808 veröffentlicht; knapp 25 Jahre später, 1836, erscheint Büchners „Woyzeck". Zentrale Themen beider Dramen sind ‚Liebe und Sexualität'. In Goethes „Faust" steht die Beziehung zwischen Faust und Margarete, zwischen dem Gelehrten und dem einfachen Bürgermädchen, im Vordergrund. In Büchners Woyzeck geht es um die Beziehung zwischen dem einfachen Stadtsoldaten Woyzeck und Marie, aber auch um die Beziehung zwischen Marie und dem Tambourmajor, dem Gegenspieler Woyzecks.

Die vorliegende Szene aus Goethes „Faust" zeigt Faust und Margarete bei einem Treffen, das von Mephisto organisiert wurde. Faust hat zuvor eine Verjüngungskur in der Hexenküche durchlaufen. Nicht zuletzt dadurch ist er sehr empfänglich für die Beziehung zu einer Frau. Faust und Margarete gestehen sich bei dieser Begegnung ihre Liebe.

Die ausgewählten Szenen aus Büchners „Woyzeck“ konzentrieren sich auf Maries Beziehung zum Tambourmajor. Marie reicht Woyzecks Liebe nicht aus. Sie wendet sich dem körperlich attraktiveren Tambourmajor zu und hofft auf diesem Weg, ihrer Sehnsucht nach Glück ein Stück näher zu kommen. Die körperliche Anziehungskraft der Geschlechter und damit die sexuelle Ebene stehen hier im Vordergrund.

TIPP zum Textvergleich

Bei der **Darstellung der Ergebnisse** kann man folgendermaßen vorgehen:
Variante A (lineare Vorgehensweise): Die Ergebnisse der Textanalyse zu den ausgewählten Texten bzw. Textauszügen werden nacheinander auf die Vergleichspunkte bezogen dargestellt (s. vorliegende Klausurlösung).
Variante B (aspektorientierte Vorgehensweise): Die Ergebnisse der Textanalyse zu den ausgewählten Texten bzw. Textauszügen werden in einem zusammenhängenden Text Punkt für Punkt vergleichend herausgearbeitet (s. Klausurlösung zu E. T. A. Hoffmann, S. 57 ff.).

Hauptteil

(Faust und Margarete in Goethes Faust I [M1])

Faust und Margarete treffen sich nach der ersten Begegnung auf offener Straße in Marthes Garten wieder. Faust hatte – angetrieben von der Vision einer schönen Frau, die ihm bei der Verjüngungskur in der Hexenküche erschienen war – das erstbeste Mädchen auf der Straße angesprochen. Er hatte die Rolle des Verführers, des Draufgängers übernommen, der keine Gelegenheit auslässt, zu einer für ihn attraktiven Frau Kontakt aufzunehmen. Der Beginn des Gesprächs nimmt Bezug auf diese Begegnung.

Faust entschuldigt sich dafür, dass er Margarethe direkt auf der Straße angesprochen hat. Ein derartiges Verhalten entspricht nicht den gesellschaftlichen Konventionen und kann als ‚faux pas‘ gewertet werden. Margarete hat diese Normen als ihre eigenen übernommen und die damit vorgegebene Frauenrolle verinnerlicht. Entsprechend formuliert sie, dass sie irritiert war und ihr eigenes Verhalten hinterfragt hat: „Ach, dacht ich, hat er in deinem Betragen / Was Freches, Unanständiges gesehn?“ (Z. 15 ff.) Sie sieht das gesellschaftliche Fehlverhalten sogleich bei sich und nicht bei Faust. Sie fragt sich, ob sie ihn provoziert habe, mit ihr „gradehin zu handeln“ (Z. 19). Zugleich deutet sie ihm an, dass sie sich schon bei dieser ersten Begegnung in ihn verliebt hat: „Gesteh ich's doch! Ich wußte nicht, was sich / Zu Eurem Vorteil hier zu regen gleich begonnte […]“ (Z. 20 ff.). Auch muss Margarete sich geschmeichelt fühlen, dass ein Mann, der einer anderen gesellschaftlichen Schicht angehört, Interesse für sie zeigt. Das könnte für sie einen Schritt hin zu einem gesellschaftlichen Aufstieg bedeuten.

Faust ist erneut fasziniert von der Natürlichkeit der jungen Frau. Er nennt sie zum einen „Süß Liebchen!“ (Z. 28) und zeigt damit sein Interesse und sein sexuelles Begehren. Zum anderen redet er sie mit „Du holdes Himmelsangesicht!“ (Z. 40) an und erhöht sie damit in den religiösen Bereich. Beide Zuschreibungen – sexuelle Begierde und übermenschliche

Idealisierung – werden Margarete als Person sowie ihrer konkreten Situation in der Familie und der Gesellschaft nicht gerecht.
Margarethe gesteht Faust bildhaft mit dem kindlichen Blumenspiel ihre Liebe: „Liebt mich – nicht – liebt mich – nicht –. [...] Er liebt mich." (Z. 41 ff.) Auch wenn sie sich selbst dessen eventuell nicht bewusst ist, hat das Blumenspiel auch eine sexuelle Konnotation. Es symbolisiert den Verlust der Unschuld. So wird auch in Margaretes Verhalten – wenn auch indirekt – sexuelles Interesse an Faust deutlich. Sie signalisiert ihm ihre Liebe und ihr Begehren zugleich.
Faust setzt das Ergebnis des Blumenspiels einem „Götterausspruch" (Z. 48) gleich. Auch er gesteht ihr seine Liebe. Zugleich erklärt er, was diese Liebe für ihn bedeutet: „eine Wonne / Zu fühlen, die ewig sein muß!" (Z. 56 f.) In diesem Moment berücksichtigt er nicht, dass er seine Wette mit Mephisto verloren hätte, sollte diese Erfüllung Wirklichkeit werden. Faust ist einerseits Verführer, andererseits aber Liebender. An dieser Stelle wird auch Fausts intellektuelle Überlegenheit gegenüber Margarete deutlich. Sie verstummt, „drückt ihm die Hände, macht sich los und läuft weg" (Z. 61 f.) Zugleich zeigt der Händedruck, dass sich beide emotional und körperlich zueinander hingezogen fühlen (vgl. Regieanweisung am Ende der Szene).

Goethe: „Faust I" [M1]
Die sprachliche Gestaltung der Szene in Goethes „Faust" spiegelt den jeweiligen Kontext wider, aus dem Faust und Margarete kommen. Faust, der Gelehrte, ist ein Mann, der mit Sprache umgehen kann; ja, sie ist sein eigentliches Ausdrucksmittel. Er verfügt nicht nur über die Sprache der Wissenschaft, sondern auch über die der Liebe. Immer wieder findet er neue liebkosende Bezeichnungen für Gretchen: „kleiner Engel" (Z. 2), „Süß Liebchen" (Z. 28), „holdes Himmelsangesicht" (Z. 40). Diese Idealisierung schmeichelt Gretchen. Der Zuschauer/Leser fragt sich jedoch, ob Faust wirklich Margarete meint und nicht die Vision einer schönen, begehrenswerten Frau, wie sie ihm in der Hexenküche erschienen ist. Auch die Anrede „mein Kind" (Z. 46) zeigt, dass er in Margarete nicht die erwachsene Frau sieht, die vor ihm steht. Fausts Worte am Ende der Szene sind äußerst komplex. Für Margarete muss es unverständlich bleiben, wenn er voller Emotionalität zu ihr sagt: „Sich hinzugeben ganz und eine Wonne / Zu fühlen, die ewig sein muß! / Ewig! – Ihr Ende würde Verzweiflung sein / Nein, kein Ende! Kein Ende!" (S. 56 ff.) In solchen Formulierungen zeigt sich der nach Totalität strebende Faust.
Demgegenüber ist Margaretes Sprache einfach. Es fällt ihr schwer, ihre Gefühle direkt in Worte zu fassen. Dementsprechend wählt sie einfache Bilder – hier das Blumenspiel – um sich auszudrücken. Die Szene ist so gestaltet, dass die Redeanteile vom Umfang her sich umkehren. Margarete stellt ihre Sorge, gegen die geltenden gesellschaftlichen Konventionen verstoßen zu haben, zu Beginn ausführlich dar. Nachdem Faust ihr Blumenspiel aufgreift und zu seiner eigenen Darstellung der Liebe ansetzt, verstummt sie beinahe und ist nur noch zu einer kurzen Gefühlsäußerung – „Mich überläuft's" (Z. 52) – fähig, bevor sie die Szenerie verlässt.

Marie und der Tambourmajor in Büchners „Woyzeck" [M2]
Die vorliegenden Szenen aus Büchners „Woyzeck" konzentrieren sich auf das Verhältnis zwischen Marie und dem Tambourmajor. Die erste ausgewählte Szene zeigt Marie, wie sie von ihrem Fenster aus den Zapfenstreich beobachtet und dabei vor allem Augen für den Tambourmajor hat. In der zweiten ausgewählten Szene treffen Marie und der Tambourmajor direkt aufeinander.

Marie ist fasziniert vom Auftritt des Tambourmajors. Der Tambourmajor hat beim Zapfenstreich eine herausragende Stellung. Er führt – vermutlich in einer besonderen Paradeuniform – den Zug der Soldaten. Für die Frauen der Garnisonsstadt ist er ein Inbegriff der Männlichkeit. „Was ein Mann", sagt Margreth, eine Nachbarin, „wie ein Baum." (Z. 9) Auch Marie, ganz in der Rolle der Frau, die einen starken Mann bewundert, hebt die Stärke und Kraft des Tambourmajors hervor, wenn sie sagt: „Er steht auf seinen Füßen wie ein Löw." (Z. 10 f.) Sie bringt ihre Bewunderung auch in einer Liedzeile zum Ausdruck: „Soldaten, das sind schöne Bursch ..." (Z. 13 f.) Maries Äußerungen zeigen, dass sie offensichtlich wie andere Frauen der Garnisonsstadt von einem Mann mit einer derartigen Ausstrahlungskraft träumt. Die körperliche Attraktivität und Stärke, die Marie in ihm erblickt, erwecken zugleich die Sehnsucht nach anderen, besseren Lebensumständen.

Dementsprechend fühlt sich Marie in hohem Maße dadurch geschmeichelt, dass der Tambourmajor sich mit ihr einlässt: „Ich bin stolz vor allen Weibern." (Z. 21 f.) Sie sagt das – wohl wissend, dass auch andere Frauen an ihm interessiert sind. Anders als Faust zählt der Tambourmajor auf seine Anziehungskraft bei den Frauen der Kleinstadt. Stolz verweist er darauf, wie sehr seine Männlichkeit erst noch zum Ausdruck kommen wird, wenn er die Sonntagsuniform mit Federbusch und weißen Handschuhen tragen wird. Ihm ist es wichtig, als „Kerl" (Z. 27) durchzugehen, so wie ihn der Prinz einmal genannt hat. Faust dagegen verliert kein Wort über seine äußere männliche Attraktivität. Er fasziniert durch seine Intellektualität.

Die Beziehung zwischen dem Tambourmajor und Marie wird von vornherein auf die sexuelle Ebene reduziert. Das Wort Liebe wird, anders als in der Beziehung zwischen Faust und Margarete, gar nicht ausgesprochen. Beide betonen immer wieder die körperliche Attraktivität des jeweils anderen. Es geht um die Befriedigung des sexuellen Begehrens. Dafür nutzen sie Formulierungen, die dem Bereich der Tierwelt entlehnt sind. Der Tambourmajor nennt Marie „Wild Tier" (Z. 35), sie vergleicht seine starke Brust mit der eines Rindes und greift bei der Beschreibung seines Bartes erneut auf das Bild des Löwen zurück.

Marie und der Tambourmajor sind einander ebenbürtig, die gesellschaftliche Distanz wie bei Faust und Gretchen spielt keine Rolle.

Auch Marie ist wie Margarete in gesellschaftlichen Konventionen gefangen. So zögert sie zunächst ein wenig bei den Annäherungsversuchen des Tambourmajors und zeigt sich verletzt, als er sehr grob davon spricht, mit ihr „eine Zucht Tambourmajors an[zu]legen" (Z. 32). Sie weist ihn zunächst „verstimmt" zurück: „Lass mich!" (Z. 34). Doch schon im nächsten Satz formuliert sie zweideutig: „Rühr mich an!" (Z. 36), was sich sowohl als Abwehr als auch als Aufforderung verstehen lässt. Sie wirft das Gefangensein in den gesellschaftlichen Konventionen ähnlich wie Gretchen bewusst über Bord: Die Erfüllung ihrer Wünsche, die Befriedigung ihrer Begierde sind ihr in diesem Moment wichtiger. Sie flüchtet sich in die Beziehung mit dem Tambourmajor, von dem sie sich etwas Glanz erhofft. Auch

die Frage des Tambourmajors „Sieht dir der Teufel aus den Augen?“ (Z. 37 f.) berührt sie nicht. Im Unterschied zu Gretchen fehlt ihr das Gottvertrauen. Dementsprechend antwortet sie: „Meinetwegen! Es ist alles eins!“ (Z. 39)
Anders als Faust und Gretchen stammen Marie und der Tambourmajor aus der gleichen sozialen Schicht. Die daraus resultierende Ebenbürtigkeit zeigt sich besonders deutlich in der Sprache. Komplexe Darstellungen eines Sachverhalts, wie Faust sie liebt, sind ihnen fremd. Marie, und darin gleicht sie Gretchen, greift, um ihre Gefühle zu äußern, auf eine einfache Liedzeile zurück. Marie und der Tambourmajor nutzen Bilder aus dem Tierreich, um ihr sexuelles Interesse deutlich zu machen. Bei der Bildwahl spielen vor allen Stärke und majestätisches Auftreten eine zentrale Rolle (vgl. Rind, Löwe). Die Beziehung wird auf den Akt der Fortpflanzung reduziert, wenn der Tambourmajor davon spricht, dass er mit Marie „eine Zucht Tambourmajors anlegen“ (Z. 32) will. Marie zeigt ihre Ebenbürtigkeit auch durchaus darin, dass sie auf die Ausführungen des Tambourmajors „spöttisch“ (Z. 28) reagiert, wie es in der Regieanweisung heißt, bzw. ihren Missmut eindeutig ausspricht. Sie ist „verstimmt“ (Z. 34), wie angemerkt wird.
Weder Marie noch der Tambourmajor können die Sprache nutzen, um ihre Wünsche und Sehnsüchte in komplexerer Form auszudrücken. Die Syntax ist insgesamt reduziert. Sie besteht aus kurzen, zum Teil unvollständigen Sätzen („Über die Brust wie ein Rind und ein Bart wie ein Löw ...“, Z. 19 ff.). Dabei dienen insbesondere Imperative dazu, ihre Gefühle zu äußern (z. B. „Lass mich!“, Z. 34; „Rühr mich an!“, Z. 36).

Zusammenfassung der Ergebnisse

Zusammenfassend lässt sich Folgendes festhalten: Die Beziehung zwischen Faust und Margarete wird wesentlich durch die unterschiedliche Herkunft bestimmt. Faust, dem Intellektuellen, gelingt es, das einfache Bürgermädchen Margarete für sich zu gewinnen, indem er sowohl die Rolle des Beschützers als auch des Verführers wahrnimmt. Er drückt Margarete sein Bild von ihr auf, ohne sie wirklich als individuelle Person wahrzunehmen. Margarete bleibt einerseits in ihrer Rolle als einfaches Bürgermädchen gefangen und ist andererseits von Faust so fasziniert, dass sie ihm offen ihre Liebe gesteht und sich ihm gewissermaßen ausliefert.
Auch die Beziehung von Marie und Woyzeck wird maßgeblich durch die sozialen Verhältnisse bestimmt, in denen sie leben. Insbesondere der Tambourmajor definiert sich über die äußeren Merkmale, die seiner Ansicht nach einen Mann auszeichnen. Diese Werte sind auch für Marie bedeutend, allerdings verknüpft sie damit den Wunsch nach zumindest auf sexueller Ebene erfüllter Liebe.
Anders als Faust und Margarete sind Marie und der Tambourmajor einander jedoch gesellschaftlich und intellektuell ebenbürtig. Das wird sowohl in ihrem Verhalten als auch in ihrer Sprache deutlich.
So unterschiedlich beide Paare auch sind, so wird doch deutlich, dass beide durch die jeweilige Beziehung der Suche nach Glück, nach einem erfüllteren Leben näher kommen wollen. Dazu ist es notwendig, zumindest in Ansätzen, mit den gesellschaftlichen Konventionen zu brechen.

Fokus: Judith Hermann, „Sommerhaus, später“

Grundkurs, Aufgabenart III B

Erörterung von Sachtexten mit Bezug auf einen literarischen Text

Aufgabenstellung

1. Erörtern Sie die Positionen der beiden Rezensenten zu Judith Hermanns Erzählband „Sommerhaus, später“, indem Sie zunächst die zentralen Argumente herausstellen und im Anschluss mit Bezug zur literarischen Vorlage Stellung zu den beiden Argumentationsansätzen beziehen.

TIPP Die Aufgabenstellung verstehen

1. Erörtern Sie: Der Operator fordert eine eigenständige Einordnung und Bewertung der beiden Rezensionen (M1 und M2). Die Qualität einer Argumentation wird nicht in Bezug auf die vertretene Einschätzung/persönliche Haltung beurteilt, sondern es zählt die Nachvollziehbarkeit der Begründungen.
indem Sie Argumente herausstellen: Hier ist eine Analyse der beiden Rezensionen gefordert. Da kontroverse Positionen vertreten werden, empfiehlt sich eine nach Materialien getrennte Darstellung der Argumentationen/Begründungen.
mit Bezug Stellung zu den beiden Argumentationsansätzen beziehen: Um die Rezensionen in einen Bezug zur literarischen Vorlage („Sommerhaus, später“) setzen zu können, müssen Sie auf Ihr Vorwissen bzw. die Kenntnis der Ganzschrift zurückgreifen. M1 bietet Gelegenheit, sich auf literaturkritische Positionen zu beziehen, die aus dem Unterricht bekannt sind. Für M2 ist zu berücksichtigen, dass die Rezension nur als Auszug vorliegt und Ihnen (vermutlich) der eigentliche Gegenstand der Kritik (der Roman „Aller Liebe Anfang“) nicht bekannt ist.

Materialgrundlage

M1 Ador: Judith Hermann: Sommerhaus, später. Aus: FAZ vom 17.3.2002
M2 Edo Reents: Judith Hermanns erster Roman: Stella oder das Märchen vom Stalker (Auszug). Aus: FAZ vom 18.8.2014 © Alle Rechte vorbehalten. Frankfurter Allgemeine Zeitung GmbH, Frankfurt. Zur Verfügung gestellt vom Frankfurter Allgemeine Archiv.

Hinweis: „Sommerhaus, später“ wurde während der Qualifizierungsphase im Deutschunterricht gelesen. Die Texte werden in diesem Band nicht zusätzlich abgedruckt.

M1 Judith Hermann: Sommerhaus, später (2002) *Ador*

Von Judith Hermanns Geschichten geht eine ganz eigenartige Stimmung aus. Sie scheinen aus der Zeit gefallen, nirgendwo hinzuwollen, ruhig beginnen sie, ruhig enden sie wieder, und dazwischen geschieht etwas, oft gar nichts Großes, ein Armband zerreißt, eine junge Frau taucht auf und verschwindet wieder, doch nichts wird danach noch sein, wie es begann, mit dem Armband zerreißen auch die Fesseln der Vergangenheit, mit der Frau verschwindet eine große Sehnsucht.

Judith Hermann erzählt, als habe man sie darum bitten müssen, als sei sie eigentlich müde, zu erschöpft. Kein Wort zu viel, ganz einfache Sätze. Eine Ruhe liegt über ihren Geschichten, manchmal scheinen sie fast stillzustehen, doch es ist eine angespannte Ruhe – wie an einem heißen, schwülen Tag im Sommer, kurz bevor ein Gewitter losbricht. Auch ihre Charaktere wirken sonderbar schlafwandlerisch. Selbst wenn sie ausgehen und tanzen, flirten oder Drogen nehmen – passiv, fast träge scheinen sie durch ihre Leben zu gleiten, Dinge als gegeben hinzunehmen, nichts groß in Frage zu stellen. Sie beobachten sich selbst, stellen Reaktionen, Gefühle fest, scheinen sich diese aber nicht erklären zu können.

„Sommerhaus, später", Hermanns erstes und bisher einziges Buch, ein Erzählband, der neun Kurzgeschichten umfaßt, hat bei seinem Erscheinen enormes Aufsehen erregt und wird bis heute mit Preisen bedacht: Eine junge Frau, eine gänzlich unbekannte Frau, schreibt, als wäre sie eine alte, als wäre sie einmal herum um die Welt, hätte alles gesehen, alles verstanden und nun eine Gelassenheit, die an Weisheit grenzt. Ihre Figuren verbringen viel Zeit mit Nichtstun, als hätten sie erkannt, daß ein Auflehnen gegen das Schicksal nichts nützt. Ein junger Mann liegt den ganzen Tag auf seinem Bett wie ein toter Fisch. Ein anderer verbringt Stunden damit, in seinem Zimmer nackt auf dem Fußboden zu liegen und an die Decke zu starren: „Ich war nicht unruhig, nicht gereizt, ich war müde und in einem seltsamen Zustand der Emotionslosigkeit." Eine alte Frau, die bald sterben wird: „Sie hat geschlafen und dann wieder wachgelegen, es mag sein, daß es da keinen Unterschied mehr gab."

Die Kurzgeschichte, die dem Buch seinen Titel gibt, ist aus Sicht einer jungen Frau erzählt, die Jahre zuvor eine kurze Affäre mit einem mittellosen Taxifahrer hatte. Ein Haus auf dem Land war immer der Traum gewesen, das Ziel, später einmal. Eines Tages taucht der Taxifahrer wieder auf, sagt, er habe es gefunden, er wolle es ihr zeigen. Was, fragt sie, für die das alles Vergangenheit ist. Das Haus, sagt er, und die beiden fahren los. Das Haus, das Sommerhaus – es ist eine Ruine. Kaputte Fenster, Risse in den Mauern, Türen, die fehlen. Die Frau lebt ihr Großstadt-Leben weiter, als wäre nichts geschehen, und es ist ja auch nichts geschehen. Eines Tages erreicht sie ein Brief von ihm, darin ein Zeitungsartikel: Das Haus sei abgebrannt, der neue Bewohner vermißt, Brandstiftung nicht ausgeschlossen. Sie legt den Brief in eine Schublade und denkt nur ein Wort: „Später." Kein großes Drama, kein Spannungsbogen – es ist das Nicht-Gesagte, das dieser Geschichte ihre dichte Atmosphäre gibt.

Zu einer Neuausgabe eines Buchs von Raymond Carver hat Hermann ein Vorwort geschrieben. „Carvers Geschichten stehen nicht auf Seite der Geschichten und nicht auf Seite der Sprache", heißt es da. „Sie zielen nicht auf das Sicht- und Nennbare, sondern auf das Undurchsichtige, Unaussprechliche, auf das, was geradezu resistent gegen das Lösungsmittel der Worte ist." Sie hat ihre eigene Kunst damit beschrieben. Es ist das Wissen um die Kraft der Auslassung, die Macht des Unbewußten, das Judith Hermann zu einer großen Erzählerin macht.

M2 Judith Hermanns erster Roman: Stella oder das Märchen vom Stalker (2014) [Auszug][1]

Edo Reents

Judith Hermann bevorzugte bisher die kurze Distanz. Schon deshalb gilt ihr erster Roman als Ereignis. Ist das vielleicht sogar der einzige Grund? In „Aller Liebe Anfang“ geht syntaktische Schlichtheit mit gedanklichen Belanglosigkeiten einher.

Judith Hermann hat zwei Probleme: Sie kann nicht schreiben, und sie hat nichts zu sagen. Das sind denkbar ungünstige Voraussetzungen für eine Position, wie sie ihr immer noch, auch nach ihrem soeben erschienenen ersten Roman „Aller Liebe Anfang“ zugestanden wird: die einer der „wichtigsten Stimmen“ der jüngeren Literatur, einer „Meisterin“ gar. Wenn man nicht schreiben kann, hält man sich am Stoff schadlos, der dann eben etwas außergewöhnlich ausfällt. Und wenn man nichts zu sagen hat, dann macht man das mit seinem Stil wett. So kann man auf die eine oder andere Weise Schriftsteller sein.

Es ist nun durchaus nicht so, dass Judith Hermanns Roman sonderlich gut weggekommen wäre; manche Besprechung ist so lau wie ihre Prosa – sollte das mit dem „Sog“ gemeint sein, von dem viele offenbar immer noch glauben, Hermann übe ihn aus? Aber auch wenn es zu einem richtig dicken Lob, das damals für ihre Erzählungen „Sommerhaus, später“ (1998) reichlich übertrieben ausfiel, diesmal nicht gereicht hat, so macht die Literaturkritik sich in diesem Fall schon durch bloße Nachsicht verdächtig. Die gelegentlich geäußerte Überlegung, was die Unbestimmtheit ihres Erzählens mit der Lage des Landes zu tun haben mag, kann man sich sparen. Es lohnt sich nicht, über so etwas nachzudenken. [...]

[1] ‚Stella‘ ist der Name der weiblichen Hauptfigur des Romans, die im Verlauf der Handlung von einem Stalker belästigt wird. Der Auszug gibt den Anfang der Rezension ungekürzt wieder.

Beispiellösung

Einführung in das Thema

Ihren ersten literarischen Erfolg erreichte die 1970 in Berlin geborene Judith Hermann mit der Veröffentlichung des Erzählbandes „Sommerhaus, später“ im Jahr 1998. Die Erzählung „Sommerhaus, später“ wurde mit acht anderen Erzählungen im gleichnamigen Erzählband veröffentlicht. Die Erzählungen dieses Bandes wurden überwiegend positiv von der Kritik aufgenommen, wobei vor allem der auffällig verknappte Sprachstil Aufsehen erregte und gelobt wurde.

Bemerkenswert an den beiden vorliegenden Rezensionen, die 2002 (M1) bzw. 2014 (M2) auf www.faz.net veröffentlicht wurden, ist die völlig gegensätzliche Bewertung der schriftstellerischen Leistung Judith Hermanns. Zu erwähnen ist, dass mir der Name des Verfassers bei der ersten Rezension (M1) nicht bekannt ist, da im vorliegenden Textauszug „ador“ als Verfasser angegeben wird, wobei es sich sicherlich um ein Pseudonym handelt. Da für mich die Endung „or“ des Pseudonyms auf einen männlichen Verfasser schließen lässt, verwende ich im Weiteren die maskuline Form. Zu erwähnen ist auch, dass mir von der zweiten Rezension (M2) nur der ungekürzte Anfang als Auszug vorliegt (Fußnote zum Text). Dieser Auszug ist nur halb so umfangreich wie die andere mir vorliegende Rezension

(M1) und der zentrale Bezugspunkt der Rezension von Reents sind nicht Judith Hermanns Erzählungen, sondern ihr im Jahr 2014 erschienener, erster Roman „Aller Liebe Anfang". Da ich diesen Roman weder im Unterricht noch privat bisher gelesen habe, kann ich nicht überprüfen, inwieweit die Kritik, die diesen Roman direkt betrifft, berechtigt ist oder nicht. Meine Aufgabe sehe ich darin, zunächst die Argumentation beider Verfasser aufzuzeigen, um dann im direkten Vergleich der beiden Ansätze eine eigene Bewertung argumentativ zu entfalten.

Auseinandersetzung mit der Argumentation der ersten Rezension (M1)

Der unter dem Pseudonym „ador" auf faz.net schreibende Rezensent formuliert direkt zu Beginn seiner Rezension zum Erzählband „Sommerhaus, später" sein erstes Werturteil in einer thesenartigen Zusammenfassung, wenn er verallgemeinernd herausstellt, dass von den Erzählungen des Bandes eine „ganz eigenartigen Stimmung" (Z. 2) ausgehe. Die Bewertung des Begriffs ‚eigenartig' bleibt dabei zunächst offen, wird aber im weiteren Verlauf der Rezension präzisiert und mit einer positiven Konnotation versehen.
Im ersten Abschnitt (Z. 1 – 30) wird durch Bezüge zu inhaltlichen Details einzelner Erzählungen des Sammelbandes recht ausführlich erläutert, wodurch für den Rezensenten der Eindruck einer Stimmung entsteht, die er als eigenartig bezeichnet.
Im zweiten Abschnitt (Z. 31 – 54) wird angedeutet, dass für den Verfasser wohl diese „eigenartige Stimmung" (Z. 2) dazu geführt hat, dass Judith Hermanns erster Erzählband enormes Aufsehen eregt habe und mit vielen Preisen bedacht worden sei (vgl. Z. 34 ff.). Das dabei verwendet Adjektiv ‚enorm' (vgl. Z. 34) baut eine Spannung auf, da es in gewisser Weise im Widerspruch zu der Angabe steht, dass es sich bei Judith Hermann um eine junge, bis dahin noch völlig unbekannte Autorin handele (vgl. Z. 36 ff.). Dieser Widerspruch wird aufgelöst, indem der Rezensent bewertend feststellt, dass diese „junge Frau [...] schreibt, als wäre sie eine alte, als wäre sie einmal herum um die Welt, hätte alles gesehen, alles verstanden und nun eine Gelassenheit, die an Weisheit grenzt." (Z. 36 – 41)
Zur Unterstützung und Präzisierung des zuvor Gesagten folgt im dritten Abschnitt (Z. 55 – 79) eine kurze inhaltliche Zusammenfassung der Erzählung „Sommerhaus, später", die dem Sammelband den Titel gegeben hat. Die spezifische Stimmung entsteht für den Rezensenten aus dem Zusammenspiel der durch Reduktion gekennzeichneten sprachlichen Gestaltung und der handlungsarmen inhaltlichen Anlage der Geschichten, bei der auf einen Spannungsbogen und ein „großes Drama" (Z. 76) verzichtet werde. Aus diesem Zusammenspiel entsteht für ihn die „angespannte Ruhe" (Z. 18 f.), die er bereits im ersten Abschnitt als stilistisch erwähnenswert herausstellt (vgl. Z. 13 ff.).
Im vierten und letzten Abschnitt (Z. 80 – 93) wird die positive Bewertung der schriftstellerischen Leistung Judith Hermanns durch die Autorität eines Zitates der Autorin argumentativ untermauert. Der Rezensent ist der Meinung, dass das, was Judith Hermann in einem Vorwort zur Neuausgabe eines Buches von Raymond Carver schreibt, ihren eigenen Schreibstil treffend charakterisiert (vgl. Z. 80 – 90): „Sie [Carvers Geschichten] zielen nicht auf das Sicht- und Nennbare, sondern auf das Undurchsichtige, Unaussprechliche, auf das, was geradezu resistent gegen das Lösungsmittel der Worte ist." (Z. 82 ff.).
Zusammenfassend kann man sagen, dass die Technik der sprachlichen Reduktion durch die Beschränkung auf wenige Wörter und die Einfachheit der Sätze sowie die an Emotionslo-

sigkeit grenzende Gelassenheit gegenüber dem erzählten Geschehen für den Rezensenten den Reiz und die Qualität der Erzählungen Judith Hermanns ausmachen. Für ihn schreibt sie so, als habe man sie darum bitten müssen zu schreiben (vgl. Z. 13 f.). Diese Bewertungen geben eine sehr positive Konnotation für das vor, was der Rezensent anfangs mit seiner nicht ganz eindeutigen Formulierung „eigenartige Stimmung“ (Z. 2) meinte.

Auseinandersetzung mit der Argumentation der zweiten Rezension (M2)

Edo Reents, der Verfasser der zweiten mir vorliegenden Rezension, die im Jahr 2014 ebenfalls auf faz.net veröffentlicht wurde, nutzt die Besprechung des ersten Romans Judith Hermanns, „Aller Liebe Anfang“, zu einer vernichtenden Kritik. „Sie [Judith Hermann] kann nicht schreiben, und sie hat nichts zu sagen.“ (Z. 8 f.) So heißt es ganz plakativ bereits in den ersten Sätzen seiner Rezension.

Im Gegensatz zu der anderen mir vorliegenden Rezension (Text 1) ist in der Rezension von Reents keine klare argumentative Struktur zu erkennen. In den beiden ersten Abschnitten (Z. 1 – 6 und Z. 7 – 22) werden mehr oder weniger additiv Aussagen aneinandergereiht, die lediglich die zentrale Kritik variieren, wenn von syntaktischer Schlichtheit und gedanklicher Belanglosigkeit die Rede ist (vgl. Z. 5 f.) bzw. wenn es ironisch in Form eines Parallelismus heißt: „Wenn man nicht schreiben kann, hält man sich am Stoff schadlos, der dann eben etwas außergewöhnlich ausfällt. Und wenn man nichts zu sagen hat, dann macht man das mit seinem Stil wett.“ (Z. 16 ff.)

Im dritten Abschnitt (Z. 23 – 40) bezieht er in diese Kritik am Roman explizit auch den Erzählband „Sommerhaus, später“ mit ein (Z. 30 ff.), wenn er herausstellt, dass das damalige „dicke[] Lob“ (Z. 30) für ihre Erzählungen seiner Meinung nach „reichlich übertrieben“ (Z. 31 f.) gewesen sei. Judith Hermanns Prosa sowie einige Rezensionen zu ihren Erzählungen bewertet er gleichermaßen als „lau“ (Z. 26) und gibt zu verstehen, dass er nicht nachvollziehen könne, warum die damaligen Kritiker meinten, dass Judith Hermanns Schreibstil die Leser in den Bann gezogen hätte. Über Erklärungsansätze, die der „Unbestimmtheit ihres Erzählens“ (Z. 36 f.) eine gesellschaftskritische Dimension geben wollten, äußert er sich despektierlich: Eine vertiefende Reflexion darüber lohne sich nicht (vgl. Z. 38 ff.).

Auffällig an dem mir vorliegenden Auszug aus der Rezension ist, dass der Verfasser von Anfang an seine kritische Ablehnung der schriftstellerischen Leistung Judith Hermanns mehr als deutlich zum Ausdruck bringt. Dazu trägt die abwertende Wortwahl (z. B. „syntaktische Schlichtheit“ (Z. 5), „gedankliche[] Belanglosigkeit“ (Z. 5 f.) bzw. „lau[e]“ (Z. 26) Prosa) ebenso bei wie der Verzicht auf argumentative Begründungen und Beispiele bei. Gezielt versucht er dabei, seine im Vergleich zu anderen Literaturkritikern extrem kritische Bewertung zu rechtfertigen, indem er den Verdacht äußert, dass andere Rezensenten im Rückblick auf die positive Resonanz zu Judith Hermanns Prosa den Roman mit zu viel „Nachsicht“ (Z. 34) bewertet hätten. Recht deutlich wird, dass Judith Hermann für ihn weder eine „der „wichtigsten Stimmen“ der jüngeren Literatur“ (Z. 14 f.) und schon gar keine „Meisterin“ (Z. 15) ist. Bedenklich ist für mich vor allem, dass die Übertragung seiner kritischen Bewertung des Romans auf die früheren Erzählungen der Schriftstellerin in diesem Auszug der Rezension argumentativ nicht begründet wird.

Schluss mit eigener Stellungnahme

Da ich den Roman „Aller Liebe Anfang“ von Judith Hermann nicht kenne, kann ich nur den Teil der Kritik von Edo Reents kritisch reflektieren, der sich mehr oder weniger direkt auf den Erzählband „Sommerhaus, später“ bezieht.
Ich selbst habe die Erzählungen dieses Erzählbandes aufmerksam und mit Interesse gelesen. Mich persönlich hat vor allem das Stilmittel der sprachlichen Reduktion sehr beeindruckt. Die Konzentration auf das Wesentliche und die Sparsamkeit in der Beschreibung der Figuren und der Handlungsorte hat Vieles in der Schwebe gehalten. Ich habe dies beim Lesen an keiner Stelle als ein Manko oder gar als Unvermögen der Schriftstellerin aufgefasst. Gerade dieser Schwebezustand hat für mich interessante Spielräume der Deutung eröffnet und meine eigene Fantasie stark angeregt. Ich schließe mich deshalb in diesem Punkt der Bewertung des Rezensenten ardo voll und ganz an.
Ich halte es gerade in einer Zeit, die stark geprägt ist durch die Hektik des Alltags und in der speziell in den Medien viel und häufig unreflektiert kommuniziert wird, für extrem wichtig und gelungen, durch die Art des Erzählens einen Zustand „angespannte[r] Ruhe“ (Z. 18 f.) hervorzurufen. Für die von mir bisher gelesenen Erzählungen Judith Hermanns trifft auf jeden Fall nicht zu, dass „syntaktische Schlichtheit“ mit „gedanklicher Belanglosigkeit“ einhergeht, wie Edo Reents das für den Roman „Aller Liebe Anfang“ behauptet (vgl. Z. 4 ff.).
Nach der Lektüre der beiden Rezensionen stellt sich für mich auf jeden Fall die Frage, wie es möglich ist, dass die zeitliche Distanz von zwölf Jahren zu einer so unterschiedlichen Bewertung der schriftstellerischen Leistung Judith Hermanns in der Literaturkritik führen kann. Interessant zu wissen wäre für mich, ob diese vernichtende Kritik von Edo Reents eher eine Ausnahme darstellt oder einem veränderten Zeitgeist in der kritischen Sicht der Gegenwartsliteratur entspricht. Dazu wäre es erforderlich, sich mit der jüngeren Rezeptionsgeschichte des literarischen Werks Judith Hermanns gründlicher zu beschäftigen.
Denkbar wäre auch, dass der spezifische Schreibstil Judith Hermanns, der ihre Erzählungen auszeichnet und in der Regel sehr positiv bewertet worden ist (siehe oben), sich für das Genre ‚Roman‘ als weniger geeignet erweist. Das würde zumindest erklären, warum Reents ausgehend von der Lektüre des Romans ihre schriftstellerische Leistung generell in Frage stellt (vgl. Z. 8 ff.). Um das beurteilen zu können, müsste ich zunächst einmal den Roman selber lesen. Mein Interesse haben die beiden so unterschiedlichen Rezensionen auf jeden Fall geweckt.

TIPP zum Punktesammeln

Die vorliegende abschließende Stellungnahme ist nur ein Beispiel, da andere persönliche Bewertungen möglich sind. Die Qualität einer Stellungnahme ist nicht abhängig von der Position, die vertreten wird, sondern von der **Nachvollziehbarkeit der Begründungen**.

Fokus: H. v. Kleist, Die Marquise von O...

Grundkurs, Aufgabenart I A

Analyse eines literarischen Textes mit weiterführendem Schreibauftrag

Aufgabenstellung

1. Führen Sie in die Handlung der Erzählung „Die Marquise von O...“ ein, indem Sie deren Inhalt zusammenfassend wiedergeben und dabei die ausgewählte Textpassage in den Kontext des Handlungsverlaufs einbetten. Analysieren Sie im Anschluss den ausgewählten Textausschnitt und arbeiten Sie dabei schwerpunktmäßig heraus, welche Bedeutung die Textpassage für die in der Erzählung dargestellte Mutter-Tochter-Beziehung hat.

2. Erläutern Sie ausgehend von Ihrer Analyse das Frauenbild, das Kleist mit den Figuren der Marquise und der Obristin in seiner Erzählung entwickelt.

TIPP Die Aufgabenstellung verstehen

1 Inhalt wiedergeben: Der Operator fordert eine sehr knappe, chronologische Zusammenfassung der Inhalte mit eigenen Worten.
dabei einbetten: Der Auszug muss im Gesamtgefüge der Erzählung verortet werden: Was geschah vorher, was folgt?
Analysieren Sie: Der Operator bezieht sich ausschließlich auf den Textauszug. Dieser markiert den Wendepunkt der Erzählung und verdeutlicht Kleists gesellschaftskritische Anschauungen.
Bedeutung herausarbeiten: Die Mutter-Tochter-Beziehung lässt sich gut an der Beschreibung der Körpersprache sowie der Dialoge zeigen. Sie bildet die Wirksamkeit traditioneller Rollenvorstellungen ab und zeigt, dass es nahezu unmöglich ist, diese aufzubrechen.
2 Erläutern Sie: Der Operator fordert eine differenzierte Darstellung von Sachverhalten, hier: des Frauenbilds.
ausgehend von Ihrer Analyse: Für die Wirkungsmacht der zeitgenössischen Rollenbilder können Sie aus Ihrer Kenntnis des gesamten Textes heraus weitere Beispiele geben, betreffend die Frauenfiguren Marquise und Obristin.

Materialgrundlage

Heinrich von Kleist: Die Marquise von O... Reclam Universalbibliothek, Stuttgart, S. 36, Z. 4 – S. 39, Z. 13

Die Marquise von O… (Auszug) *Heinrich von Kleist*

Die Obristin, durch diesen hartnäckigen Eigensinn, der alle Möglichkeit der Aufklärung vernichtete, heimlich erbittert, beschloß ihren Plan jetzt, gegen seinen Willen, auszuführen. Sie nahm einen von den Jägern des Kommandanten, und fuhr am nächstfolgenden Morgen, da ihr Gemahl noch im Bette lag, mit demselben nach V... hinaus. Als sie am Tore des Landsitzes angekommen war, sagte ihr der Türsteher, daß niemand bei der Frau Marquise vorgelassen würde. Frau von G... antwortete, daß sie von dieser Maßregel unterrichtet wäre, daß er aber gleichwohl nur gehen, und die Obristin von G... bei ihr anmelden möchte. Worauf dieser versetzte, daß dies zu nichts helfen würde, indem die Frau Marquise keinen Menschen auf der Welt spräche. Frau von G... antwortete, daß sie von ihr gesprochen werden würde, indem sie ihre Mutter wäre, und daß er nur nicht länger säumen, und sein Geschäft verrichten möchte. Kaum aber war noch der Türsteher zu diesem, wie er meinte, gleichwohl vergeblichen Versuche ins Haus gegangen, als man schon die Marquise daraus hervortreten, nach dem Tore eilen, und sich auf Knieen vor dem Wagen der Obristin niederstürzen sah. Frau von G... stieg, von ihrem Jäger unterstützt, aus, und hob die Marquise, nicht ohne einige Bewegung, vom Boden auf. Die Marquise drückte sich, von Gefühlen überwältigt, tief auf ihre Hand hinab, und führte sie, indem ihr die Tränen häufig flossen, ehrfurchtsvoll in die Zimmer ihres Hauses. Meine teuerste Mutter! rief sie, nachdem sie ihr den Diwan angewiesen hatte, und noch vor ihr stehen blieb, und sich die Augen trocknete: welch ein glücklicher Zufall ist es, dem ich Ihre, mir unschätzbare Erscheinung verdanke? Frau von G... sagte, indem sie ihre Tochter vertraulich faßte, sie müsse ihr nur sagen, daß sie komme, sie wegen der Härte, mit welcher sie aus dem väterlichen Hause verstoßen worden sei, um Verzeihung zu bitten. Verzeihung! fiel ihr die Marquise ins Wort, und wollte ihre Hände küssen. Doch diese, indem sie den Handkuß vermied, fuhr fort: denn nicht nur, daß die, in den letzten öffentlichen Blättern eingerückte, Antwort auf die bewußte Bekanntmachung, mir sowohl als dem Vater, die Überzeugung von deiner Unschuld gegeben hat; so muß ich dir auch eröffnen, daß er sich selbst schon, zu unserm großen und freudigen Erstaunen, gestern im Hause gezeigt hat. Wer hat sich –? fragte die Marquise, und setzte sich bei ihrer Mutter nieder; – welcher er selbst hat sich gezeigt –? und Erwartung spannte jede ihrer Mienen. Er, erwiderte Frau von G..., der Verfasser jener Antwort, er persönlich selbst, an welchen dein Aufruf gerichtet war. – Nun denn, sagte die Marquise, mit unruhig arbeitender Brust: wer ist es? Und noch einmal: wer ist es? – Das, erwiderte Frau von G..., möchte ich dich erraten lassen. Denn denke, daß sich gestern, da wir beim Tee sitzen, und eben das sonderbare Zeitungsblatt lesen, ein Mensch, von unsrer genauesten Bekanntschaft, mit Gebärden der Verzweiflung ins Zimmer stürzt, und deinem Vater, und bald darauf auch mir, zu Füßen fällt. Wir, unwissend, was wir davon denken sollen, fordern ihn auf, zu reden. Darauf spricht er: sein Gewissen lasse ihm keine Ruhe; er sei der Schändliche, der die Frau Marquise betrogen, er müsse wissen, wie man sein Verbrechen beurteile, und wenn Rache über ihn verhängt werden solle, so komme er, sich ihr selbst darzubieten. Aber wer? wer? wer? versetzte die Marquise. Wie gesagt, fuhr Frau von G... fort, ein junger, sonst wohlerzogener Mensch, dem wir eine solche Nichtswürdigkeit niemals zugetraut hätten. Doch erschrecken wirst du nicht, meine Tochter, wenn du erfährst, daß er von niedrigem Stande, und von allen Forderungen, die man sonst an deinen Gemahl machen dürfte, entblößt ist. Gleichviel, meine vortreffliche Mutter, sagte die Marquise, er kann nicht ganz unwürdig sein, da er sich Ihnen früher als mir, zu Füßen geworfen hat. Aber, wer? wer? Sagen Sie mir nur: wer? Nun denn, versetzte die Mutter, es ist Leopardo, der Jäger, den sich der Vater jüngst aus Tirol verschrieb, und den ich, wenn du ihn wahrnahmst, schon mitgebracht habe, um ihn dir als Bräutigam vorzustellen. Leopardo, der Jäger! rief die Marquise, und drückte ihre Hand, mit dem Ausdruck der Verzweiflung, vor die Stirn. Was erschreckt dich? fragte die Obristin. Hast du Gründe, daran zu zweifeln? – Wie? Wo? Wann? fragte die Marquise verwirrt. Das, antwortete jene, will er nur dir anvertrauen. Scham und Liebe, meinte er, machten es ihm unmöglich, sich einer andern hierüber zu erklären, als dir. Doch wenn du willst, so öffnen wir das Vorzimmer, wo er, mit klopfendem Herzen, auf den Ausgang wartet; und du magst sehen, ob du ihm sein Geheimnis, indessen ich abtrete, entlockst. – Gott, mein Vater! rief die Marquise; ich war einst in der Mittagshitze eingeschlummert, und sah ihn von meinem Diwan gehen, als ich erwachte! – Und damit legte sie ihre kleinen Hände vor ihr in Scham erglühendes Gesicht. Bei diesen Worten sank die Mutter auf Knieen vor ihr nieder. O meine Tochter! rief sie; o du Vortreffliche! und schlug die Arme um sie. Und o ich Nichtswürdige! und verbarg das Antlitz in ihren Schoß. Die Marquise fragte bestürzt: was ist Ihnen, meine Mutter? Denn begreife, fuhr diese fort, o du Reinere als Engel sind, daß von allem, was ich dir sagte, nichts wahr ist; daß meine verderbte Seele an solche Unschuld nicht, als von der du umstrahlt bist, glauben konnte, und daß ich dieser schändlichen List erst bedurfte, um mich davon zu überzeugen. Meine teuerste Mutter, rief die Marquise, und neigte sich voll froher Rührung zu ihr herab, und wollte sie aufheben. Jene versetzte darauf: nein, eher nicht von deinen Füßen weich ich, bis du mir sagst, ob du mir die Niedrigkeit meines Verhaltens, du Herrliche, Überirdische, verzeihen kannst. Ich Ihnen verzeihen, meine Mutter! Stehen Sie auf, rief die Marquise, ich beschwöre Sie – Du hörst, sagte Frau von G..., ich will wissen, ob du mich noch lieben, und so aufrichtig verehren kannst, als sonst? Meine angebetete Mutter! rief die Marquise, und legte sich gleichfalls auf Knieen vor ihr nieder; Ehrfurcht und Liebe sind nie aus meinem Herzen gewichen. Wer konnte mir, unter so unerhörten Umständen, Vertrauen schenken? Wie glücklich bin ich, daß Sie von meiner Unsträflichkeit überzeugt sind! Nun denn, versetzte Frau von G..., indem sie, von ihrer Tochter unterstützt, aufstand: so will ich dich auf Händen tragen, mein liebstes Kind. Du sollst bei mir dein Wochenlager halten; und wären die Verhältnisse so, daß ich einen jungen Fürsten von dir erwartete, mit größerer Zärtlichkeit nicht und Würdigkeit könnt ich dein pflegen. Die Tage meines Lebens nicht mehr von deiner Seite weich ich. Ich biete der ganzen Welt Trotz; ich will keine andre Ehre mehr, als deine Schande; wenn du mir nur wieder gut wirst, und der Härte nicht, mit welcher ich dich verstieß, mehr gedenkst.

Beispiellösung: Teilaufgabe 1

Heinrich von Kleists Erzählung „Die Marquise von O…“ (1807) setzt sich kritisch mit den Auswirkungen rigider gesellschaftlicher Moral- und Wertvorstellungen der damaligen Zeit auseinander, indem sie zeigt, wie sehr Frauen taktieren müssen, um sich gegen vorherrschende Rollenbilder durchzusetzen, wenn sie in Ausnahmesituationen geraten.
Erzählt wird die Geschichte der Marquise von O…, die nach dem Tod ihres Mannes mit ihren beiden Töchtern in Italien im Haus der Eltern wohnt. Als die Zitadelle ihres Vaters von russischen Truppen angegriffen und schließlich erobert wird, wird die Marquise von Soldaten sexuell belästigt. Graf F., ein russischer Offizier, befreit sie aus den Fängen der Soldaten. Weil die Marquise aufgrund der schrecklichen Ereignisse ohnmächtig wird, bekommt sie nicht mit, dass Graf F. diese Situation schließlich selbst ausnutzt, um sie zu vergewaltigen. Da weder die Marquise noch ihre Eltern etwas von diesem Vorgang ahnen, verehren sie den Grafen F. aus Dankbarkeit als Retter. Die Tatsache, dass der Graf F… schon nach kürzester Zeit der Bekanntschaft um die Hand der Tochter anhält, löst vor allem bei den Eltern der Marquise Verwunderung aus und erscheint ihnen problematisch, da ihre Tochter nach dem Tod ihres Mannes geschworen hat, nie wieder zu heiraten. Ohne eine eindeutige Antwort auf seinen Antrag erhalten zu haben, verlässt der Graf F… aus geschäftlichen Gründen für längere Zeit das Haus der Eltern. Während seiner Abwesenheit bestätigt sich durch die Untersuchung eines Arztes und einer Hebamme die Vermutung, dass die Marquise schwanger ist. Obwohl sie ihre Unschuld beteuert und schwört, nicht zu wissen, wie es zu dieser Schwangerschaft gekommen ist, wird sie aus Furcht vor dem Verlust der gesellschaftlichen Anerkennung aus ihrem Elternhaus verstoßen. Enttäuscht zieht sich die Marquise auf das Landgut in V… zurück, wo sie früher mit ihrem Mann gelebt hatte. Gegen den Befehl ihres Vaters nimmt sie ihre beiden Kinder mit und lebt dort mit ihnen in völliger Zurückgezogenheit. In dieser Situation entschließt sich die Marquise, den Vater ihres noch ungeborenen Kindes mithilfe einer Zeitungsannonce zu suchen, und gibt das Versprechen, diesen zu heiraten, wenn er sich melde. Ausgehend von der Initiative der Obristin, der Mutter der Marquise, kommt es schließlich doch noch zu einer Versöhnung in der Familie und die schwangere Tochter zieht wieder in das Elternhaus ein. Als der Graf F. den sexuellen Missbrauch der Marquise eingesteht und sich als Vater des Kindes zu erkennen gibt, verlangen deren Eltern die sofortige Heirat. Aus Gründen der gesellschaftlichen Reputation willigt die Tochter zwar ein, aber das Paar lebt zunächst nebeneinander her, da die Marquise tief enttäuscht vom Verhalten des Mannes ist, den sie für ihren Retter gehalten hatte. Allerdings gelingt es dem Grafen F. nach einiger Zeit doch noch, das Herz der Marquise zu gewinnen, sodass schließlich eine zweite, glückliche Hochzeit stattfindet.
Bei dem vorliegenden Textauszug handelt es sich um eine Stelle, die zu Beginn des letzten Drittels der Erzählung den Wendepunkt markiert. Die Handlung setzt ein, als sich die Obristin gegen das Verbot ihres Mannes entschließt, zum Landgut der Marquise zu fahren, um vor Ort die Schuld bzw. die Unschuld ihrer Tochter zu überprüfen. Die Obristin lässt sich nicht vom Türsteher abweisen, der jeden Besucher fernhalten soll, und wird von ihrer Tochter unterwürfig begrüßt. Im Gespräch unter vier Augen im Wohnraum des Landgutes überprüft die Obristin die Unschuld ihrer Tochter mit einer falschen Erzählung. Sie berichtet, dass sich der Jäger Leopardo bei ihr gemeldet habe, um seine Vaterschaft zu gestehen, nachdem er die Zeitungsmeldung der Marquise gelesen habe. Äußerst beschämt bittet die

Obristin ihre Tochter für ihr fehlendes Vertrauen um Verzeihung, als sie an der Reaktion der Marquise erkennt, dass diese wirklich nicht weiß, wer der Vater ihres Kindes ist. Da die Marquise die Selbstvorwürfe ihrer Mutter energisch zurückweist, kommt es schließlich zu einer Versöhnung. Die Obristin wünscht, dass die Marquise nach M... zurückkehrt, um dort ihr Kind zu entbinden.

Ausgehend von den Ortswechseln (Verlagerung der Handlung von M... zum Landgut nach V... bzw. von draußen vor dem Landhaus ins Innere ergibt sich beim vorliegenden Textauszug eine Gliederung in vier Abschnitte: 1. Entschluss der Obristin nach V... zu fahren (Z. 1 – 5), 2. Ankunft der Obristin in V ... und Gespräch mit dem Türhüter (Z. 5 – 23), 3. Unterwürfige Begrüßung der Obristin durch die Marquise (Z. 23 – 36) und 4. Vier-Augen-Gespräch zwischen Mutter und Tochter im Wohnraum (Z. 36 – 167). Die Entwicklung und der Verlauf des vertraulichen Vier-Augen-Gesprächs zwischen Mutter und Tochter legen eine weitere Untergliederung des 4. Abschnittes nahe: a) Prüfung der Marquise durch die Obristin (Z. 36 – 120), b) Obristin gesteht ihre List (Z. 120 – 133), c) Bitte der Obristin um Verzeihung und Versöhnung (Z. 133 – 153) und d) Angebot der Rückkehr nach M... durch die Obristin (Z. 153 – 167). Im Vergleich zu den ersten drei Abschnitten ist der vierte Abschnitt deutlich länger, was die Bedeutung des recht ausführlichen Berichts über das Gespräch zwischen Mutter und Tochter unterstreicht. Durch die Beschreibung der ausdrucksstarken Körpersprache beider Personen (vgl. z. B. Z. 32 ff. und 124 f.) sowie durch die Wiedergabe längerer Dialogpassagen wird vor allem die Emotionalität der Situation stark betont.

Wie bereits angedeutet, beinhaltet dieser Auszug den Wendepunkt der Erzählung, da Mutter und Tochter sich nach der Verstoßung der Tochter aus dem Elternhaus wieder versöhnen, was die Voraussetzung dafür ist, dass die Handlung schließlich doch noch zu einem „Happy End" führt (zweite Heirat der Marquise mit dem Grafen F.).
Die ausgewählte Textstelle zeigt sehr deutlich, dass die herrschenden Moralvorstellungen der damaligen Zeit beide Frauen gleichermaßen in eine Ausnahmesituation gebracht haben. Die Obristin muss sich erst über die gesellschaftlichen Konventionen einer patriarchalischen Familienstruktur hinwegsetzen, um trotz des expliziten Verbots ihres Mannes wieder Kontakt mit ihrer Tochter aufzunehmen (vgl. Z. 1 ff.). Allerdings ist dabei eine mögliche Versöhnung zwischen ihr und der Tochter an das Ergebnis einer Prüfung gebunden, die sie durchführen will. Eine Prüfung, die die Obristin später selbst als „schändliche[] List" (Z. 132) bezeichnet und für die sie sich sehr schämt, da sie ihrer Tochter nicht vertraut hat, als diese infolge der unehelichen Schwangerschaft in Not geraten ist.
Die Versöhnung ist schließlich aber nur möglich, weil sich die Marquise der Wirksamkeit der herrschenden Konventionen bewusst ist und deshalb Verständnis für das Handeln ihrer Mutter zeigt, indem sie die rhetorische Frage stellt: „Wer konnte mir, unter so unerhörten Umständen, Vertrauen schenken?" (Z. 149 ff.). Nur dadurch, dass beide Frauen grundsätzlich die Bereitschaft zeigen, Grenzen zu überschreiten, die andere vorgegeben (Verbot des Mannes zur Kontaktaufnahme mit der Marquise) bzw. die sie sich selbst zum Schutz der eigenen Identität gesetzt haben (Entscheidung der Marquise für ein zurückgezogenes Leben nach der Verstoßung aus dem Elternhaus, Verständnis für die List der Mutter), kann es zur Lösung des Mutter-Tochter-Konfliktes kommen.

Der Beschreibung der Prüfung, die die Obristin mit ihrer Tochter durchführt, wird viel Raum gewährt (siehe oben), da sie ganz im Zentrum der Handlung der ausgewählten Textpassage steht. Wie bereits in der formalen Analyse angedeutet, dominieren in diesem Abschnitt dialogische Strukturen bei der Wiedergabe des Vier-Augen-Gesprächs zwischen Mutter und Tochter. Diese Strukturen erzeugen durch Intensität und Dynamik Spannung. Das Drängen der Marquise auf das Tempo durch viele Fragen und Wiederholungen (spez. „Wer?", vgl. Z. 83, 95 f.) steht im Widerspruch zu den Verzögerungen durch die Verwendung von Andeutungen anstelle eindeutiger Informationen auf Seiten der Obristin. Die Marquise ahnt nichts von der Absicht der Obristin, da sie das gut geplante Erscheinen ihrer Mutter als „glückliche[n] Zufall" (vgl. Z. 40) begreift. Die Obristin lügt gezielt, wenn sie in diesem Kontext behauptet, dass sie komme, um sich für die Härte der Verstoßung aus dem väterlichen Hause zu entschuldigen (vgl. Z. 42 ff.). Die Obristin nutzt diese Lüge ganz bewusst, um für die Durchführung der geplanten Prüfung das Vertrauen der Tochter zu gewinnen.
Die Handlung veranschaulicht deutlich, wie herrschende Konventionen die natürliche Liebe und das Vertrauensverhältnis zwischen Mutter und Tochter auf die Probe stellen. Vor allem der Vater, aber auch die Mutter reagieren in der Krisensituation nicht emotional, sondern so, wie es die gesellschaftlichen Regeln der damaligen Zeit verlangen.

Beispiellösung: Teilaufgabe 2

Die Analyse hat gezeigt, dass beide Frauen Stärke zeigen und sich in gewisser Weise emanzipieren müssen, um geltende Moralvorstellungen und daraus abzuleitende Konventionen zu durchbrechen (siehe Teilaufgabe 1). Die Wege, die sie gehen, unterscheiden sich dabei allerdings.
Die Marquise zieht sich in ihr Landhaus zurück, als sie von ihren Eltern wegen der ungeklärten Schwangerschaft verstoßen wird. Stärke zeigt sie in dieser Situation dadurch, dass sie die Entscheidung der Eltern vor dem Hintergrund der geltenden Moralvorstellung zwar grundsätzlich akzeptiert, sich aber entschließt, ab sofort ein eigenständiges Leben zu führen und das uneheliche Kind auszutragen. Stärke beweist sie dabei auch, als sie beim Verlassen des elterlichen Hauses ihre beiden Töchter aus erster Ehe nicht im Haus der Eltern zurücklässt, wie es der Vater explizit verlangt. Geradezu überraschend selbstbewusst agiert sie, als sie die gesellschaftlich als ‚moralische Verfehlung' bewertete Schwangerschaft öffentlich macht, indem sie mit einer Anzeige in der Zeitung den Vater ihres Kindes sucht, wobei ihr sicher bewusst ist, dass eine solche Vorgehensweise quasi zwangsläufig einen Skandal auslösen muss.
Die Obristin beweist vor allem Stärke, als sie sich trotz des Verhaltens ihres Mannes und seines ausdrücklichen Verbots entschließt, ihre Tochter zu besuchen. Die Triebfeder ihres Handelns ist dabei zunächst nicht der Gedanke, sich auf jeden Fall mit ihrer Tochter zu versöhnen, sondern vielmehr motiviert sie die Möglichkeit, beim Besuch die Schuld bzw. die Unschuld der Tochter überprüfen zu können (vgl. Z. 127 ff.). Unabhängig davon, wie man diese Prüfung bewertet, räumt sie im Gegensatz zu ihrem Mann der Tochter damit allerdings noch eine zweite Chance ein. Selbstbewusst und stark reagiert die Obristin auch, als sie schließlich der Tochter anbietet, wieder ins Elternhaus zurückzukehren (vgl. Z. 156 ff.), um dort das uneheliche Kind zur Welt zu bringen, zumal sie zum Zeitpunkt des Angebots noch gar nicht wissen kann, wie ihr Mann darauf reagieren wird.

Kleist präsentiert mit den beiden Frauenfiguren in seiner Erzählung keine im heutigen Sinn emanzipierten Frauen, sondern Frauen, die in Ausnahmesituationen aufbegehren und die Handlung vorantreiben, indem sie sich Regeln widersetzen und ein Stück weit den eigenen Weg gehen. Allerdings zeigt Kleist aber auch, dass beide Frauen dennoch die Tendenz haben, sich den gesellschaftlichen Konventionen zu unterwerfen. Die Obristin lenkt zwar an vielen Stellen der Erzählung taktisch geschickt das Familienleben im Haus, achtet aber immer darauf, in der Öffentlichkeit die gesellschaftlich übliche patriarchalische Familienstruktur nicht aufzulösen. Die Marquise entwickelt sich im Verlauf der Erzählung zwar zu einer stärker selbstbestimmten Frau, die ihren eigenen Weg geht (z. B. zurückgezogenes Leben im Landhaus, Zeitungsannonce), ergreift schließlich aber doch die sich bietende Gelegenheit, durch ihre Rückkehr ins Elternhaus und die Heirat mit dem Grafen F. sich wieder in die bestehende Gesellschaftsordnung zu integrieren. Für beide Frauen gilt, dass sie im Sinne der Emanzipation keine revolutionären Frauengestalten verkörpern, sondern emanzipative Ansätze zeigen, die viele Jahre nach der Entstehung der Erzählung Bedeutsamkeit erlangen.

Fokus: E. T. A. Hoffmann, Der Sandmann

Leistungskurs, Aufgabenart III B

Erörterung von Sachtexten mit Bezug auf einen literarischen Text

Aufgabenstellung

1. Erörtern Sie mit Bezug zu E.T.A. Hoffmanns Novelle „Der Sandmann“ die Interpretationsansätze der Textauszüge M1 und M2, indem Sie jeweils die Positionen und die dafür angeführten Begründungen zusammenfassen und die beiden Positionen anschließend miteinander vergleichen.

2. Nehmen Sie vor dem Hintergrund Ihres literarischen Verständnisses der Figur Clara Stellung zu den beiden Interpretationsansätzen.

TIPP Die Aufgabenstellung verstehen

1. Erörtern Sie: Der Operator fordert eine eigenständige Einordnung und Bewertung der beiden Interpretationen (M1 und M2). Welcher Position Sie ggf. zustimmen oder auch nicht, bleibt Ihnen überlassen. Die Qualität einer Argumentation wird nicht in Bezug auf die vertretene Einschätzung beurteilt, sondern es zählt die Nachvollziehbarkeit der Begründungen.
indem Sie zusammenfassen und vergleichen: Hier sollen Sie beide Positionen kurz mit eigenen Worten vorstellen und darlegen, welche Argumentationsstruktur jeweils verwendet wird, ob belegt bzw. zitiert wird oder nur behauptet wird, ob der gesamte Text herangezogen wird oder nur einzelne Teile etc. Abschließend fassen Sie Ihre Einzelergebnisse vergleichend in einem Résumé zusammen.

2. Nehmen Sie Stellung: Der Operator fordert eine differenzierte Darstellung Ihres Textverständnisses in Bezug auf die Figur Clara.
vor dem Hintergrund Ihres literarischen Verständnisses: Hier ist vor allem Ihr Hintergrundwissen zum Werk selbst, zur Ambivalenz der Figur, aber auch zu den Positionen der Aufklärung bzw. der Romantik gefragt.

Materialgrundlage

M1 Charles Hayes: Das typische Bürgermädchen. Aus: Diekhans, Johannes (Hrsg.): Einfach Deutsch Textausgaben. E. T. A. Hoffmann. Der Sandmann. Schöningh, Braunschweig 2004, S. 83 f.

M2 Jochen Schmidt: Zum Verhältnis von Leben und Poesie. Aus: Ebenda, S. 81 f.

Hinweis: E. T. A. Hoffmanns Novelle wurde während der Qualifizierungsphase im Deutschunterricht gelesen. Sie wird in diesem Band nicht zusätzlich abgedruckt. Textausgabe, die S. 63 f. zugrunde liegt; vgl. Angaben bei M1

M1 Das typische Bürgermädchen *Charles Hayes*

„Clara hat sich den bürgerlichen Verhältnissen völlig angepasst. Sie wünscht sich eine Welt ohne Überraschungen. Ihre Worte und Handlungen bezeugen alle ihren gesunden Menschenverstand, ihr gesittetes Leben wird durch die Macht positiven Denkens reguliert. Ihr kluger Rat an Nathanael, der das Opfer schrecklicher Halluzinationen zu sein scheint, kulminiert in der Ermahnung: „Sei heiter – heiter!“

In der Erkenntnis, dass er die Gewalt über die Realität zu verlieren beginnt und von den frevelhaften Einflüssen, die ihr heiteres Zusammenleben gefährden, gerettet werden muss, übernimmt sie die Rolle des ‚Schutzgeistes‘, erklärt: „ganz und gar nicht fürchte“ sie sich vor den „garstigen Fäusten“ des angeblichen Sandmanns und verspricht, ihn „mit lautem Lachen fortzubannen“. [...] Ihre einzigen negativen Gedanken betreffen das negative Prinzip selbst, das ihr in den Ausgeburten von Nathanaels Fantasie entgegentritt: seine Dichtungen, die ihren Haushalt zu stören und ihren Kaffee zu verderben drohen [...], sowie der Sandmann selbst, die verkörperte Unordnung, der ein friedliches Leben unmöglich macht. Aber Nathanael weigert sich eigensinnig, glücklich zu werden. In der Mitte der Erzählung bricht ihre Beziehung fast auseinander. Er wird von ihrer Kälte, sie von seiner Mystik abgestoßen: „so entfernten beide im Innern sich immer mehr voneinander, ohne es selbst zu bemerken.“ [...] Es kommt zum offenen Bruch, als Nathanael ihr „untreu“ wird und Olimpia umwirbt, die er für Claras Gegenteil hält: ein poetisches Gemüt [...]

Nahezu jede von Claras Eigenschaften findet in der hölzernen Marionette eine konkrete Entsprechung. Olimpia verfügt über ein Vokabular von nur einem Wort und scheint sich durch den Glanz ihrer Augen auszudrücken; auch von Clara heißt es, dass sie eine „schweigsame Natur“ hat und dass sie sich ebenso beredt durch ihren „hellen Blick“ mitteilt wie im mündlichen Gespräch [...]. Die Beschreibung der physischen Erscheinung der beiden ist ebenfalls ähnlich. Olimpias künstliche Ausmaße sind streng symmetrisch: Sie ist „im reinsten Ebenmaß“ gewachsen [...] ihr „Wuchs“ und „Gesicht“ sind „regelmäßig“ [...]. Claras Gesicht ist ebenso plastisch: Man bemerkt „die reinen Verhältnisse ihres Wuchses“, und „Nacken, Schultern und Brust“ waren „beinahe zu keusch geformt“ [...], als wären sie auch in einem Laboratorium zusammengeleimt worden. [...]

[So] erweist sich Clara als Olimpias „Blutsverwandte“ oder, genauer, als ihre Doppelgängerin: Wenn Nathanael Olimpia den Hof macht, so ist dies eine Wiederholung seiner Beziehung zu Clara. Die dualistische Perspektive, charakteristisch für eine Anzahl von Hoffmanns Geschichten, lässt Olimpia einmal als wirkliche Marionette erscheinen und außerdem als wiedererstandene Clara – Nathanael engagiert sich mit zwei Frauen, die nichtsdestoweniger dieselbe Person sind. Hoffmann zeichnet Clara, das typische Bürgermädchen, als lächerliche Puppe, als völlig geistlosen, leblosen Gegenstand. Dabei ist es jedoch nicht Clara selbst, als Individuum, die verspottet wird, sondern das in ihr verkörperte bürgerliche Prinzip, das ihren Charakter verstümmelt und jede spontane Lebensäußerung unterdrückt hat. [...] Claras Leben wie das von allen Bürgerinnen bei Hoffmann entfaltet sich gleich einem mechanischen Prozess, der, durch Triebverdrängung und ‚positives‘ Denken gefördert, unwiderstehlich zu Ehe und Mutterglück hinführt.“

M2 Zum Verhältnis von Leben und Poesie *Jochen Schmidt*

Hoffmann hat das Missverständnis, Clara sei eine Vertreterin eines einseitigen Rationalismus, Realismus oder gar einer trivialen Bürgerlichkeit mit außerordentlichem Aufwand auszuschließen versucht, unverkennbar deshalb, weil dieses romantische Klischee, das auch in so manchem seiner eigenen Werke Verwendung findet, im allgemeinen Bewusstsein des zeitgenössischen Lesers so fixiert war, dass es ausgeschlossen werden musste. Auktorial stellt der Erzähler fest: „Clara hatte die lebenskräftige Fantasie des heitern, unbefangenen, kindischen Kindes, ein tiefes weiblich zartes Gemüt, einen gar hellen scharf sichtenden Verstand."

Sie verkörpert demnach gerade nicht ein einseitig verstandesmäßiges und realitätsfixiertes, sondern ein integrales Menschentum, zu dem auch die poetischen Qualitäten gehören: „Fantasie" und „Gemüt". Nur die einseitigen, im pejorativen Sinn „romantischen" Gesellen lehnt sie ab: „Die Nebler und Schwebler hatten bei ihr böses Spiel." „Clara", so heißt es weiter „wurde deshalb von vielen kalt, gefühllos, prosaisch gescholten; aber andere, die das Leben in klarer Tiefe aufgefasst, liebten ungemein das gemütvolle, verständige, kindliche Mädchen." Diese Feststellungen haben deutlich präventiven Charaker im Hinblick auf mögliche Missverständnisse, die aus dem romantischen Klischee Kunst kontra Philistertum resultieren könnten. Denn Nathanael in seiner zunehmend „romantischen" Verwilderung bemängelt schon bald an Clara das „Kalte" und „Prosaische", das hier ausdrücklich als Fehlmeinung charakterisiert wird: „Sein Verdruss über Claras kaltes prosaisches Gemüt stieg [...]." [...]

Was in dieser Erzählung als Geschichte einer Liebe und einer inneren Entfremdung erscheint, ist demnach vor allem die Figuration eines prekären und schließlich misslingenden Ausgleichsversuchs zwischen „Verstand" und „Fantasie", zwischen Leben und Poesie. In Claras Wesen ist dieser Ausgleich a priori stabilisiert, obwohl es für ihre durchaus sensible Art spricht, dass sie sich von Nathanaels Anfangsbericht sympathetisch erschüttern lässt. Nathanael hat den Ausgleich nur eine Zeitlang verwirklichen können; ein stabiler Ausgleich wäre die Basis eines dauerhaften Bündnisses zwischen ihm und Clara gewesen. Aber er gleitet unaufhaltsam in den Wahnsinn des Subjektivismus. Der Prozess dieses Hinabgleitens und des ihn unterbrechenden periodischen Stabilisierungs- und Ausgleichsbemühens ergibt den Duktus der gesamten Erzählung. [...]

Beispiellösung: Teilaufgabe 1

Einleitung

Die Figur der Clara ist in der 1816 erschienenen und rätselhaft erscheinenden Erzählung „Der Sandmann" wie etliche andere Figuren und Begebenheiten aufgrund der polyperspektivischen Erzählsituation mehrdeutig. Nicht von ungefähr nennt der Autor im Bezug zur Malerei und Musik seiner Zeit die Novelle auch ein „Nachtstück". Dieser Terminus bedeutet unter anderem, dass auch übernatürliche Kräfte herrschen, die dem Menschen teilweise verborgen sind und die sich der Mensch nicht eindeutig, wie es die Aufklärung propagiert, erklären kann. Dem Namen nach ist die Verlobte des Protagonisten Nathanael die Klare,

Durchschaubare, Vernünftige und entschärft in ihrer Fähigkeit zur rationalen Analyse zunächst die Spukhaftigkeit der Sandmann-Geschichte. Sie bildet damit einen Gegenpol zum gefühlsbetonten und unausgeglichenen Nathanael. Jedoch zeigen allein die unterschiedlichen literaturwissenschaftlichen Deutungen, von denen zwei im Weiteren näher betrachtet werden sollen, dass die Figur nicht so eindeutig ist, wie es auf den ersten Blick scheint.

Zentrale Argumentationen der Textauszüge (M1 und M2)

Charles Hayes hält Clara in seinem Aufsatz „Das typische Bürgermädchen" für eine bürgerlich angepasste, kalte Person (vgl. Z. 4; 34), deren Denken und Handeln er einseitig als positiv und „gesund" (vgl. Z. 7) bezeichnet, unterstrichen durch das Zitat: „Sei heiter – heiter!" (Z. 10). Er vergleicht sie mit einer „Marionette" (Z. 42): Clara sei hölzern, schweigsam, künstlich, ihr Gesicht sei „plastisch" (Z. 58) und sie sei damit eine „Doppelgängerin" (Z. 66) Olimpias, die Nathanael allerdings für Claras Gegenteil, nämlich für „ein poetisches Gemüt" (Z. 40) halte. Hoffmann nehme im Bezug auf die beiden Frauenfiguren eine „dualistische Perspektive" (Z. 68 f.) ein, indem Olimpia eine „wiedererstandene Clara" (Z. 72 f.) sei und Clara eine „lächerliche Puppe" (Z. 77), wie „in einem Laboratorium zusammengeleimt" (Z. 62 f.), ein „völlig geistlose[r], leblose[r] Gegenstand" (Z. 77 f.). Der Autor Charles Hayes sieht Clara nicht als Individuum, sondern als Typus, in dem das von und „in ihr verkörperte bürgerliche Prinzip" (Z. 81 f.) verspottet werde, das dazu beigetragen habe, ihren ehemals spontanen Charakter durch Ordnungsliebe und Triebverdrängung (vgl. Z. 82, 85 f.) zu verstümmeln, und sie zu einer mechanisch handelnden Hausfrau schlichten Gemüts mache (vgl. Z. 87 ff.).
Hayes konstruiert mit seinem Text das Gegensatzpaar eines ausschließlich oberflächlich denkenden, alles Künstlerische und Metaphysische negierenden Bürgermädchens schlichten Gemüts einerseits und des romantischen, mystischen Künstlers, verkörpert durch Nathanael, andererseits. Er greift in seiner Argumentation relativ unbedeutende Zitate aus Claras Brief an Nathanael auf („Schutzgeist", „sei heiter"). Ansonsten bezieht er sich im Vergleich Claras mit Olimpia lediglich auf die Beschreibung ihres Äußeren (vgl. Z. 52 ff.). Er orientiert sich in seiner Darstellung Claras an Nathanaels späterer negativer Einschätzung seiner Verlobten, angefangen mit der Deutung ihres Verhaltens, als Nathanael ihr sein Gedicht vorliest. Die Erzählerkommentare des auktorialen Erzählers werden in seiner Argumentation völlig vernachlässigt.

Jochen Schmidt verteidigt Clara in seinem Text „Zum Verhältnis von Leben und Poesie" gegenüber dem vordergründigen romantischen „Klischee" (vgl. Z. 6), dass sie ein einseitig rationaler, realitätsfixierter, banaler Charakter sei (vgl. Z. 2 ff.). Er zitiert eine Stelle, in der Clara positiv als unbefangen, kindlich und voller Gemüt beschrieben wird (vgl. Z. 12 ff.). Schmidt sieht Clara als die Vertreterin eines „integrale[n] Menschentum[s]" (Z. 19 f.), der die Synthese zwischen vernunftbestimmtem Denken und Handeln und „Fantasie und Gemüt" (Z. 21 f.) gelinge. Er stellt sie als eine Figur des Ausgleichs, als Vermittlerin zwischen „Kunst kontra Philistertum" dar. Es gebe extra Hinweise in Hoffmanns Text, die verhindern sollen, dass sie als simple Repräsentantin von Rationalität und Bürgerlichkeit missverstanden wird (vgl. Z. 30 ff.). Die Entfremdung in der Liebe zwischen Nathanael und Clara wird von Schmidt als ein misslingender Ausgleichsversuch zwischen Leben und Poesie gedeutet (vgl. Z. 45 f.).

Der Verfasser setzt mit seiner Argumentation genau da an, wo Hayes stehen bleibt, denn er verteidigt die Figur Clara gegen die seines Erachtens verkürzte und klischeehafte Kritik, dass sie eine Vertreterin eines „einseitigen Rationalismus“ (Z. 2 f.) sei. In ihrer Vielseitigkeit sei sie gerade eine „Präventivfigur“ (vgl. Z. 31 f.), um diesem Klischee der Einseitigkeit und des Antagonismus' ‚Aufklärung kontra Romantik‘ bzw. ‚Philister kontra Künstler‘ vorzubeugen. Er fundiert seine Auseinandersetzung mit Kenntnissen des literaturgeschichtlichen Hintergrundes, indem er feststellt, dass dieses Klischee, auf das die zeitgenössischen Leser fixiert gewesen seien und dessen sich Hoffmann bewusst war, „ausgeschlossen werden musste“ (Z. 10 f.). Er zitiert hier den auktorialen Erzähler und dessen Kommentare zur Figur der Clara, um ein Gegengewicht zu der Charakterisierung durch Nathanael, die als „Fehlmeinung“ (Z. 38 f.) dargestellt wird, zu schaffen. Es liegt laut Schmidt nicht an der Persönlichkeit Claras, dass die Liebe zerbricht, sondern an dem in den „Wahnsinn des Subjektivismus“ (Z. 57 f.) hinabgleitenden Nathanael.

Textvergleich

Vergleicht man beide Interpretationsansätze, so lässt sich die kontroverse Darstellung Claras feststellen. Beide Autoren beziehen sich auf Äußerungen des Textes, wobei Hayes die Vielschichtigkeit der multiperspektivischen Erzählweise außer Acht lässt und sich nur auf einige aus dem Zusammenhang gerissene Zitate aus Claras Brief an Nathanael bezieht, um seine These von dem geistlosen, angepassten Bürgermädchen, das als reiner Typus fungiere, zu untermauern. Durch die fehlende Berücksichtigung weiterer Äußerungen Claras selbst und auch des Erzählers, die ein durchaus umfassenderes Bild Claras entwerfen, spitzt Hayes die spätere negative Sicht Nathanaels auf seine Verlobte Clara noch zu. Schmidt geht weiter, indem er auf den literarhistorischen Hintergrund rekurriert und vor allem die Vielschichtigkeit der Figur anhand der Erzählerkommentare darstellt. Somit bietet sein Interpretationsansatz eine differenzierte Deutung der Figur und entspricht mehr der sehr rätselhaften, den Leser irritierenden und auch bis zum Schluss nicht auflösbaren Komplexität der Erzählung.

Beispiellösung: Teilaufgabe 2

Die bequeme dichotomische Gleichung, Nathanael sei ein irrational veranlagter und emotional agierender Künstler der Romantik, während Clara eine rein rational und analytisch denkende Vertreterin der Aufklärung sei, geht, wie schon aus den beiden unterschiedlichen Deutungsansätzen der Sekundärliteratur ersichtlich, nicht auf und entspricht auch nicht der Komplexität der Erzählstruktur. Clara ist keinesfalls eine eindimensional gezeichnete Figur oder, wie Hayes meint, der Typus des gefühlskalten und banal-bürgerlichen Vernunftdenkens, der hier von Hoffmann verspottet werden soll. Sie agiert zwar als Antipode Nathanaels, in ihrem Wesen sind jedoch zugleich, wie auch Schmidt es interpretiert, Fantasie und Verstand angelegt. Die Uneindeutigkeit ihres Charakters ist der Mehrdimensionalität der Figur geschuldet: Zum einen präsentiert sie sich selbst, vor allem in ihrem langen Brief an Nathanael zu Beginn der Erzählung; zum zweiten wird sie an mehreren Stellen der Novelle von Nathanael durchaus unterschiedlich wahrgenommen und charakterisiert (direkte Charakterisierung), entsprechend der Entwicklung von Nathanaels zunehmender psychischer Störung; zum dritten wird sie den Lesern durch den auktorialen Erzähler (direkte

Charakterisierung) präsentiert. In ihrer indirekten Selbstdarstellung erscheint sie zu Beginn, als sie sich in ihrem Antwortbrief über Nathanaels Verstörung hinsichtlich der Sandmann-Episode äußert, empfindsam und mitfühlend, wenn sie z. B. schreibt: „[…] dass deines Briefes Anfang mich tief erschütterte. […] Ach, mein herzgeliebter Nathanael! […] Bruder Lothar […] suchte mich zu beruhigen, aber es gelang ihm schlecht." (S. 15) Sie analysiert im weiteren Verlauf ihres Briefes besonnen und pragmatisch Nathanaels Schilderungen und versucht eine intelligente, psychologische Deutung. Sie ist um Verständnis bemüht und holt sogar beim benachbarten Apotheker Informationen zur Einschätzung der Sachlage ein. Nathanaels möglichem Einwand, dass sie kalt und oberflächlich auf seine Ängste reagiere, begegnet sie mit dem Argument, das ihrer Erfahrung zu entsprechen scheint, dass auch „in heitern – unbefangenen – sorglosen Gemütern die Ahnung wohnen könne von einer dunklen Macht, die feindlich uns in unserm eignen Selbst" (S. 17) verderben kann. Ihre weiteren reflektierten und plausiblen Ausführungen leitet sie bescheiden mit der Erklärung ein, dass sie möglicherweise nicht die richtigen Worte finde. Insgesamt lässt sich festhalten, dass sie alles daran setzt, Nathanael die Angst zu nehmen, ihn zu überzeugen, nicht wahnsinnig zu sein. Ihre optimistische und positive Lebenseinstellung helfen ihr und ihm dabei. Diese lässt sich aber nicht als oberflächlich oder banal deuten, sondern sie reagiert sehr differenziert und sensibel.

Nathanael, der zunächst Claras heiteres Wesen schätzt und an Lothar schreibt, Clara habe ihm einen „sehr tiefsinnigen, philosophischen Brief geschrieben" (S. 18) und ihn überzeugt, fühlt sich später, als er sich durch die Begegnung mit Coppola, für alle ersichtlich, verändert hat, (vgl. S. 24) missverstanden und äußert Befremden über Claras Reaktion. Er denkt, „kalten, unempfänglichen Gemütern erschließen sich solche tiefe Geheimnisse nicht" (S. 25). Ebenso reagiert er übertrieben empfindlich auf Claras Kritik an seiner Dichtung, wie der Erzähler mitteilt: „Sein Verdruss über Claras kaltes prosaisches Gemüt stieg höher […] und so entfernten beide im Innern sich immer mehr voneinander, ohne es selbst zu bemerken" (S. 26). Auf Claras wiederholten verzweifelten Appell hin, seine verrückte Dichtung (vgl. S. 28) ins Feuer zu werfen, stößt Nathanael Clara von sich und nennt sie voller Unverständnis und Zorn einen „leblos[en] verdammt[en] Automat" (S. 28). Als er dann Olimpia kennen lernt, die er vergöttert, ist Claras Bild „ganz aus seinem Innern gewichen" (S. 33). Der auktoriale Erzähler hat große Sympathie für Clara und ist beeindruckt von ihr, weshalb er sogar seine Erzählung unterbricht und einmal mehr den Leser anspricht und ihn im metafiktionalen Sinn teilhaben lässt an der Produktion der Erzählung: „Nun könnte ich getrost in der Erzählung fortfahren, aber in dem Augenblick steht Claras Bild so lebendig mir vor Augen, dass ich nicht wegschauen kann" (S. 22). Allein das Adverb „lebendig" verweist darauf, dass Clara alles andere als eine einsinnige, langweilige, leblose Figur ist, wie Hayes sie sehen möchte. Die schwärmerischen Beschreibungen ihres Äußeren, das der Erzähler mithilfe einer Akkumulation pathetisch klingender Bilder mit einem Kunstwerk vergleicht, sowie die ausführliche synästhetische Darstellung der Tiefe ihrer Augen, der Spiegel ihrer Seele, „die in unser Innerstes dringen, dass alles wach und rege wird" (S. 23), lassen Clara voller Gemütstiefe und hoher Sensibilität erscheinen. Er betont etwas später noch einmal ausdrücklich: „Clara hatte die lebenskräftige Fantasie eines heitern, unbefangenen, kindischen Kindes, ein tiefes, weibliches, zartes Gemüt, einen hellen, scharf sichtenden Verstand" (S. 23). Auch wird die Ambivalenz, mit der Clara von anderen wahrgenommen wird, vom

auktorialen Erzähler selbst in einem Gegensatz, verbunden durch ein adversativ gebrauchtes „aber“, mitgeteilt: „Clara wurde deshalb von vielen kalt, gefühllos, prosaisch gescholten; aber andere, die das Leben in klarer Tiefe aufgefasst, liebten ungemein das gemütvolle, verständige, kindliche Mädchen, doch keiner so sehr als Nathanael [...]“ (S. 23 f.). Hierbei ist zu bemerken, dass zum einen die positive Darstellung Claras im zweiten Teil des Satzes steht und damit wichtiger ist, und dass zum anderen diejenigen, die Clara liebten, vom Erzähler selbst als tiefsinnig und klarsichtig bewertet werden.
Anhand der obigen Ausführungen ist zu erkennen, dass Clara mitnichten als eine so eindimensionale oder gar auf einen Typus reduzierte Figur gesehen werden kann, wie Charles Hayes sie darstellt. Ganz im Sinne des Deutungsansatzes von Jochen Schmidt kann sie durchaus als eine auf Ausgleich zwischen dem bürgerlichen, realistischen Pragmatismus und der romantischen, extrem gefühlsbetonten Künstlerseele zielende, vermittelnde Figur interpretiert werden, da sie beide Extreme sowohl gedanklich als auch emotional nachempfinden kann. Auch wenn das Ende der Erzählung gleichsam die Karikatur einer märchenhaften Idylle heraufbeschwört, bleibt dessen Realitätsgehalt in der Schwebe und es wird darauf verwiesen, dass Nathanael ernstlich psychopathologisch gestört ist, was Claras lebensbejahende Position nicht schmälert: „Nach mehreren Jahren will man [...] Clara gesehen haben, wie sie mit einem freundlichen Mann Hand in Hand vor der Türe eines schönen Landhauses saß und vor ihr zwei muntere Knaben spielten. Es wäre daraus zu schließen, dass Clara das ruhige häusliche Glück noch fand, was ihrem heitern lebenslustigen Sinn zusagte und das ihr der im Innern zerrissene Nathanael niemals hätte gewähren können“. (S. 46)

INFO E.T.A. Hoffmann: „Nachtstücke“

E.T.A. Hoffmann hat eine Sammlung von kürzeren Prosatexten unter dem Sammelbegriff „Nachtstücke“ veröffentlicht. In der Literatur der **Romantik** meint man damit eine **kurze Erzählform**, die sich teils mit Spuk- und Geistererscheinungen, teils mit seelischen Erkrankungen, also den „Nachtseiten“ der Natur und des Menschen befasst, Fantastisches und Realistisches mischt.
Das durchgehende **Thema aller Nachtstücke Hoffmanns** ist die Bedrohung des Menschen durch das Unbegreifliche und Unheimliche. Der Optimismus der Aufklärer, dass die Vernunft, dass die Wissenschaft die Welt durchdringen und erklären könne, war in der Romantik der Skepsis gewichen, der Überzeugung, dass es auch Nachtseiten gebe, die dem Verstand nicht zugänglich sind. Hoffmann hat sich damit intensiv auseinandergesetzt.
Im Gegensatz zu den Rationalisten glaubte er nicht mehr, es gäbe eine klare Grenze zwischen Gesundheit und Krankheit, Normalität und Wahn. Seine Erzählweise überlässt es den Lesern, selbst über diese Fragen nachzudenken.

Fokus: H. Lange, Das Haus in der Dorotheenstraße

Leistungskurs, Aufgabenart I B

Vergleichende Analyse literarischer Texte

Aufgabenstellung

1. Analysieren Sie die Novelle „Der Schatten". Berücksichtigen Sie dabei die Erzählperspektive und den dargestellten Erfahrungsraum.

2. „Hartmut Lange erzählt von unerhörten Begebenheiten ganz unaufgeregt."[1] Nehmen Sie Stellung zu der Frage, ob das Zitat, das aus einer Rezension zur Novellensammlung „Das Haus in der Dorotheenstraße" stammt, auf die titelgebende Novelle sowie M1 „Der Schatten" zutrifft. Beziehen Sie Ihre Kenntnisse über „typische" Merkmale der Textart Novelle mit ein.

1 Reichart, Manuela: Der Moment, der alles ändert. Buchkritik zu H. Lange *Das Haus in der Dorotheenstraße*. Deutschlandfunk Kultur. (28.3.2013)

TIPP Die Aufgabenstellung verstehen

1 Analysieren Sie: Der Operator bezieht sich ausschließlich auf den Textauszug aus der Novelle „Der Schatten".
Berücksichtigen Sie dabei: Erzählperspektive fragt nach der Darstellung von Außen- und Innensicht (vgl. S. 153 f.). Erfahrungsraum zielt auf die Wahrnehmungen oder inneren Vorstellungen der Figuren.
2 Nehmen Sie Stellung: Der Operator fordert zu einer Überprüfung auf, inwieweit das Zitat auf die beiden Materialien zutrifft.
Beziehen Sie mit ein: Hier ist Ihr Hintergrundwissen zum Werk selbst und zur literaturwissenschaftlichen Einordnung der Novelle als Textsorte gefragt. Es empfiehlt sich, mit der Reflexion zu beginnen, inwieweit das Zitat sich mit der klassischen Novellendefinition deckt. Nachfolgend kann Ihre Position an dem/den Texte/en belegt werden.

Materialgrundlage

M1 Lange, Hartmut: Der Schatten. Aus: Ders.: Das Haus in der Dorotheenstraße. Novellen. Diogenes, Zürich 2013, S. 109 – 125; hier: S. 115 – 119, S. 121 – 125
M2 Lange, Hartmut: Das Haus in der Dorotheenstraße. Aus: Ders.: a. a. O., S. 71 – 93

Hinweis: M2 wurde während der Qualifizierungsphase im Deutschunterricht gelesen und wird deshalb in diesem Band nicht zusätzlich abgedruckt.

M1 Der Schatten (2013) *Hartmut Lange (*1937)*

Text in alter Rechtschreibung

1

Wenn ihr Mann nach Hause kam, dies konnte Steffi Trautwein mit Sicherheit sagen, erhob sich am Fenster, das zum Garten hinausging, ein flüchtiger Schatten. Eine Treppe führte an der Hauswand entlang zum hinteren Eingang, den sonst niemand benutzte. Nur er, Philipp, besaß den Schlüssel zu der mit Blech beschlagenen Tür, und dass er dort eintrat, war eine Angewohnheit, von der niemand sagen konnte, seit wann und wodurch sie entstanden war. Und es geschah vor allem, wenn Philipp Trautwein von einer längeren Reise spät nach Hause kam. Dann wollte er seine Frau, die vielleicht schon schlief, nicht stören und zog sich in ein kleines Zimmer auf ein Sofa zurück. Ansonsten benutzte die Familie, so wie es selbstverständlich war, den Vordereingang mit den beiden Säulen. [...]

Philipp Trautwein war Hotelberater, ein Beruf, für den er in größeren Städten, aber auch in abgelegenen Gegenden, so zum Beispiel an der Ostseeküste, tätig war. [...] Steffi Trautwein hingegen verließ jeden Morgen Punkt neun Uhr das gemeinsame Haus in Hohengatow, um lediglich die wenigen Kilometer nach Potsdam zu fahren, wo sie im Holländischen Viertel eine Papeterie eröffnet hatte. Die beiden waren seit langem verheiratet, hatten eine vierzehnjährige Tochter, und es war unübersehbar, dass im Alltag dieser Familie eine gewisse Routine eingetreten war. Wenn Philipp Trautwein spät nach Hause kam und sich in das kleine Zimmer zurückgezogen hatte und wenn seine Frau gezwungen war, am nächsten Morgen, während ihr Mann noch schlief, nach Potsdam zu fahren, dann konnte es vorkommen, dass sich die beiden mehrere Tage nicht begegneten. Trautwein war am Nachmittag wieder unterwegs, und was die Tochter betraf, Laura war alt genug, um, falls es nötig war, allein zurechtzukommen. [...]

So weit waren die Dinge also gediehen, und es fehlten nur noch einige Jahre, dann würden die Trautweins silberne Hochzeit feiern, und von der Leidenschaft, die sie zusammengeführt und jahrelang aneinandergekettet hatte, war eine stille, ganz und gar selbstverständliche Zuneigung geblieben. Die Sorge der beiden galt jetzt vor allem der Tochter. [...] Mutter und Tochter gefiel die Art des Vaters, über Dinge, die ihn beschäftigten, flapsig, deswegen aber nicht weniger ernsthaft zu reden, und so durfte man sagen: Auch wenn jeder von den dreien einer eigenen Beschäftigung nachging und der Vater mitunter tagelang wegblieb, die Trautweins waren eine glückliche Familie.

2

Wer von Hohengatow mit dem Auto Potsdam erreichen will, der muss einen Umweg nehmen, denn die Chaussee, die von Spandau nach Groß-Glienicke führt, ist auf dem kürzesten Weg, das heißt über die Felder hinweg, schwer zu erreichen. Also fuhr Steffi Trautwein zunächst nach Kladow, um von dort aus in den Ritterfelddamm einzubiegen, dann, nachdem sie einen See passiert hatte, waren es keine fünf Minuten bis ins Holländische Viertel, und hier, in der Mittelstraße, sah man das breite, bis zum Boden reichende Schaufenster, das mit teuren Schreibwaren und Lederaccessoires dekoriert war. [...] Steffi ging ins Büro, um die Rechnungen durchzusehen, kam aber, als weitere Kunden zu bedienen waren, zurück. Sie begrüßte eine Bekannte, die behauptete, sie hätte Philipp am Tag zuvor auf dem Luisenplatz gesehen.

„Philipp?“, fragte Steffi.

„Aber ja doch“, sagte die Bekannte, und als sie wissen wollte, ob er ihre Grüße ausgerichtet hätte, musste Steffi lächeln.

„Philipp ist seit zwei Tagen auf Rügen, und ich habe vor einer Stunde mit ihm telefoniert“, sagte sie.

Dann war sie bis zum Abend [...] mit den Anforderungen ihrer Papeterie beschäftigt. [...]

3

[...] „Ich weiß genau, wann er hier vorbeigeht“, sagte Steffi zu ihrer Tochter, wenn es wieder einmal darum ging, herauszufinden, ob sich der Vater nicht längst in sein Zimmer zurückgezogen hatte. „Außerdem höre ich die Tür klappen“, sagte sie, und als die Tochter meinte, es sei doch an der Zeit, endlich schlafen zu gehen, gab sie keine Antwort.

Sie wartete auf ihren Mann, und dass sie in letzter Zeit allzu oft, wie sie fand, in dem Sessel saß und darauf hoffte, Philipp doch noch die separate Schlafgelegenheit zu ersparen, dies veranlasste sie, auf die Uhr zu sehen. Es war gegen Mitternacht. Dann, endlich, erhob sich am Fenster, das zum Garten hinausging, ein flüchtiger Schatten. Steffi hörte die Tür klappen. Augenblicklich ging sie in den Korridor, rief nach der Tochter, obwohl sie wusste, dass Laura bereits schlief. Sie nötigte die Vierzehnjährige, aufzustehen und in das kleine Zimmer zu gehen, um dem Vater zu sagen, Mutter und Tochter würden im Wohnzimmer auf ihn warten. Hastig stellte sie Teller und Gläser, dazu Brot und Käse auf den Tisch. Verständnislos sah ihr Laura bei den Hantierungen zu, um schließlich zu erklären, dass sie die Aufregung nicht verstünde. Der Vater sei überhaupt nicht da!

„Unsinn!“, rief Steffi, schob die Tochter zur Seite, um über den Korridor hinweg in das kleine Zimmer zu gelangen.

Aber da war tatsächlich nur das leergeräumte Sofa [...] Sie trat hinaus, dorthin, wo die Treppe an der Hauswand entlang auf den Kiesweg führte und wo sie, dies hätte sie beschwören können, vor kurzem den Schatten bemerkt hatte.

„Es war der Vater. Und er hat, ich habe es gehört, die mit Blech beschlagene Tür geöffnet“, versicherte sie und war versucht, sich mit Laura auch noch auf der Straße nach Trautweins geparktem Mercedes umzusehen.

Aber dies wäre, sie spürte es selbst, unangemessen, ja albern gewesen. Also ging sie wieder ins Wohnzimmer, bat die Tochter um Entschuldigung.

„Du hast recht. Ich muss mich geirrt haben“, sagte Steffi und setzte sich in den Sessel zurück.

4

Dies geschah an einem Dienstag. Zwei Tage danach, an einem Donnerstag, glaubte Steffi, wieder einen Schatten am Gartenfenster zu sehen, aber diesmal war sie vorsichtig. Genauer: Auch als sie das Klappen der Tür hörte, vertraute sie dem, was sie wahrnahm, nicht. Sie tat, als hätte sie nichts gesehen, nicht gehört, und als Trautwein schließlich ins Zimmer trat, war sie erleichtert. Er gab ihr einen Kuss auf die Stirn, und als sie, wie sie es gewohnt waren, noch eine Weile beieinandersaßen und er, nachdem er von seiner Reise erzählt hatte, nun auch von Steffi wissen wollte, was sie und Laura während seiner Abwesenheit erlebt hätten, geriet sie in Verlegenheit.

„Du bist in letzter Zeit sehr lange weg“, sagte sie „Und es tut uns nicht gut, dass du, wenn du spät zurückkommst, immer nur in dieses enge Zimmer gehst.“

„Ich will euch nicht stören“, antwortete Trautwein und wunderte sich, warum Steffi dennoch darauf bestand, er möge doch künftig, „egal, ob wir nun schlafen oder nicht“, sagte sie, nur noch den vorderen Eingang benutzen.

„Und vielleicht“, fügte sie hinzu, „könntest du dich dazu verstehen, wenn wir uns verabredet haben, dein Handy nicht abzustellen. Damit ich weiß, wann ich jeweils mit dir rechnen kann. Und auch Laura“, das zu betonen war ihr besonders wichtig, „auch Laura leidet unter der Ungewissheit.“

Trautwein war betroffen, schien darüber nachzudenken. Aber nun hatte Steffi alles gesagt, nun wollte sie ihren Mann mit diesem Problem nicht weiter belästigen. [...]

Als es [am folgenden Tag] zu dämmern begann, als Laura das Haus verlassen hatte, um sich mit einer Freundin zu treffen, stand Steffi eine Weile am vorderen Eingang. Schließlich zog sie sich ins Wohnzimmer zurück, und eine halbe Stunde später geschah genau das, was sie nicht für möglich gehalten hatte.

Wieder erhob sich am Gartenfenster ein Schatten. Zögernder als sonst. Ja, es war, als wollte er umkehren, und für Augenblicke glaubte Steffi, jener, der dort, und wie immer sehr spät, auftauchte, jener würde das Versprechen, das er ihr gegeben hatte, doch noch einhalten.

‚Er benutzt den Haupteingang‘, dachte sie, sah aber, dass der Schatten zurückkam, dass er sich auf die mit Blech beschlagene Tür zubewegte, und nun war Steffi entschlossen, ihren Mann, was sie noch nie getan hatte, zur Rede zu stellen.

„Wie kommst du dazu“, rief sie und war mit wenigen Schritten im Korridor, „wie kommst du dazu, obwohl du weißt, wie sehr es mich stört, wieder den hinteren Eingang zu benutzen! Und wenn ich dich um etwas bitte, wäre es wohl nicht zu viel verlangt, dass du einmal, wenigstens einmal in deinem Leben, darauf eingehst!“

Sie war empört, riss die Tür zum kleinen Zimmer auf, war darauf vorbereitet, ihrem Mann, der eben erst eingetreten sein musste, gegenüberzustehen.

„Philipp!“, rief Steffi noch.

Aber da war niemand. Das Zimmer war, wie einmal schon, vollkommen leer.

5

Am nächsten Morgen, während sie frühstückten, sah Laura, wie die Mutter beinahe ununterbrochen mit ihrem Handy beschäftigt war. Die Tasse mit dem Kaffee ließ sie unberührt. Beide schwiegen, und irgendwann erhob sich Laura, um das Geschirr in die Küche zu tragen. Als sie zurückkam, war die Mutter [...] längst nach Potsdam unterwegs, und in ihrer Papeterie griff sie zum Telefonbuch, suchte nach der Nummer jener Bekannten, die ihr vor Wochen erzählt hatte, sie hätte Trautwein auf dem Luisenplatz getroffen.

Eine halbe Stunde später sah man, wie Steffi auf ebendiesem Platz hin und her ging. [...] [O]ffensichtlich war sie damit beschäftigt, zu überprüfen, wo Trautwein nach den Aussagen der Bekannten aufgetaucht sein könnte, und natürlich war ihr klar, wie zwecklos, ja, bedenkt man die Umstände, unwürdig dieses Bemühen war.

‚Trotzdem‘, dachte Steffi. ‚Es wäre doch interessant, zu wissen, ob er, wenn er behauptet, er wäre verreist, einfach irgendwo hier in Potsdam bleibt.‘

Aus welchem Grund, darüber wollte sie nicht nachdenken. Aber es gab noch etwas anderes, das sie beunruhigte. War da nicht in der Nähe des Brandenburger Tors, dort, wo der Markt zu Ende war, Laura mit ihrem Fahrrad zu sehen?

‚Sie ist nicht in der Schule. Sie ist mir gefolgt', dachte Steffi und spürte augenblicklich, wie ernüchtert sie war und dass sie kein Recht hatte, schon aus Rücksicht auf ihre Tochter, ihrem Misstrauen freien Lauf zu lassen. […]

Stunden später war die Familie in Hohengatow wieder beisammen. Steffi versuchte zu lächeln, und sie sah, dass auch Laura Mühe hatte, ihrem Vater, der übermüdet schien, freundlich zu begegnen. Man sprach über diese und jene Belanglosigkeit, dann erhob sich der Vater und erklärte, er habe dringend Schlaf nötig. Er hätte in den vergangenen vierundzwanzig Stunden hart gearbeitet. Was genau er damit meinte […], darüber verlor er kein Wort, und weder die Mutter noch die Tochter war willens oder in der Lage, jetzt, noch hatte Trautwein den Raum nicht verlassen, danach zu fragen.

Als sie endlich allein waren, sagte die Mutter, die sehr wohl bemerkte, dass Laura, wie am Vormittag auf dem Luisenplatz, sich irgendwelche Sorgen zu machen schien:

„Es ist alles sehr gut so. Und am besten, wir lassen den Vater in Ruhe schlafen."

Dabei berührte sie Lauras Hand, und Tage später, als sie wieder, es begann zu dämmern, in ihrem Sessel im Wohnzimmer saß, versuchte sie ein letztes Mal, mit der Situation, die unannehmbar war und die dringend eine Entscheidung verlangte, zurechtzukommen. Aber was sollte sie tun? Sie wartete. Offenbar darauf, dass die Dämmerung zunahm und der Schatten wieder auftauchte. Ihn hielt sie für unverzichtbar. Und da dies so war, hatte sich Steffi, egal, ob Trautwein das kleine Zimmer betreten würde oder nicht, längst entschieden.

Beispiellösung: Teilaufgabe 1

Einleitung

Die Novelle „Der Schatten" von Hartmut Lange, 2013 erschienen in der Sammlung „Das Haus in der Dorotheenstraße" und hier in gekürzter Fassung vorliegend, beschreibt eine Familiensituation, in der der Vater Philipp Trautwein offenbar Unwahres über seine häufigen, vorgeblich berufsbedingten Abwesenheiten erzählt. Seine Frau Steffi, wohl auch die 14-jährige Tochter Laura, erfahren von diesen Lügen; aber Steffi stellt ihren Mann, der mehrfach als eine Art Schatten ins Haus kommt oder zu kommen scheint, nicht ernsthaft zur Rede.

Analyse von M1

Im ersten Kapitel der Novelle wird die Familiensituation der Trautweins dargestellt: die relative Selbständigkeit der vierzehnjährigen Laura, die „gewisse Routine" (Z. 34 f.) im Familienalltag, die berufstätigen Eltern mit dem als Hotelberater häufig in größerer Entfernung tätigen Vater Philipp. Eine Besonderheit hebt der Erzähler – im personalen Duktus nicht markant, aber im einschätzend-auktorialen Gestus zu spüren – hervor: Philipp Trautwein betritt das Haus durch einen ausschließlich von ihm benutzten Eingang zu einem eigenen Zimmer, um seine Frau „nicht [zu] stören" (Z. 16 f.) bei der häufig späten Heimkehr. Der Schlusssatz des Eingangskapitels – „die Trautweins waren eine glückliche Familie." (Z. 62 f.) – erscheint nach auf Vereinzelung der drei Familienmitglieder deutenden Bemerkungen eher befremdlich.

Im zweiten Kapitel erhält die scheinbare Idylle einen Stich, als eine Bekannte von Steffi behauptet, Philipp in Potsdam zu einem Zeitpunkt gesehen zu haben, als er nach seinen Angaben auf Rügen gewesen ist. Im dritten Kapitel tauschen sich Mutter und Tochter über die vermeintliche Rückkehr des Vaters über seinen Separatzugang zum Haus aus. Steffis Glauben, jeweils Signale der Heimkehr ihres Mannes wahrzunehmen, wird erschüttert, als sie einen „flüchtige[n] Schatten" (Z. 112 f.) bemerkt zu haben meint, schließlich das separate Zimmer aber ohne Spuren von Anwesenheit leer vorfindet. Schließlich kann sie zwei Tage später, wie im vierten Kapitel berichtet, ihrer Wahrnehmung wieder trauen, als ein Türklappen Philipp anzeigt, dem Steffi nun nahelegt, den Haupteingang zum Haus zu benutzen und sich per Handy erreichbar zu machen. Am Folgetag meint sie wieder den Schatten ihres heimkehrenden Mannes zu beobachten und erneut das Verhalten, den Separateingang zu nehmen, muss aber feststellen, dass das Zimmer ihres Mannes „vollkommen leer" (Z. 222) ist.
Im Schlusskapitel versucht Steffi, ihren Mann am verheimlichten Aufenthaltsort in Potsdam zu erwischen; ihre Aktionen werden zunehmend hektischer. Statt ihres Mannes entdeckt sie ihre Tochter Laura, offenbar nicht in der Schule. Beim abendlichen Zusammensein mit der Tochter Tage später kommt Steffi trotz der „unannehmbar[en]" Situation (Z. 287) zu der Ansicht oder Einsicht, der Schatten, der sich ins Haus schleichende Mann, sei „unverzichtbar" (Z. 293). Der Schlusssatz, dass sie sich „längst entschieden" (Z. 295 f.) habe, lässt das Ende der Geschichte offen, lässt sich aber so lesen, dass Steffi resigniert und die bestehende Situation akzeptiert.

Erzählperspektive, Erfahrungsraum
Die Erzählperspektive, die den Wahrnehmungen, Einbildungen oder auch Selbsttäuschungen der – möglicherweise – hintergangenen Ehefrau folgt und nur selten und nur als Reaktionen auf Steffi Trautwein deren Mann und Tochter in den Blick rückt, schafft auch Reduktion, ja Enge durch die räumliche Beschränkung auf das Haus mit seinen zwei Zugängen und einen engen Ausschnitt Potsdams. Der Schatten als titelgebendes Motiv verweist auf Undurchsichtiges, Dunkles, nicht ans Tageslicht Kommendes. Letztlich ist Steffi Trautweins Fixierung auf diesen Schatten, das Sich-Einrichten damit als stets von Täuschung und Ungewissheit bedrohtes „Idyll" der Kleinfamilie eine an dauerhafte, lauernde Panik erinnernde Szenerie.
Das Offenbarwerden von Lügen und möglichem Doppelleben führt nicht zur Kommunikation zwischen den Ehepartnern. Nur oberflächlich, beim Reden über das Nicht-Anschalten des Handys, das Nutzen des Nebeneingangs und über Steffis Wünsche nach einem durchschaubaren Agieren Philipps bei seiner stets ungewissen Heimkehr, wird das Unerträgliche in der Beziehung sinnfällig, die nur noch ein Schatten zu sein scheint.

Beispiellösung: Teilaufgabe 2

TIPP Literaturhistorisch vergleichen

Vergleiche über die gegebenen Texte hinaus sind möglich, hier z. B.für die Figur des Nathaniel in „Der Sandmann" mit der des Gottfried Klausen in „... Dorotheenstraße". Als Vergleichsaspekt wäre die psychische Wahnvorstellung geeignet.

Zur Frage der Novellendefinition

Manuela Reichert betont in dem einer Rezension zu der Novellensammlung „Das Haus in der Dorotheenstraße“ entnommenen Zitat, dass Hartmut Lange von unerhörten Begebenheiten ganz unaufgeregt erzähle.

Dass Novellen von unerhörten Begebenheiten erzählen, ist Teil der klassischen Definition einer Novelle nach Goethe. Als zwar äußeres, aber dennoch sehr ungewöhnliches Ereignis ist im „Haus in der Dorotheenstraße“ der Ausbruch des isländischen Vulkans Eyjafjallajökull zu nennen. Eine Naturkatastrophe ähnlichen Ausmaßes schildert Heinrich von Kleist in der sehr bekannten Novelle „Das Erdbeben von Chili“. Bei Lange gerät der Wirtschaftskorrespondent Gottfried Klausen in der Folge des Vulkanausbruchs aus seiner gewohnten Welt in eine zunehmend als fremd und unwirtlich empfundene Situation. Er versteht erst langsam, dass seine Frau nicht mit und zu ihm nach London kommen wird. Sein Leben erscheint Klausen zunehmend als Alptraum. Hier bietet sich ein weiterer literaturhistorischer Vergleich an, der die Einordnung als Novelle positiv stützt: In der sog. Schwarzen oder auch Schauerromantik, etwa in E. T. A. Hoffmanns Novelle „Der Sandmann“, werden völlig irrationale Vorstellungen, Einbildung bis hin zum Wahnsinn sowie obsessive Verhaltensweisen eines Menschen thematisiert. Auch bei Lange spielen Orte des Merkwürdigen, Abseitigen eine symbolhafte Rolle. Für den Text „Der Schatten“ ist in diesem Zusammenhang das Haus und dessen nicht einsehbarer, zweiter Eingang anzuführen. Dennoch ist eine Einordnung der beiden Erzähltexte von Hartmut Lange als Novellen nicht zweifelsfrei möglich, weil beide Texte mit einem offenen Schluss enden, was in der Literaturtheorie eher als Merkmal von Kurzgeschichten eingeordnet wird. Allerdings entsprechen die Protagonisten in ihrer zunehmenden Ausnahmesituation dem Figurentableau der auf einen erzählerisch knappen Plan zugespitzten Fabel, was Wieland zufolge Kennzeichen einer Novelle ist.

Als weiteres Merkmal nennt Reichert eine „unaufgeregte“ Erzählweise. Der Erzähler in der Novelle „Der Schatten“ zeigt sich eher beobachtend, Steffi Trautweins aufkommendes Misstrauen bis hin zu Einbildung und Panik genau darstellend. Das Unerhörte, das Sich-Auflösen der Gewissheiten über den Partner und die kleine Familienwelt wird hier fast beiläufig entwickelt. „Ganz unaufgeregt“ wirkt tatsächlich der Erzählton, nicht jedoch die sich zuspitzende psychische Lage der Protagonistin Steffi Trautwein. Ähnliches gilt für die Novelle „Das Haus in der Dorotheenstraße“, in der Gottfried Klausen sich zunehmend in die Vorstellung eines Ehebruchs hineinversetzt und, so die abschließende Spekulation des Erzählers, zu einer Eifersuchtstat in die Dorotheenstraße zurückkehren könnte. Gespiegelt im Besuch einer Othello-Aufführung in London wird der von seiner Frau offenbar Verlassene zunehmend in einer Situation des Kontrollverlusts und der Unberechenbarkeit gezeigt. Ist hier der Mann, durchaus weltläufig unterwegs, mit der Fixierung auf das Haus, in dem er Untreue vermutet, der Protagonist im Ausnahmezustand, ist es in „Der Schatten“ die Ehefrau Steffi, gefangen in einem vom Schatten-Ehemann undurchschaubar-unregelmäßig besuchten Haus. Der Umkehrung der Mann-Frau-Konstellation steht das Gemeinsame der Eifersuchtsfantasien bis hin zu Wahnvorstellungen gegenüber.

Abschließend lässt sich feststellen, dass eine Einordnung der beiden Texte als Novellen zu befürworten ist, auch wenn letzte Unsicherheiten bleiben.

Fokus: „unterwegs sein“ – Lyrik von der Romantik bis zur Gegenwart

Grundkurs, Aufgabenart I A

Vergleichende Analyse literarischer Texte

Aufgabenstellung

1. Analysieren Sie das Gedicht „Deutschland, ein Kindermärchen“ unter Berücksichtigung der Biografie der Autorin und des historischen Kontextes.

2. Erläutern Sie, auch mit Hilfe von M2, in welcher Weise Mascha Kaléko in ihren Bezügen auf Leben und Werk Heinrich Heines das Reisen als Motiv verwendet.

TIPP Die Aufgabenstellung verstehen

1 Analysieren Sie: Der Operator bezieht sich hier nur auf M1.
unter Berücksichtigung: Hier ist Ihr Hintergrundwissen gefragt. Tipp: Beachten Sie die biografischen Hinweise zur Autorin, vor allem zum Exil (historischer Kontext: Flucht infolge der Judenverfolgung im nationalsozialistischen Deutschland).
2 Erläutern Sie: Der Operator fordert eine differenzierte Darstellung eines Sachverhalts, hier: des Motivs Reisen in Anlehnung an Heine.
in welcher Weise: Sowohl die inhaltlichen Anspielungen auf Heine als Dichter und Exilschriftsteller als auch die Anleihen bei der Form sind zu berücksichtigen, wobei der Akzent stets beim Motiv Reise liegen sollte, mit Unterschieden und Übereinstimmungen bei Kaléko und Heine.

Materialgrundlage

M1 Mascha Kaléko: Deutschland, ein Kindermärchen. In: Dies.: Werke. dtv Verlagsgesellschaft, München 2012, S. 246 – 249 (gekürzt, abgedruckt 10 von 21 Strophen: 4 aus dem 1. Kapitel, je 3 aus den Kapiteln 2 und 3)
M2 Heinrich Heine: Deutschland. Ein Wintermärchen. Aus: http://gutenberg.spiegel.de/buch/deutschland-ein-wintermarchen-383/2 (aufgerufen 5.1.2019)

Über die Dichterin: Mascha Kaléko (1907 – 1975), deutsch-jüdische Autorin, wurde 1930 mit ersten Veröffentlichungen bekannt und als Großstadtlyrikerin und „junge Stimme Berlins“ u. a. von Hermann Hesse und Thomas Mann gerühmt. 1933 war sie erfolgreich mit der Gedichtsammlung „Das lyrische Stenogrammheft“, 1938 musste sie mit ihrer Familie in die USA emigrieren, seit den 1950er-Jahren besuchte sie Deutschland gelegentlich.
Über den Dichter: Heinrich Heine (1797 – 1856) war einer der bedeutendsten deutschen Dichter, der seit 1831 im Pariser Exil lebte und dessen Schriften häufig in vielen Teilen

Deutschlands verboten waren. Auch wegen seiner jüdischen Abstammung wurde er geschmäht. Zu seinen Veröffentlichungen zählen das „Buch der Lieder“ (1827) und „Deutschland. Ein Wintermärchen“ (1844), sein satirisches Versepos in 27 Kapiteln mit mehr als 500 Strophen, im Vers volksliedhaft gehalten. In „Deutschland. Ein Wintermärchen“ verarbeitet Heine Erfahrungen einer Reise im Spätherbst 1843, wobei kritische Spitzen am Zustand der Gesellschaft durchgängig eingeflochten sind. M2 zeigt als typisch die ersten Strophen des Wintermärchens.

M1 Deutschland, ein Kindermärchen (1956) *Mascha Kaléko*

Geschrieben auf einer Deutschland Reise im Heine-Jahr 1956

I
Nach siebzehn Jahren in „U. S. A.“
Ergriff mich das Reisefieber.
Am letzten Abend des Jahres wars,
Da fuhr ich nach Deutschland hinüber.

Es winkten die Freunde noch lange am Pier.
Die einen besorgt und beklommen.
Doch andere wären, so schien es mir,
Am liebsten gleich mitgekommen. […]

– O Deutschland, du meiner Jugend Land,
Wie werd ich dich wiederfinden?
Mir bangte ein wenig. Schon sah man New York
Und die Freiheits Statue schwinden … […]

Ich grüßte dies recht bedeutsame Jahr
Mit bestem französischem Weine.
Vor einem Jahrzehnt starb das ‚tausendste Jahr‘,
Und vor einem Jahrhundert – starb Heine!

II
Es hat wohl seitdem kein deutscher Poet
So frei von der Freiheit geschrieben.
Wo das Blümelein „Freiheit“ im Treibhaus gedeiht,
Wird das Treiben ihm ausgetrieben …

Er liebte die Heimat, die Liebe, das Leid,
Den Geist und die feine Nüance,
Und war nur ein Deutscher. Ein Deutscher, kein „Boche“[1].
– Es lebe „la petite différence“[2]! […]

Aus Simsons[3] Stamme, von Davids Geschlecht[4],
Worob die Philister[5] ihn höhnten;
Denn er spießte den spießigen Goliath
Auf haarfein geschliffene Pointen.

III
Wie Heinrich Heine zu seiner Zeit
War auch ich in der Fremde oft einsam.
(Auch dass mein Verleger in Hamburg sitzt,
Hab ich mit dem Autor gemeinsam.) [...]

Auch meine Lieder, sie waren einst
Im Munde des Volkes lebendig.
Doch wurden das Lied und der Sänger verbannt. –
Warn beide nicht „bodenständig“.

Ich sang einst im preußischen Dichterwald,
Abteilung für Großstadtlerchen.
Es war einmal. – Ja, so beginnt
Wohl manches Kindermärchen. [...]

1 **Boche:** Abwertende Bezeichnung im Französischen für besonders markig und unsympathisch auftretende Deutsche.
2 **„la petite différence“:** Der kleine Unterschied. Bezeichnung, die ursprünglich die Unterschiede unter den Geschlechtern meint und anzüglich-ironisch verkleinert.
3 **Simson:** laut Altem Testament an das Volk der Philister verratener Führer des Volkes Israel;
4 **Davids Geschlecht:** gemeint ist: jüdischer Abstammung;
5 **Philister:** Stehen heute noch und zu Lebzeiten Heines ausdrücklich als Synonym für engherzige Spießbürger.

M2 Deutschland. Ein Wintermärchen (1844) *Heinrich Heine (1797 – 1856)*

I
Im traurigen Monat November war‘s,
Die Tage wurden trüber,
Der Wind riss von den Bäumen das Laub,
Da reist ich nach Deutschland hinüber.

Und als ich an die Grenze kam,
Da fühlt ich ein stärkeres Klopfen
In meiner Brust, ich glaube sogar
Die Augen begunnen zu tropfen.

Und als ich die deutsche Sprache vernahm,
Da ward mir seltsam zumute;
Ich meinte nicht anders, als ob das Herz
Recht angenehm verblute. [...]

Beispiellösung: Teilaufgabe 1

Einleitung (mit Thema)

Das in gekürzter Form vorliegende Gedicht der Schriftstellerin Mascha Kaléko mit dem Titel „Deutschland, ein Kindermärchen" wurde 1956 verfasst, im 100. Todesjahr Heinrich Heines, wobei die Autorin durchgängig Bezüge zwischen Heine und sich herstellt und ihre erste Reise nach Deutschland nach der Exilzeit zum Anlass nimmt, sich in Form und Inhalt vor ihrem Dichtervorbild zu verbeugen.
Das Kaléko-Gedicht stellt deutlich einen doppelten Bezug zu Heine und zur Exilerfahrung auf Grund der NS-Barbarei her. Verknüpfungen bildet sie über die gemeinsame Erfahrung, im Exil leben zu müssen, die eigene und Heines jüdische Herkunft, die schwierige Liebe zur (Sprach-)Heimat Deutschland und die erste Deutschlandreise nach einer Zeit von 13 bzw. 17 Lebensjahren in Frankreich bzw. in den USA.

Inhaltswiedergabe

Im Auszug liegen Strophen aus drei Kapiteln des Kalèko-Gedichts vor. Die abgedruckten vier Strophen aus dem ersten Kapitel beschreiben die Stimmung bei der Abreise mit dem Schiff aus New York, die zwischen Reisefieber und Beklommenheit gegenüber dem Reiseziel Deutschland wegen der jüngsten Geschichte der nationalsozialistischen Barbarei wechselt. Schon hier wird der in den drei abgedruckten Strophen des zweiten Kapitels ausgeführte Bezug auf Heinrich Heine und dessen hundertsten Todestag erwähnt. In den Strophen des zweiten Kapitels wird Heine als heimatliebender Mensch dargestellt, der aber mit seiner Fähigkeit, in Nuancen zu denken und zu schreiben, dem in Frankreich nicht grundlosen Klischee vom eher grobschlächtig auftretenden Deutschen keineswegs entsprach. Die im zweiten Kapitel auch angesprochene Verhöhnung Heines wegen seiner jüdischen Herkunft greifen die abgedruckten Strophen des dritten Kapitels auf; dort werden die Einsamkeit des Exils, das Publikationsverbot bzw. das Vernichten ihrer Werke in Deutschland aus politischen bzw. rassenideologischen Gründen ebenso eingeflochten wie die Selbstzuschreibung der Lyrikerin als „Großstadtlerche" (V. 41), als Dichterin der Metropole Berlin.

Textbeschreibung

Abgedruckt sind vier Strophen aus dem ersten Gedichtkapitel und je drei Strophen aus den Kapiteln 2 und 3. Häufig bilden zwei Verse einen Satz, aber auch Ellipsen oder die gesamte Strophe umfassende Sätze kommen vor, formal sind die Anklänge an Heinrich Heines „Wintermärchen" unverkennbar. Die liedhaft-schlichten Kreuzreime, zum Teil unrein und nur auf die Verse 2 und 4 der jeweils vier Verse umfassenden Strophen bezogen, zeigen diesen Anklang deutlich, ohne bloß nachahmend gestaltet zu sein. Der erste und dritte Vers jeder Strophe weisen je vier Hebungen auf und klingen männlich aus, der zweite und vierte je drei mit weiblicher Kadenz am Versende, wobei die Zahl der unbetonten Senkungen variiert.

Detailanalyse

Die Eingangsstrophe beschreibt mit dem Schlüsselbegriff „Reisefieber", das das lyrische Ich, hier kaum von der Autorin zu unterscheiden, „ergriff" (V. 3), eine Aufbruchsstimmung und Wiedersehensfreude, zumal im Eingangsvers die Nennung des Exillands sachlich als „USA" auf eine empathiefreie Beziehung dazu schließen lässt. Zwiespältiges, bezogen auf das

Reiseziel, spiegelt sich in der zweiten Strophe, wenn „die Freunde" (V. 6), eine offenbar klar definierte, auf enge Weggefährten schließen lassende Formulierung, sie einerseits tautologisch „besorgt und beklommen" (V. 7) verabschieden, hingegen andere aus der Gruppe eher Sehnsucht und den Wunsch mitzukommen als Gefühlsregung verraten.
Die eigenen Gefühle des lyrischen Ich werden in der nächsten zitierten Strophe ebenfalls als widersprüchlich deutlich. In eine Frage wird der Zustand Deutschlands und die Art der Wiederbegegnung gekleidet, die Anrede „du meiner Jugend Land" (V. 10) lässt auf frühere Vertrautheit, ja Heimatliebe schließen. Gleichzeitig ist ein Vorbehalt zu bemerken: Das Wiedersehen steht offenbar zwischen Befürchtung und Hoffnung. „Mir bangte ein wenig" (V. 12) bezieht sich im dritten Vers der Strophe sowohl auf die offene Frage als auch auf das allmähliche Verschwinden New Yorks, dessen Freiheitsstatue nicht nur als Ausgangspunkt der Schiffsreise zu verstehen ist, sondern als Symbol für Freiheit und demokratische Rechte sowie Schutz vor rassistisch motivierter Verfolgung. Die Freiheitsstatue bildet einen Gegensatz zu NS-Deutschland, welches Mascha Kaléko in den 1930er-Jahren verlassen musste.
Den in der Unterzeile des Gedichttitels angesprochenen Bezug auf das Heine-Jubiläum 1956 nimmt die letzte Strophe im ersten Kapitel des Gedichts auf: Der Neujahrsgruß „mit bestem französischen Weine" (V. 15) spielt auf Heine und sein Exil in Frankreich an. Verknüpft werden aber zehn, hundert und tausend Jahre, indem das Ende der NS-Barbarei 1955 zehn Jahre zuvor, hier mit dem ironischen Zitieren des NS-Propagandaspruchs vom „tausendste[n] Jahr" als Synekdoche für das NS-Regime insgesamt, vor den Schlussvers mit dem Hinweis auf Heines 100. Todestag gesetzt ist. Letzten Endes, so kann diese Wendung gelesen werden, hat Heines Werk auch diese NS-Jahre als Dichtung von hohem Rang überlebt.
In den abgedruckten drei Strophen aus dem zweiten Kapitel geht es ausschließlich um Heinrich Heine, seine Freiheitsliebe, die Unterdrückung, die er erfuhr, sein Verhältnis zu Deutschland und seinen virtuosen Umgang mit der deutschen Sprache sowie die mit seiner jüdischen Herkunft und seiner demokratisch-kritischen Haltung verbundenen Schmähungen und Ausgrenzungen. Heines literaturhistorisch zur Epoche des Vormärz' zu zählende Lyrik, die Stellungnahmen gegen das Feudalsystem und für soziale und Freiheitsrechte akzentuieren die erste Strophe aus dem zweiten Kapitel – gleich zweimal wird der Begriff Freiheit genannt, einmal mit Anführungszeichen versehen und als Diminutiv „Blümelein" (V. 21), als zarte Pflanze, von der Restauration in Deutschland „ausgetrieben" (V. 22). In einer fünfteiligen Aufzählung betont die Folgestrophe Heines Zuwendung zur deutschen Heimat wie zur Liebe und alliterierend dem mit der Liebe verbundenen Leid, aber auch zu feinem, spöttisch-geistvollem Denken und Schreiben. Heine als Dichter im französischen Exil wird damit auch dem, erneut in Anführungszeichen, „Boche" (V. 25), dem Grobian, wie Deutsche in Frankreich holzschnittartig bezeichnet wurden, entgegengestellt.
Heines jüdische Herkunft, in der ersten Hälfte des 19. Jahrhunderts trotz zunehmender rechtlicher Gleichstellung ein gesellschaftlicher Makel, Anlass zu Ausgrenzung und Verhöhnung, nimmt die dritte Strophe des zweiten Kapitels im Kaléko-Gedicht auf. Mit Verweisen auf das Alte Testament – „aus Simsons Stamme, von Davids Geschlecht" (V. 27) – wird eine Brücke zwischen Herkunft und Verunglimpfung hergestellt; Philister verrieten Simson, Philister im Sinn von engherzigen, spießbürgerlich-autoritären Kräften in Deutschland rieben sich an Heine, dem brillanten, wortgewandt-ironischen jüdisch-deutschen Freiheitsdichter.

Die drei aus dem dritten Kapitel abgedruckten Strophen stellen Verbindungen des lyrischen Ich, von Mascha Kaléko zu Heine her. Dazu gehören die Fremdheitserfahrung des Exils, die äußerliche Gemeinsamkeit, einen Verleger in Hamburg zu haben, als Seitenbemerkung durch Einklammern kenntlich gemacht, dann in der zweiten Strophe die Verbindung durch das Dichten, das Volksliedhafte und Eingängige in den Werken beider, mit der Erfahrung von Verbannung und Exil, der NS-Ideologie von ‚Blut und Boden‘ und Rassereinheit im Fall Mascha Kalékos geschuldet, bei Heine durchaus auch von Antisemitismus beeinflusst.
Mit klarer Selbsteinschätzung ihrer eigenen Bedeutung im Rückbezug auf Heine führt das lyrische Ich in der dritten abgedruckten Strophe dieses dritten Kapitels zu einer Art Resümee. Mascha Kaléko sieht sich im „preußischen Dichterwald“ (V. 40), in Berlin als Hauptstadt Preußens und Deutschlands, wobei der Dichterwald für Unübersichtlichkeit deutscher Dichtung ebenso wie für Bäume, unterschiedliche Gewächse, die Vielfalt Deutschlands als Land der weiten Wälder, der Wald aber auch als romantische Anspielung gesehen werden kann. Mit der ironischen Wendung, sich der „Abteilung Großstadtlerchen“ (V. 41) zuzuordnen, als gebe es eine Klassifizierung von Dichtung wie in bürokratischen Zusammenhängen, stellt sie sich selbst und ihre Lyrik in den Kontext neusachlicher Autorinnen und Autoren mit Bezug zur Metropole Berlin, nicht in die Reihe sehr bedeutender Dichter wie Goethe, Schiller oder Heine. Eine Art Resignation, das Grundmotiv der verlorenen Heimat aufnehmend, vermittelt die Wendung „Es war einmal“ (V. 42) mit ihrem Bezug auf traditionelle Märchenanfänge. Der Verlust dieser (Märchen-)Heimat, die tiefe Trauer über Vergangenes, Verlorenes ist unverkennbar. Die Titelvariation bzw. -assoziation vom Kinder- statt Wintermärchen spielt auf die verlorene Kindheit (und Jugend, erste Erwachsenenjahre) in Deutschland an. Der mitzudenkende Winter steht bei Heine und Mascha Kaléko für das Kühle, Abweisende dieser Heimat.

Zusammenfassung und Einordnung der Ergebnisse

Mascha Kalékos „Deutschland. Ein Kindermärchen“ stellt mit seiner Mischung aus Heine-Reverenz, melancholisch-kritischer Betrachtung von – früherer – Heimat und Exil, deutlichem Verweis auf jüdische Herkunft und auf vernichtetes bzw. bedrohtes jüdisches Leben im NS-Deutschland ein persönliches Schicksal im Kontext der jüngsten und über Heines Biographie der Geschichte des frühen 19. Jahrhunderts vor. Die Gestaltung vom Titel über den Untertitel bis zur Form der Strophen lässt stets das Heine-Vorbild direkt erkennen, als eine Art schöpferischer Nachfolge und durchgängiges Motiv.
Eine Zuordnung zur bewusst als Gebrauchslyrik verstandenen Dichtung etwa Erich Kästners, auch zur Neuen Sachlichkeit erscheint möglich.

Beispiellösung Teilaufgabe 2

TIPP zum Punktesammeln

Literaturgeschichtliche Einordnung
Die in der Aufgabenstellung nicht ausdrücklich geforderte Einordnung in den literarhistorischen Kontext kann, sofern geleistet, durchaus Zusatzpunkte erwirken. Die Epochen Romantik und Vormärz, zu denen Heine als Autor gerechnet wird, sind ebenso erwähnenswert wie bekannte Zeitgenossen und Autoren des Vormärz wie Georg Büchner, Ferdinand Freiligrath und Georg Herwegh. Auch der historische Hintergrund der Restauration/Wiederherstellung der feudalen Herrschaftsstrukturen (mit Zensur) kann berücksichtigt werden.
Mascha Kaléko sollte als wohl bekannteste weibliche Stimme der Neuen Sachlichkeit und Vertreterin einer salopp-eingängigen Großstadtlyrik eingeschätzt werden, mit Zeitgenossen wie Erich Kästner oder Kurt Tucholsky.

Der als durchgängiges Motiv, nicht bloß als eine Art Aufhänger von Mascha Kaléko gewählte Bezug auf Heine als Person und als Dichter wird von der Formsprache ihres „Kindermärchens“, aber auch vom Anlass, der Reise nach weit über zehn Jahren unfreiwilligem Exil nach Deutschland, getragen.

Vergleichsaspekt Motiv „Reise“
Wenn etwa in der Romantik, zu Lebzeiten Heinrich Heines, Reise zum Sehnsuchtstopos von Fernweh, Wanderschaft und Aufbruchssituation wurde und als idealisiert-utopische Ausweitung menschlicher Erfahrung in der Lyrik etwa Eichendorffs erscheint, ist Mascha Kalékos Gedicht konkret, an Erfahrung orientiert und am historisch-politischen Kontext. Die Rückkehr nach Deutschland ist vom realen Verlust der Heimat, der Wehmut über Verlorenes und der Erkenntnis beispielloser rassistischer Verfolgung geprägt. Heine als Zeitgenosse und zeitweilig der Romantik zuzurechnender Dichter ist von einer nur in Teilen oder Ansätzen vergleichbaren Erfahrung geprägt. Eine Verbindung bietet der Sprachraum, bei dem Heine mit der oberflächlich widersprüchlichen, ironisch-spöttischen Formulierung, dass er bzw. das lyrische Ich beim Wiederhören der deutschen Sprache „angenehm verblute“ (V. 13), auf die Bedeutung der eigenen Muttersprache, der Sprache seiner Lyrik verweist, ohne die Distanz zum Deutschland während der historischen Zeit der Restauration beim Grenzübertritt aufzugeben.
Mascha Kalékos Gedicht zielt in der ihr eigenen lakonischen Sprache auf den pragmatischen Aspekt, mit einem Hamburger Verleger einem Lesepublikum in der Muttersprache zu begegnen, auf das Einreisen, vielleicht auch Leben und Veröffentlichen in Deutschland. Ein „stärkeres Klopfen“ (V. 7), das in Heines Gedicht die Gefühlswelt des nach langer Zeit Zurückkehrenden beschreibt, wird in Mascha Kalékos Eingangsstrophe indirekt, über die zurückgebliebenen, offenbar ebenfalls Exilierten und deren Beklommenheit vermittelt; das lyrische Ich verbleibt zwischen Reisefieber und Bangigkeit. Dem ironischen Grundgestus zum Trotz wird eine starke Verbindung zur Heimat offensichtlich. Dabei sind Kalékos Einschät-

zungen von Reiseziel und jüngster NS-Vergangenheit ungeachtet der Anspielungstechnik in den abgedruckten Strophen deutlicher als die Heines.
Mit dem Reiseziel als Land des Märchens – auch eine Anspielung auf deutsche Romantik – wird in beiden Gedichten auf Erträumtes, positiv Stilisiertes, auch Irreales verwiesen, im Subtext auch auf das Trauma des Exils. Beide Reisen finden im Winter bzw. Spätherbst statt, Kälte ist nicht explizit genannt, bei Heine allerdings ist vom „traurigen Monat November“ (V. 2) die Rede. Dieser biografische Umstand oder Zufall trägt jedenfalls zu einer melancholischen Grundstimmung bei. Beider Reise nach Jahren der Ausgrenzung, Unterdrückung, gar lebensbedrohlicher Verfolgung gilt auch der Freiheit im Allgemeinen, der Freiheit des Reisens im Besonderen.

Zusammenfassung
Mascha Kalékos Gedicht verarbeitet das Reisemotiv zwischen scharfsichtiger historisch-politischer Betrachtung, Trauer, Melancholie und Selbstironie konsequent als Heine-Reverenz und Daueranspielung auf sein Versepos „Deutschland. Ein Wintermärchen“. Das Zwiespältige des Reisens in jenes Land, das Kaléko unter Lebensgefahr verließ und das Heine ins Exil zwang, wird auch vom volksliedhaft-eingängigen und spöttischen Gestus nicht aufgehoben, im resignativen Ton allenfalls gemildert.

Fokus: „unterwegs sein“ – Lyrik vom Barock bis zur Gegenwart

Leistungskurs, Aufgabenart I B

Vergleichende Analyse von literarischen Texten

Aufgabenstellung

1. Analysieren Sie das Gedicht „Die zwei Gesellen“ von Joseph von Eichendorff unter Berücksichtigung seiner Epochenzugehörigkeit.

2. Vergleichen Sie das Gedicht Eichendorffs mit dem Gedicht „hamburg – berlin“ von Jan Wagner hinsichtlich der formalen und sprachlichen Gestaltung, der Motive Weg, Reise und Natur sowie der Verfasstheit des jeweiligen Sprechers.

TIPP Die Aufgabenstellung verstehen

1 Analysieren Sie: Der Operator bezieht sich hier nur auf M1.
unter Berücksichtigung: Hier ist Ihr Hintergrundwissen gefragt. Die Bezugsepoche für Eichendorff ist die Romantik. Das Vergleichsgedicht entstammt der Gegenwart und unterliegt damit anderen Produktions- und Rezeptionsbedingungen.
2 Vergleichen Sie: Der Operator fordert eine differenzierte Gegenüberstellung Ihrer Analyseergebnisse für beide Gedichte.
hinsichtlich: Untersucht werden sollen die formale und die sprachliche Gestaltung, ausgewählte Motive und die Haltung des Sprechers.

Materialgrundlage

M1 Joseph von Eichendorff: Die zwei Gesellen. Aus: Carl-Otto Conrady (Hrsg.): Das große deutsche Gedichtbuch. Athenäum Verlag, Königsstein 1985, S. 386
M2 Jan Wagner: hamburg – berlin. Aus: Ders.: Probebohrungen im Himmel. Berlin-Verlag, Berlin 2001, S. 49

Über den Dichter: Jan Wagner wurde 1971 in Hamburg geboren und lebt seit 1995 in Berlin. 2015 erhielt er den Preis der Leipziger Buchmesse, 2017 den Georg-Büchner-Preis, den bedeutendsten deutschen Literaturpreis.

M1 Die zwei Gesellen (1818) *Joseph von Eichendorff (1788–1857)*

Es zogen zwei rüstge Gesellen
zum ersten Mal von Haus,
so jubelnd recht in die hellen,
klingenden, singenden Wellen
des vollen Frühlings hinaus.

Die strebten nach hohen Dingen,
die wollten, trotz Lust und Schmerz,
was Rechts in der Welt vollbringen,
und wem sie vorübergingen,
dem lachten Sinnen und Herz.

Der Erste, der fand ein Liebchen,
die Schwieger kauft‘ Hof und Haus;
der wiegte gar bald ein Bübchen
und sah aus heimlichem Stübchen
behaglich ins Feld hinaus.

Dem Zweiten sangen und logen
die tausend Stimmen im Grund,
verlockend’ Sirenen, und zogen
ihn in der buhlenden Wogen
farbig klingenden Schlund.

Und wie er auftaucht’ vom Schlunde,
da war er müde und alt,
sein Schifflein, das lag im Grunde,
so still war ’s rings in die Runde,
und über die Wasser weht’s kalt.

Es singen und klingen die Wellen
des Frühlings wohl über mir;
und seh ich so kecke Gesellen,
die Tränen im Auge mir schwellen,
ach Gott, führ uns liebreich zu dir!

M2 **hamburg – berlin (2001)** *Jan Wagner (1971)*

der zug hielt mitten auf der strecke. draußen hörte
man auf an der kurbel zu drehen: das land lag still
wie ein bild vorm dritten schlag des auktionators.
ein dorf mit dem rücken zum tag. in gruppen die bäume
mit dunklen kapuzen. rechteckige felder,
die karten eines riesigen solitairespiels[1].

in der ferne nahmen zwei windräder
eine probebohrung im himmel vor:
gott hielt den atem an.

1 **Solitaire:** Kartenspiel

Beispiellösung: Teilaufgabe 1

Einleitung

Das 1818 erstmals erschienene Gedicht Joseph von Eichendorffs mit dem Titel „Die zwei Gesellen" stammt aus der Epoche der Romantik. Eichendorff ist einer ihrer bedeutenden Vertreter. Das Gedicht handelt, ganz im zeitgenössischen Kontext, von zwei Wandergesellen, die auf die Walz gehen und bei gleicher Ausgangssituation hinsichtlich ihrer Lebensziele zwei unterschiedliche Lebenswege einschlagen, die repräsentativ für Lebensentwürfe der damaligen Zeit sind.

Thematik

Der Titel deutet schon an, dass es sich um junge Menschen handelt („Gesellen"), die sich verändern, vervollkommnen wollen. Damit lassen sich die zeittypischen Themen von Fernweh, Wanderschaft und die Aufbruchssituation in eine neue Lebensphase verbinden. Zentrales Motiv des Gedichts ist das Wandern bzw. Reisen, das auch als Topos für Selbstfindung, Entdeckungsfreude, Freiheit, für Lebenslust und Sehnsucht nach Neuem aufgefasst werden kann. Zudem beinhaltet das Bild gleichfalls das Risiko des Vorhabens sowie eines möglichen Scheiterns.

Inhaltswiedergabe

Inhaltlich hat das Gedicht vier Abschnitte: Strophe eins und zwei stellen die Ausgangssituation vor, die äußeren Bedingungen des freudigen Aufbruchs der Gesellen, darauffolgend werden die hohen Ziele erläutert, die sie im Leben anstreben. Strophe drei handelt vom persönlichen Glück des ersten der beiden Gesellen. Das Schicksal des Zweiten wird in den beiden folgenden Strophen verdeutlicht: Konträr zu dem Lebensweg des Ersten lässt er sich verführen, scheitert und vereinsamt. Die sechste Strophe bildet einen Rahmen mit der ersten Strophe: Der Frühling wird nochmals erwähnt sowie die „klingenden, singenden Wellen", jedoch hier mit vertauschten Attributen; durch den Tempuswechsel ins Präsens bildet diese

Strophe gleichsam einen Kommentar, eine resümierende und reflektierende Rückschau des lyrischen Ichs auf die Lebenswege der beiden Gesellen und endet mit einer Bitte an Gott.

Textbeschreibung

Das Gedicht besteht aus sechs Strophen mit ungewöhnlicher Versanzahl von je fünf Versen mit dem festem Reimschema abaab, wobei jede Strophe ein Satzgefüge und eine gedankliche Einheit beinhaltet. Das Metrum ist nicht durchgängig; wir finden einen Wechsel zwischen Jambus und Daktylus, wobei Letzterer das rhythmische Wandern, die Bewegung der beiden unterstreicht. Das Fließende der Bewegung wird ebenfalls durch die vielen Enjambements unterstützt. Das verwendete Tempus in den Strophen eins bis fünf ist das klassische Erzähltempus des Präteritums, was den Eindruck verstärkt, dass dem Leser eine repräsentative Geschichte in Form einer Lebensreise dargeboten wird. Auffällig ist der Gebrauch vieler akustischer Verben, was auf das Motiv der Musik verweist. Diese bedeutet für die Romantiker nicht nur die höchste aller Kunstformen, sondern ganz im Sinn einer Universalpoesie sollen in einem Werk möglichst alle Genres miteinander verknüpft werden. Neben dem recht einfachen, leicht verständlichen Wortschatz mit deutlicher Dominanz des Wortfeldes Wasser fällt weiterhin der Gebrauch vieler evaluativer, zum großen Teil positiv konnotierter Adjektive auf.

Inhaltliche Analyse

Das Bild des Aufbruchs im „vollen“ Frühling (V. 5) vermittelt eine heitere, hoffnungsfrohe Stimmung: Die beiden Freunde sind jung und unerfahren, aber voller Lebendigkeit und Vorfreude: „jubelnd“ (V. 3), da sie das erste Mal ihre Heimat und damit möglicherweise beengte Lebensverhältnisse verlassen können. Die Synästhesie der „hellen, klingenden singenden Wellen“ (Binnenreim, V. 3 f.), die den Frühling personifizieren, erwecken den Eindruck purer Lebensfreude, die auf alle anderen abfärbt.
Die zweite Strophe wird genauer in der Fokussierung auf die beiden Gesellen und ihre Ziele: Voller Ehrgeiz und jugendlichem Idealismus ziehen sie in die Welt, wobei sie sich der möglichen Schwierigkeiten ihrer Reise durchaus bewusst sind: „trotz Lust und Schmerz“ (V. 7). Die Anapher (V. 6/7) deutet an, dass hier noch weitere Pläne und Ziele aufgezählt werden könnten. Die Motivation, die Träume zu verwirklichen und im Leben voran zu kommen, „was Rechts [...] vollbringen“ (V. 8) überwiegt alle negativen Gefühle und ihr Selbstbewusstsein sowie ihre Lebensfreude strahlen weithin aus: „und wem sie vorübergingen, dem lachten Sinnen und Herz“ (Personifizierung, V. 9 f.).
Die dritte Strophe konzentriert sich völlig auf den Lebensweg des ersten Gesellen: Dieser erscheint überschaubar und alltäglich, denn zur Darstellung wird nur eine, sprachlich sehr einfach gestaltete Strophe benötigt. Er wird sesshaft, gründet eine Familie und setzt sich „ins gemachte Nest“ ohne große Eigeninitiative: „Die Schwieger kauft' Hof und Haus“ (V. 12), verstärkt durch die Alliteration. Er zieht sich in eine (spieß-)bürgerliche Idylle zurück und blickt nur noch passiv von innen, aus der gemütlichen Stube, nach draußen in die Welt. Das hier angedeutete Fenster-Motiv, ein typisches Bild auch in der Malerei der Romantik, das normalerweise mit der Sehnsucht nach Veränderung einhergeht, wird konterkariert durch das Attribut der genügsamen Behaglichkeit (vgl. V. 15): Von der lebensfreudigen Aufbruchstimmung des Beginns bleibt lediglich die selbstbezogene

Zufriedenheit eines Philisters. Diesen Eindruck bestärken die drei Diminutive „Liebchen", „Bübchen" und „Stübchen", die ironisch den Lebensweg in die Enge und Begrenztheit des ersten Gesellen kommentieren.

Die beiden folgenden Strophen widmen sich dem Lebensweg des zweiten Gesellen: Dieser ist schwieriger, verworrener, weniger gradlinig und voraussagbar, was sich einmal daran zeigt, dass das lyrische Ich zwei Strophen benötigt, um ihn darzustellen, und zum anderen, im Vergleich mit der dritten Strophe, anhand der komplexeren Syntax beider Strophen. Das beginnt schon mit dem Hyperbaton am Anfang der vierten Strophe (V. 16 f.), wobei der Protagonist in Objektstellung: „dem Zweiten sangen" (V. 16), also passiv, vorgestellt wird. Mit ihm passiert etwas, dem er sich nicht entziehen kann: Die Hyperbel „tausend Stimmen" der aus der griechischen Mythologie bekannten Sirenen (auch hier wieder das Motiv der Musik) verführen ihn, wobei „Grund" (V. 17) und „Schlund" (V. 20) Signalwörter des Verderbens sind, bei Letzterem noch verstärkt durch die reizvolle Synästhesie des visuell-akustischen Ausdrucks „farbig klingenden" (V. 20). Die Welt mit ihren vielen unbekannten Facetten, in die er sich risikobewusst und hedonistisch stürzt, um alles auszukosten, überfordert den zweiten Gesellen, verschlingt ihn. Das oben bereits erwähnte musikalische Moment wird auch durch die Häufung der dunklen Vokale o und u, die sowohl Verlockung und Verführung als auch eine düstere Stimmung ausdrücken, verstärkt. Hier wird im Gegensatz zur ersten Strophe die Wassermetaphorik als dynamisch-gefährlich dargestellt. Eine genaue Zeitspanne dieser schwierigen Lebensphase wird nicht angegeben: Die fünfte Strophe beginnt mit dem Temporalsatz: „Und wie er auftaucht' vom Schlunde" (V. 21) und stellt lediglich fest, dass er „müde und alt" ist (V. 22), was auch bedeuten kann, dass ihn sein bisheriges Leben aller Energie und Kraft beraubt hat, sodass er vorzeitig gealtert ist. Er hat sein Lebensziel nicht erreicht, sein Idealismus ist verflogen, seine Existenz verspielt. Auch in dieser Strophe bedient sich das lyrische Ich der Wassermetaphorik sowie einer Akkumulation harter, dunkler Vokale o und a, um das völlige Scheitern des zweiten Gesellen darzustellen: Sein „Schifflein" (V. 23), d. h. sein Leben/Lebensziel, ist unrettbar zerstört, er selbst einsam, ohne soziale Bindungen: „so still war's rings in die Runde" (V. 24). Er kann in der bürgerlichen Welt nicht mehr Fuß fassen, der kalte Wind über dem Wasser (vgl. V. 25) lässt an den Hauch des Todes denken.

Die letzte Strophe knüpft an die fröhliche Stimmung der ersten beiden Strophen an durch Wiederaufnahme der positiv konnotierten Bilder (vgl. V. 26 f.). Das Präsens drückt deren Zeitlosigkeit aus und erweitert damit die Perspektive der Aufbruchsituation im Frühling als allgemeingültiges Bild für den Beginn der wichtigen Lebensphase der Entscheidung für ein Lebenskonzept. Zum ersten Mal spricht sich das lyrische Ich hier persönlich aus: „und seh ich [...]" (V. 28). Das Bild der schwellenden Tränen (vgl. V. 29) greift erneut die Wassermetaphorik auf, deren Ambivalenz im Verlauf der Analyse schon mehrfach angesprochen wurde: Das Weinen kann sowohl als Freude über die lebensbejahende Fröhlichkeit des Aufbruchs, vielleicht auch als Wehmut beim Rückblick auf die eigene Aufbruchsituation und Sehnsucht danach gedeutet werden, als auch als Mitleid mit dem möglichen Scheitern. Aus der Retrospektive bezüglich des geschilderten Lebensweges beider Gesellen kann es anzeigen, dass das lyrische Ich für beide Trauer empfindet, da keiner der Lebensentwürfe überzeugt. Auf Seiten des lyrischen Ichs liegt keine eindeutige Wertung für einen der beiden Lebenswege vor, implizit klingt der „goldene Mittelweg" als Kompromisslösung an, wobei der zweite eher

dem Ideal der Romantiker entspricht: Sie definiert die Suche nach sich selbst und die Bildung der eigenen Persönlichkeit durch unterschiedliche Erfahrungen und das Kennenlernen der Vielfalt des Lebens als Bereicherung.
Die abschließende Bitte, beginnend mit der resignativ klingenden Interjektion „ach“ (V. 30) und den Leser durch das Personalpronomen „uns“ (V. 30) mit einschließend ist auch mehrsinnig deutbar: Gott möge helfen, den richtigen Lebensweg zu finden oder das Vertrauen in Gott lässt immer den Weg finden, der in ein christlich orientiertes Leben und damit ein richtiges mündet, was der Biografie Eichendorffs, der sehr religiös geprägt war, am nächsten kommt.

Zusammenfassung der Ergebnisse
Keines der vorgestellten Lebenskonzepte überzeugt. Wer viel riskiert, kann viel verlieren, aber jemand, der sich nicht bewegt, verpasst möglicherweise das „wahre“ Leben. Die zentralen Motive der Epoche, die Einfachheit in der sprachlich-formalen Gestaltung der Strophen (der Rückbesinnung auf die Volkspoesie geschuldet) sowie die idealtypische Gegenüberstellung des Philisters und des (progressiven) Romantikers weisen dieses Gedicht als prototypisches für die Romantik aus.

Beispiellösung: Teilaufgabe 2

Das 2001 erschienene Gedicht von Jan Wagner „hamburg – berlin“ erschien in demselben Jahr in dem Band „Probebohrungen im Himmel“. Wie das Gedicht Eichendorffs thematisiert es eine scheinbar alltägliche (Bahn-)Reise, die gleichfalls als Etappe/Station auf der Lebensreise des lyrischen Sprechers gesehen werden kann. Im Folgenden wird auf die in der Aufgabenstellung erwähnten Vergleichsaspekte Form/Sprache, Weg/Reise, Natur, Disposition des lyrischen Sprechers eingegangen.

Textbeschreibung
Das Gedicht ist konsequent in Kleinschreibung gehalten. Der Bindestrich im Titel, der den Satz auf ein Minimum an Informationen reduziert, evoziert ein Innehalten irgendwo auf der Strecke an einem nicht genannten oder nicht existierenden Ort. Es besteht aus drei kurzen Strophen mit je drei Versen mit unterschiedlicher Silbenanzahl, wobei die dritte Strophe auffällig kürzer ist als die beiden anderen, der Schlussvers der kürzeste, pointierteste. Es ist weder ein Reimschema noch ein durchgängiges Metrum auszumachen, jedoch ist das Gedicht durchaus rhythmisch gestaltet: Der vierte und der letzte Vers sind Daktylen, die eine gewisse Beschwingtheit, Bewegung in die sonst sehr reglosen Bilder bringen, deren Statik durch Verben wie „anhalten“ (vgl. V. 1), „liegen“ (vgl. V. 2), „aufhören“ (vgl. V. 1 f.) unterstrichen wird. Die Sätze sind vorwiegend parataktisch, auch elliptisch. In der zweiten Strophe gibt es kein Verb, der fließende Rhythmus wird durch Enjambements gestützt. Die Wortwahl ist einfach, verständlich; als auffälliges rhetorisches Mittel sind der Vergleich bzw. der verkürzte Vergleich zu erwähnen, die Personifizierungen sowie lautmalerische Eindrücke durch die alliterative Häufung des Buchstabens „l“ in der ersten Strophe. Wie im Gedicht Eichendorffs wird hier durchgehend das Erzähltempus des Präteritums verwendet. Es ist ein Zeichen für eine rückblickende Perspektive des lyrischen Sprechers, der an keiner Stelle persönlich wird, sondern eine kontemplative Distanz zum Dargestellten wahrt. Der

Titel der Gedichtanthologie, der dieses Gedicht entstammt, wird in Vers acht erwähnt und bekommt dadurch eine besondere Bedeutung.

Motiv: Weg/Reise

Das Gedicht beginnt abrupt mit der lakonischen Feststellung „der zug hielt mitten auf der strecke", wodurch der Bezug zum Titel hergestellt wird, vermutlich ist der ICE zwischen den beiden Metropolen gemeint. Ein nachvollziehbarer Grund für den plötzlichen Halt wird nicht genannt, die Metaphorik des „An-der-Kurbel-Drehens" (vgl. V. 2) kann sich auf das für Schnellzugstrecken ungewöhnliche Bild des Schrankenwärters beziehen, der durch das Herunterdrehen der Schranken jenseits der Bahngleise den Autoverkehr anhält oder auf eine altertümliche Filmvorführung, wobei das Geräusch des Knisterns und Rauschens der Filmrollen plötzlich aufhört und Stille entsteht (vgl. V. 2). Der Doppelpunkt vor dem Satz „das land lag still" betont noch einmal das völlige Einfrieren des „Standbildes", das sich ergibt, wenn man jede Bewegung eindämmt. Der anschließende Vergleich mit einer Kunstauktion unterstreicht das Bildhafte, Genremäßige dieses Moments: Die Spannung, die in der Reglosigkeit scheinbar endlos währt, wird gesteigert wie auf einer Auktion, da der dritte Schlag der entscheidende ist, danach kann nicht mehr geboten werden, das Ergebnis, wer den Zuschlag bekommt, steht fest.
Die zweite Strophe zeigt das Ergebnis in sprachlicher Reduktion: Das Dorf kehrt sich, personifiziert, vom Betrachter ab, ggfs. vom Licht/der Sonne: „ein dorf mit dem rücken zum tag" (V. 4) bleibt für sich, in sich zurückgezogen, ebenso die Bäume, die „mit dunklen Kapuzen" (V. 5) versehen sind, deren Laubkronen sich verdunkeln und abweisend wirken. Die Assonanzen der folgenden Wörter (vgl. V. 5/6) unterstreichen die inhaltliche Aussage der Aufgeräumtheit und Gleichförmigkeit der Landschaft („rechteckige felder", V. 5), die mit einem Kartenspiel (vgl. V. 6) verglichen werden. Die Spielkarten lassen an die vielen Wahlmöglichkeiten denken, die man auf einer Reise/auf seinem Lebensweg dargeboten bekommt. Während in der zweiten Strophe jede Bewegung zum Erliegen gekommen ist, sind in der dritten Strophe wieder zwei Verben vorhanden, von denen das eine dynamisch, das andere aber wieder statisch ist, eine Verlangsamung bis zum Stillstand anzeigt, was die oben beschriebene Ambivalenz der Reisebewegung aufnimmt. Durch das Hyperbaton (vgl. V. 7) werden sowohl die Ferne als auch das moderne Bild des Windrades betont. Nicht nur die Bewegungslosigkeit wird durchbrochen, sondern auch die Stille, denn Windräder erzeugen sehr viel Lärm. Der Wortschatz wird sehr technisch, die Personifikation (vgl. V. 7/8) verstärkt die scheinbare Widersinnigkeit der Aussage: Eine Bohrung ist eine vertikale Bewegung, in der Regel nach unten in die Erde, hier seltsamerweise „im", auch nicht: in den Himmel (vgl. V. 8), aber die Drehung der Windradrotoren ist eine horizontale Bewegung, die sich in die Weite ausdehnt. Der Kontrast der dunklen Vokale im Begriff der „probebohrung" mit dem hellen Vokal im Wort „Himmel" unterstreicht die Absurdität des Bildes, lässt die Technik mit dem Gottesgedanken kollidieren. Möglicherweise hält Gott deswegen „den atem an" (V. 9), da er selbst die Unvereinbarkeit der Technikbegeisterung und Naturbeherrschung des Menschen mit seinem Schöpfungsplan sieht.

Motiv: Natur

Im Gedicht werden alltägliche Bilder eines durchschnittlichen Reisetages benutzt, keine mythischen Landschafts- bzw. Naturbeschreibungen, wie es die Romantiker mit ihrem Wunsch nach Poetisierung der Welt getan hätten. Hier jedoch erscheint die Natur abweisend, gefährdet, nicht verführerisch oder gefährlich und bietet dem Menschen auch nicht mehr die Rückzugsmöglichkeit vergangener Zeiten. Selbst die Stille scheint aufgeladen, elektrisiert vor Spannung und nicht erholsam, beruhigend. Die Technik bemannt sich der Natur und wirkt bedrohlich, lässt keine Einheit von Mensch und Natur mehr zu.

Lyrischer Sprecher

Wenn man die Koordinaten im Titel dieses Gedichts mit den Lebensdaten des Autors vergleicht, kann man die Bahnreise als Ausgangs- und vorläufigen Endpunkt der „Lebensreise“ des Autors sehen, der in Hamburg geboren wurde und momentan in Berlin lebt. Der lyrische Sprecher scheint sich im fahrenden Zug zu befinden, denn er registriert „draußen“ (V. 1) eine Aktion, in der Distanz zu sich selbst, auch nur akustisch und nicht mit allen Sinnen, ganz anders als es die häufigen Synästhesien im Eichendorff-Gedicht der Romantik andeuten. Das Anhalten des sonst schnell und gleichmäßig dahin rasenden Zuges scheint plötzlich und unfreiwillig zu sein, als halte man sein Leben an. Die Landschaft, die sonst im Fluge vorbeirast wie Bilder eines Films, friert ein in ein unzugängliches, bedrohliches Bild. Der Sprecher sieht alles nur vermittelt wie im Film, denn auch in der dritten Strophe bleibt die Entfernung von der sich ihm bietenden Aktion gewahrt: „in der ferne“ (V. 7). Der Mensch scheint verloren in diesem Szenario, die Ferne zu Gott ist fast unüberbrückbar. Sieht man in den Windrädern, die im Himmel bohren, eine Analogie zum biblischen Bild des Turmbaus zu Babel, weiß man, dass dieser kein gutes Ende für den Menschen genommen hat, man denke allein an die folgende Sprachverwirrung. Die Welt scheint auch für den Sprecher einen Moment lang stehen geblieben zu sein, einen Moment, der ihm wie Gott die Möglichkeit gibt, inne zu halten und nachzudenken, um ggfs. sein bisheriges Leben zu korrigieren.

Vergleich mit Eichendorff

Während der Mensch sich trotz seines Scheiterns bei Eichendorff ganz selbstverständlich im tröstlichen Bewusstsein befinden kann, Teil von Gottes Schöpfungsplan zu sein, vertrauensvoll aufgehoben in Gottes Hand, ist diese transzendente Gewissheit dem Menschen im 21. Jahrhundert offenbar verloren gegangen. Seine durch die Überhöhung des technischen Fortschritts einhergehende Naturzerstörung, durch zunehmende Beschleunigung in seinem Leben zu beklagende metaphysische Sinnleere zwingt ihn dazu, den Atem anzuhalten, einmal im rasenden Zug seiner Lebenszeit mit den vielen Veränderungen inne zu halten und nachzudenken, sich ggfs. auf die Suche nach dem abhanden gekommenen Sinnbezug in seinem Leben zu machen.

Original-Prüfungsaufgaben

NRW. Abiturprüfung 2018
*Deutsch, Grundkurs**

Aufgabenstellung

1. Analysieren Sie den vorliegenden Szenenauszug aus Goethes Drama „Faust I“. Berücksichtigen Sie dabei insbesondere, wie Faust seinen inneren Zustand darstellt und wie dieser durch die dialogische und äußere Situation der Handlung zum Ausdruck kommt.
Gehen Sie auch auf die sprachlich-bildliche Gestaltung ein. *(40 Punkte)*

2. Stellen Sie ausgehend von Ihrer Analyse Fausts Lebenskrise dar und erläutern Sie, mit welchen Strategien Mephisto darauf reagiert. Nehmen Sie abwägend dazu Stellung, inwiefern er damit Fausts Erwartungen erfüllt. *(32 Punkte)*

Materialgrundlage

Johann Wolfgang Goethe: Faust, erster Theil. In: Ders.: Faust-Dichtungen. Faust, erster Theil, Faust, zweyter Theil, Frühere Fassung („Urfaust“), Paralipomena. Herausgegeben und kommentiert von Ulrich Gaier. Philipp Reclam Verlag, Stuttgart 2010, S. 59 f. (Besonderheiten und Abweichungen bei der Zeichensetzung und Rechtschreibung ergeben sich daraus, dass der vorliegende Text der Ausgabe letzter Hand von 1827/28 folgt.)

Zugelassene Hilfsmittel

- Wörterbuch zur deutschen Rechtschreibung
- Unkommentierte Ausgabe von Goethes „Faust I“
  (liegt im Prüfungsraum zur Einsichtnahme vor)

„Vor dem Thor“ (Auszug aus *Faust I*; Verse 1064–1117)
Johann Wolfgang Goethe

Am Ostermorgen sind Stadtbewohner unterschiedlichster Stände und Schichten zu einem traditionellen Volksfest in der Umgebung unterwegs. Dabei bezeugen sie Faust, der auf seinem Osterspaziergang von Wagner begleitet wird, ihren Respekt vor seinem akademischen Rang und seinen medizinischen Leistungen. Auf ihrem Weg zu einem Hügel abseits der Menschen berichtet Faust Wagner von seiner schuldbehafteten persönlichen und familiären Vorgeschichte als Mediziner – Fausts Vater ist ein Alchemist gewesen. In alchemistischen Verfahren produzierte Substanzen führten zum Tod zahlreicher Patienten.

* Quelle (ohne Lösungen): Qualitäts- und UnterstützungsAgentur – Landesinstitut für Schule, Soest 2018

FAUST.
O glücklich! wer noch hoffen kann
Aus diesem Meer des Irrthums[1] aufzutauchen.
Was man nicht weiß das eben brauchte man,
Und was man weiß kann man nicht brauchen.
Doch laß uns dieser Stunde schönes Gut
Durch solchen Trübsinn nicht verkümmern!
Betrachte wie in Abendsonne-Gluth
Die grünumgebnen Hütten schimmern.
Sie rückt und weicht, der Tag ist überlebt,
Dort eilt sie hin und fördert neues Leben.
O daß kein Flügel mich vom Boden hebt,
Ihr nach und immer nach zu streben!
Ich säh' im ewigen Abendstrahl
Die stille Welt zu meinen Füßen,
Entzündet alle Höhn, beruhigt jedes Thal,
Den Silberbach in goldne Ströme fließen.
Nicht hemmte dann den göttergleichen Lauf
Der wilde Berg mit allen seinen Schluchten;
Schon thut das Meer sich mit erwärmten Buchten
Vor den erstaunten Augen auf.
Doch scheint die Göttin[2] endlich wegzusinken;
Allein der neue Trieb erwacht,
Ich eile fort ihr ew'ges Licht zu trinken,
Vor mir den Tag, und hinter mir die Nacht,
Den Himmel über mir und unter mir die Wellen.
Ein schöner Traum, indessen sie entweicht.
Ach! zu des Geistes Flügeln wird so leicht
Kein körperlicher Flügel sich gesellen.
Doch ist es jedem eingeboren,
Daß sein Gefühl hinauf und vorwärts dringt,
Wenn über uns, im blauen Raum verloren,
Ihr schmetternd Lied die Lerche[3] singt;
Wenn über schroffen Fichtenhöhen
Der Adler[4] ausgebreitet schwebt,
Und über Flächen, über Seen,
Der Kranich[5] nach der Heimat strebt.
WAGNER.
Ich hatte selbst oft grillenhafte[6] Stunden,
Doch solchen Trieb hab' ich noch nie empfunden.
Man sieht sich leicht an Wald und Feldern satt,
Des Vogels Fittig[7] werd' ich nie beneiden.
Wie anders tragen uns die Geistesfreuden,
Von Buch zu Buch, von Blatt zu Blatt!

Da werden Winternächte hold und schön,
Ein selig Leben wärmet alle Glieder,
Und ach! entrollst du gar ein würdig Pergamen[8],
So steigt der ganze Himmel zu dir nieder.

FAUST.

Du bist dir nur des einen Triebs bewußt;
O lerne nie den andern kennen!
Zwey Seelen wohnen, ach! in meiner Brust,
Die eine will sich von der andern trennen;
Die eine hält, in derber Liebeslust,
Sich an die Welt, mit klammernden Organen;
Die andre hebt gewaltsam sich vom Dust[9]
Zu den Gefilden[10] hoher Ahnen.

1 **Meer des Irrthums:** Bezug zum vorausgehenden Gespräch mit Wagner
2 **Göttin:** Sonne
3 **Lerche:** auf den Uranfang der Zeiten verweisender Vogel der Mythen- und Sagenwelt
4 **Adler:** ebenfalls mythologischer Vogel, auf die Zeitdimension der Gegenwart anspielend
5 **Kranich:** dritter mythologischer Vogel, auf die Zukunft verweisend
6 **grillenhafte:** hier „launenhaft", „sonderbar"
7 **Fittig:** Gefieder
8 **Pergamen:** Pergament, aus Leder hergestellte Schreibfläche
9 **Dust:** Staub
10 **Gefilden:** Felder, hier im Sinne von „Sphären"wird

Beispiellösung: Teilaufgabe 1

Goethe begann seine Arbeit am „Urfaust" 1772, 1808 erschien das Drama „Faust. Der Tragödie erster Teil". Der vorgegebene Textauszug aus der Szene „Vor dem Tor" entstammt dem Anfang der sogenannten Gelehrtentragödie. Der Eingangsmonolog Fausts zeigt den an seinem unbefriedigten Erkenntnisdrang verzweifelnden Wissenschaftler, der mehrere Ausbruchsversuche bis hin zu einem ernsthaften Suizidversuch unternimmt, um seiner Existenzkrise und Zerrissenheit zu entkommen. Gerettet durch die ihn erlösenden Oster-Glocken und den Chor der Engel (vgl. V. 737 ff.) erinnert er sich in feierlich-rührseliger Stimmung an seine ursprünglich produktive Kraft: „O tönet fort, ihr süßen Himmelslieder! Die Träne quillt, die Erde hat mich wieder!" (V. 783 f.). Er begibt sich, begleitet von seinem naivwissenschaftsgläubigen Assistenten Wagner, auf einen Erholungsspaziergang. Diese Szene markiert damit eine Öffnung aus der systolischen Enge und Finsternis seines Arbeitszimmers und seiner Gedanken in eine diastolische Situation, in die Helligkeit des Tages, in die frühlingshafte, heilende Natur, in die heitere Gesellschaft einfacher Menschen, die ihn verehren. Die Huldigung des Volkes klingt ihm jedoch wie zynischer Hohn (vgl. V. 1022 – 1055), und so zieht er sich in sich selbst zurück, wie sein halb an Wagner gerichteter Monolog zeigt.

Gliedert man seinen Monolog in Sinnabschnitte, so kann man folgende gedankliche Aspekte erkennen: Nach einem kurzen Verweis auf das Versagen alchemistischen Wissens: „Meer des Irrthums" (V. 2) gibt er sich den Naturbetrachtungen hin. Er appelliert, sich dem Abendlicht als einem Neuanfang (vgl. V. 10) zuzuwenden, verbunden mit dem Wunsch, die Erde verlassen und die Sonne im Flug begleiten zu können (vgl. 11 ff.). Er entwickelt die Vision, sich gottgleich (vgl. V. 17) über die Erde zu erheben, registriert jedoch wieder resignativ die

eigene Begrenztheit (vgl. V. 27 ff.), indem er seine innere Zerrissenheit zwischen sinnlich-körperlicher und geistig-transzendenter Seite spürt. Wagner reagiert auf Fausts Ewigkeits- und Freiheits-Fantasien (der Vergleich mit Lerche, Adler und Kranich) ohne jegliches Verständnis, da er überhaupt keine Beziehung zur Natur hat, sondern ungebrochen an die Möglichkeit von Wissen und Erkenntnis durch wissenschaftliche Studien glaubt.
Fausts unausgewogener, ihn selbst quälender innerseelischer Zustand lässt sich folgendermaßen darlegen: Nach der anfänglichen Öffnung gegenüber dem Volk, der Befreiung aus der beengenden Situation seines Arbeitszimmers („Hier bin ich Mensch, hier darf ich's sein! (V. 940)) lebt sein Wissens- und Erkenntniszweifel wieder auf. Faust träumt sich in eine Vogelperspektive, aus der heraus er einen distanzierten Blick auf die ihn einengende Alltagswelt hat. Er wünscht sich sehnlichst, sich zu befreien, sich über alles zu erheben, was in dem pathetisch vorgetragenen Wunsch: „O dass kein Flügel mich vom Boden hebt" (V. 11) sowie im Gebrauch des Konjunktivs II: „ich säh [...]" (V. 13) deutlich wird. Seine Imagination scheint keine Grenzen zu kennen, er möchte mit der Natur verschmelzen, sich mit der Sonne („Göttin", V. 21) vereinigen, deren „ew'ges Licht [ ] trinken" (V. 23). Sein ausgreifender räumlicher Expansionsdrang kann gedeutet werden als erneuter übermenschlicher Erkenntnisdrang und Streben nach Gottgleichheit sowie neuem Tatendrang: „Allein der neue Trieb erwacht" (V. 22). Allerdings wird dieses schwärmerische Selbstbewusstsein eingeschränkt durch die Gewissheit der Unvereinbarkeit der zwei Seelen, die in seiner Brust wohnen (vgl. V. 49), der sinnlich erfahrbaren Körperlichkeit sowie der geistig-kontemplativen Weltbetrachtung. So wird das Bedürfnis nach Überwindung zeitlich-räumlicher Beschränktheit aufgehoben durch das Bewusstsein der eigenen Begrenztheit.
Die Darstellung von Fausts Seelenzustand wird formal unterstützt durch die antithetische Parallele von zwei unvereinbaren Weltanschauungen, verkörpert durch Faust (unmittelbare, uneingeschränkte Naturerfahrung) und Wagner (traditionelle Buchgelehrsamkeit). Fausts Ausnahmesituation als genialer, an sich selbst verzweifelnder Wissenschaftler, der sozial isoliert von der lebendigen Alltagswelt lebt, spiegelt sich in seinem Beobachterstandpunkt eines Vogels oberhalb der Welt (vgl. V. 14 ff.) wider. Die diastolische Situation am Tag, im Licht, in einer weiten Landschaft zeugt von seiner Sehnsucht nach Entgrenzung.

Sprachlich lassen sich etliche Aspekte aufzeigen, die Fausts Sehnsucht und gleichzeitige Resignation verdeutlichen. Sein Monolog wirkt recht pathetisch durch wiederholte Interjektionen und Imperative, die gleichsam als Appelle an sich selbst verstanden werden können und seine innere Erregung zeigen. Die Unvereinbarkeit von Wunsch/Vision und dessen/deren Erfüllung drückt sich auch im Gebrauch des Konjunktiv Irrealis aus (vgl. V. 13). Die Verherrlichung des Traumes, mit der Natur zu verschmelzen, wird durch evaluative Wörter unterstützt: grün, schimmern, ewig, still, Abendstrahl, Silberbach, golden, göttergleich. Bilder des Fliegens, der Vögel, der Begleitung der Sonne im Flug zeugen von einem dringlich herbeigesehnten Aufbruch, einem Neuanfang, einer Loslösung und Befreiung von irdischer Beengtheit und dienen der Akzentuierung der angestrebten Gottgleichheit. Die Erwähnung der mythischen Vogelarten Lerche, Adler und Kranich sowie der zweimalige Gebrauch des Adjektivs „ewig" sind mögliche Hinweise auf Fausts Bestreben, die den Menschen bindenden Fesseln von Raum und Zeit aufzuheben.

Besonders eindrücklich wird die Einzigartigkeit von Fausts Vision und seines nicht enden wollenden Strebens danach, diese zu erfüllen, durch die nochmalige Kontrastierung mit dem Durchschnittsmenschen Wagner, der Fausts „Höhenflug" völlig verständnislos gegenübersteht. Man sieht an dessen Replik auf Fausts Monolog nicht nur, dass er nicht bereit ist, einen Versuch zu unternehmen, seinem Doktorvater geistig zu folgen. Durch Wagners auch hier wieder dargestellte Beschränktheit auf seine eigene Position wirken Fausts Gedankenflüge umso moderner, exzentrischer, abgehobener.

Beispiellösung: Teilaufgabe 2

Die erneute, ihn isolierende Verzweiflung bildet den Übergang zum Erscheinen Mephistos, sie bietet die Seelenlage, die Mephisto als Angriffsfläche braucht, um wirken zu können. Fausts existenzielle Krise besteht in seinem Leiden an seiner menschlichen Beschränktheit, dass er nicht in der Lage ist zu erkennen, „was die Welt im Innersten zusammenhält" (V. 382 f.). Er strebt nach allumfassender, göttlicher Erkenntnis. Zudem leidet er an seiner Isolation, an seiner Lebens- und Naturferne, an seinem Mangel an Lebensfreude und Liebe. Er sehnt sich nach authentischer Erfahrung, nach einem Ausloten seiner Möglichkeiten als Mensch, nach Überschreiten von traditionellen Grenzen, auch in Abgrenzung zu Wagners eindimensionalem Weltverständnis. Er will ruhelos tätig sein, sein Leben mit allen Sinnen genießen, er bescheidet sich nicht, sondern akzeptiert sich als ein ewig Unzufriedener.
Im Rahmen des Paktes setzt Mephisto genau hier an: Er knüpft an Fausts unbefriedigte Sehnsüchte geistiger und körperlicher Art – an Fausts Erlebnisdefizite an, verkleidet als fahrender Scholast (vgl. V. 1324) und damit als Verkörperung a) von Fausts wissenschaftlichem Forscherdrang und b) seinem Drang, in die Ferne aufzubrechen. So macht er ihm das Angebot, ihn durch die kleine und große Welt zu führen, durch das Aufzeigen neuer Handlungsoptionen und Erfahrungsräume auf den verschiedenen Reisestationen, durch eine Verjüngungskur, sodass er erotische Erfahrungen mit Gretchen machen kann. Mephisto spekuliert darauf, dass Faust durch die Befriedigung materiell-sinnlicher Genüsse passiv wird, an einem Ort bleibt und damit seinen Tätigkeitsdrang zum Erliegen bringt, sodass Mephisto die Wette gewonnen hätte: „Werd ich zum Augenblicke sagen: Verweile doch, du bist so schön [...]" (V. 1699 f.).
Obwohl Mephisto Fausts latent vorhandene Bereitschaft, sich ins Leben zu stürzen und alle Facetten des Lebens hedonistisch auszukosten, erweckt, bleibt sich Faust in seinem Selbstkonzept treu, eine Ganzheitserfahrung machen zu wollen und sich nicht auf die triebhafte Seite reduzieren zu lassen. Von Gretchen wird er auch innerlich berührt, er verspürt moralische Skrupel hinsichtlich seines Verhaltens ihr gegenüber, sodass er weiter streben möchte, ohne Einschränkung seiner rastlosen Tätigkeit.
Mephistos Funktion innerhalb des Dramas, auch wenn er Fausts Erwartungen nur zum Teil erfüllen kann, ist eminent wichtig, denn er ist der entscheidende Impulsgeber für die weitere Handlung gemäß der Erlaubnis des Herrn, Faust vom rechten Weg abzubringen und somit auch als Bindeglied zur himmlischen Rahmenhandlung zu fungieren.

NRW. Abiturprüfung 2018 *Deutsch, Leistungskurs**

Aufgabenstellung

1. Analysieren Sie den Auszug aus dem „Vorspiel auf dem Theater" aus Goethes Drama „Faust". Untersuchen Sie dabei die Figuren und deren unterschiedliche Vorstellungen von der Aufgabe und Wirkung des Theaters. Erläutern Sie auch die Gestaltung der jeweiligen Figurenrede und gehen Sie abschließend kurz auf die Bezeichnung dieser Szene als „Vorspiel auf dem Theater" ein. *(42 Punkte)*

2. Setzen Sie Ihre Analyseergebnisse in Beziehung zum Drama „Faust I" als Bühnenstück: Erläutern Sie beispielhaft, inwiefern zentrale Vorstellungen der drei Figuren in der Tragödie umgesetzt werden.
Prüfen Sie im Vergleich zur Umsetzung in „Faust I", inwieweit von Ihnen untersuchte Vorstellungen zur Aufgabe und Wirkung des Theaters für ein weiteres Ihnen aus dem Unterricht bekanntes Drama von Bedeutung sind. *(30 Punkte)*

Materialgrundlage

Johann Wolfgang Goethe: Vorspiel auf dem Theater. In: Ders.: Faust-Dichtungen. Faust, erster Theil, Faust, zweyter Theil, Frühere Fassung („Urfaust"), Paralipomena. Herausgegeben und kommentiert von Ulrich Gaier. Philipp Reclam Verlag, Stuttgart 2010, S. 15 – 22 (Besonderheiten und Abweichungen bei der Zeichensetzung und Rechtschreibung ergeben sich daraus, dass der vorliegende Text der Ausgabe letzter Hand von 1827/28 folgt.)

Zugelassene Hilfsmittel

- Wörterbuch zur deutschen Rechtschreibung
- Unkommentierte Ausgabe von Goethes „Faust I" (liegt im Prüfungsraum vor)

Auszug aus dem „Vorspiel auf dem Theater" (Verse 33 bis 242[1])

Johann Wolfgang Goethe

(Das „Vorspiel auf dem Theater" ist zwischen 1795 und 1800 entstanden.)

DIRECTOR, THEATERDICHTER, LUSTIGE PERSON

DIRECTOR.
[...]
Ich wünschte sehr der Menge zu behagen,

* Quelle (ohne Lösungen): Qualitäts- und UnterstützungsAgentur – Landesinstitut für Schule, Soest 2018

Besonders weil sie lebt und leben läßt.
Die Pfosten sind, die Breter aufgeschlagen[2],
Und jedermann erwartet sich ein Fest.
[...]
Wie machen wir's, daß alles frisch und neu,
Und mit Bedeutung auch gefällig sey?
Denn freilich mag ich gern die Menge sehen,
Wenn sich der Strom nach unsrer Bude drängt,
Und mit gewaltig wiederholten Wehen
Sich durch die enge Gnadenpforte zwängt,
Bei hellem Tage, schon vor Vieren,
Mit Stößen sich bis an die Kasse ficht[3]
Und, wie in Hungersnoth um Brot an Beckerthüren,
Um ein Billet sich fast die Hälse bricht,
[...]
DICHTER.
O sprich mir nicht von jener bunten Menge,
Bei deren Anblick uns der Geist entflieht.
Verhülle mir das wogende Gedränge,
Das wider Willen uns zum Strudel zieht.
Nein, führe mich zur stillen Himmelsenge,
Wo nur dem Dichter reine Freude blüht;
Wo Lieb' und Freundschaft unsres Herzens Segen
Mit Götterhand erschaffen und erpflegen.
Ach! was in tiefer Brust uns da entsprungen,
Was sich die Lippe schüchtern vorgelallt,
Mißrathen jetzt und jetzt vielleicht gelungen,
Verschlingt des wilden Augenblicks Gewalt.
Oft wenn es erst durch Jahre durchgedrungen
Erscheint es in vollendeter Gestalt.
Was glänzt ist für den Augenblick geboren;
Das Aechte[4] bleibt der Nachwelt unverloren.
LUSTIGE PERSON.
Wenn ich nur nichts von Nachwelt hören sollte;
Gesetzt daß ich von Nachwelt reden wollte,
Wer machte denn der Mitwelt Spaß?
Den will sie doch und soll ihn haben.
Die Gegenwart von einem braven Knaben
Ist, dächt' ich, immer auch schon was.
Wer sich behaglich mitzutheilen weiß,
Den wird des Volkes Laune nicht erbittern;
Er wünscht sich einen großen Kreis,
Um ihn gewisser zu erschüttern.
Drum seyd nur brav und zeigt euch musterhaft,

Laßt Phantasie, mit allen ihren Chören,
Vernunft, Verstand, Empfindung, Leidenschaft.
Doch, merkt euch wohl! nicht ohne Narrheit hören.

DIRECTOR.

Besonders aber laßt genug geschehn!
Man kommt zu schaun, man will am liebsten sehn.
Wird Vieles vor den Augen abgesponnen,
So daß die Menge staunend gaffen[5] kann,
Da habt ihr in der Breite gleich gewonnen,
Ihr seyd ein vielgeliebter Mann.
Die Masse könnt ihr nur durch Masse zwingen,
Ein jeder sucht sich endlich selbst was aus.
Wer Vieles bringt, wird manchem etwas bringen;
Und jeder geht zufrieden aus dem Haus.
Gebt ihr ein Stück, so gebt es gleich in Stücken!
Solch ein Ragout[6] es muß euch glücken;
Leicht ist es vorgelegt, so leicht als ausgedacht.
Was hilft's, wenn ihr ein Ganzes dargebracht,
Das Publikum wird es euch doch zerpflücken.

DICHTER.

Ihr fühlet nicht, wie schlecht ein solches Handwerk sey!
Wie wenig das dem ächten Künstler zieme!
Der saubern Herren Pfuscherey
Ist, merk' ich, schon bei euch Maxime.

DIRECTOR.

[...]
Und, was das allerschlimmste bleibt,
Gar mancher kommt vom Lesen der Journale.
Man eilt zerstreut zu uns, wie zu den Maskenfesten,
Und Neugier nur beflügelt jeden Schritt;
Die Damen geben sich und ihren Putz[7] zum besten
Und spielen ohne Gage mit.
Was träumet ihr auf eurer Dichter-Höhe?
Was macht ein volles Haus euch froh?
Beseht die Gönner in der Nähe!
Halb sind sie kalt, halb sind sie roh.
Der, nach dem Schauspiel, hofft ein Kartenspiel,
Der eine wilde Nacht an einer Dirne Busen.
Was plagt ihr armen Thoren viel,
Zu solchem Zweck, die holden Musen?
Ich sag' euch, gebt nur mehr, und immer immer mehr,
So könnt ihr euch vom Ziele nie verirren,
Sucht nur die Menschen zu verwirren,
Sie zu befriedigen ist schwer – –

Was fällt euch an? Entzückung oder Schmerzen?
DICHTER.
Geh hin und such dir einen andern Knecht!
Der Dichter sollte wohl das höchste Recht,
Das Menschenrecht, das ihm Natur vergönnt,
Um deinetwillen freventlich verscherzen!
Wodurch bewegt er alle Herzen?
Wodurch besiegt er jedes Element?
[...]
Wenn aller Wesen unharmon'sche Menge
Verdrießlich durch einander klingt;
Wer theilt die fließend immer gleiche Reihe,
Belebend ab, daß sie sich rhythmisch regt?
Wer ruft das Einzelne zur allgemeinen Weihe,
Wo es in herrlichen Accorden schlägt?
Wer läßt den Sturm zu Leidenschaften wüthen?
Das Abendroth im ernsten Sinne glühn?
Wer schüttet alle schönen Frühlingsblüthen
Auf der Geliebten Pfade hin?
Wer flicht die unbedeutend grünen Blätter
Zum Ehrenkranz Verdiensten jeder Art?
Wer sichert den Olymp, vereinet Götter?
Des Menschen Kraft im Dichter offenbart.
LUSTIGE PERSON.
So braucht sie denn die schönen Kräfte
Und treibt die dicht'rischen Geschäfte,
Wie man ein Liebesabenteuer treibt.
[...]
Laßt uns auch so ein Schauspiel geben!
Greift nur hinein in's volle Menschenleben!
Ein jeder lebt's, nicht vielen ist's bekannt,
Und wo ihr's packt, da ist's interessant.
In bunten Bildern wenig Klarheit,
Viel Irrthum und ein Fünkchen Wahrheit,
So wird der beste Trank gebraut,
Der alle Welt erquickt und auferbaut.
Dann sammelt sich der Jugend schönste Blüthe
Vor eurem Spiel und lauscht der Offenbarung,
Dann sauget jedes zärtliche Gemüthe
Aus eurem Werk sich melanchol'sche Nahrung,
[...].
DIRECTOR.
Der Worte sind genug gewechselt,
Laßt mich auch endlich Thaten sehn;

Indeß ihr Complimente drechselt,
Kann etwas nützliches geschehn.
Was hilft es viel von Stimmung reden?
Dem Zaudernden erscheint sie nie.
[...]
Ihr wißt, auf unsern deutschen Bühnen
Probirt ein jeder was er mag;
Drum schonet mir an diesem Tag
Prospecte nicht und nicht Maschinen.
Gebraucht das groß' und kleine Himmelslicht,
Die Sterne dürfet ihr verschwenden;
An Wasser, Feuer, Felsenwänden,
An Thier und Vögeln fehlt es nicht.
So schreitet in dem engen Breterhaus
Den ganzen Kreis der Schöpfung aus,
Und wandelt mit bedächt'ger Schnelle
Vom Himmel durch die Welt zur Hölle.

1 Die Originalverszählung wird zur besseren Lesbarkeit durch eine durchgehende Zählung der Verse dieses Auszugs ersetzt.
2 **Breter aufgeschlagen:** gemeint ist hier „die Bühne aufstellen"
3 **ficht:** 3. Pers. Singular, Präsens des Verbs fechten
4 **Das Aechte:** Das Echte
5 **gaffen:** neugierig etwas anstarren
6 **Ragout:** Gericht aus kleingeschnittenen Essensresten (Gemüse, Fleisch, Fisch usw.) mit würziger Soße
7 **Putz:** gemeint sind hier „Kleidung und Schmuck"

Beispiellösung: Teilaufgabe 1

Der vorliegende Auszug aus dem „Vorspiel auf dem Theater", das Johann Wolfgang Goethe zwischen 1795 und 1800 verfasste und dem „Faust"-Drama voranstellte, stellt eine Art Bühnendebatte der Figuren Direktor, Dichter und lustige Person zum Sinn und Ziel von Theateraufführungen dar. Die drei Genannten stellen dabei ihre unterschiedlichen Erwartungen an das Theater vor, was Unterhaltungs- und Bildungscharakter, Breitenwirkung und künstlerischen Anspruch sowie die Erwartungen der Besucherinnen und Besucher angeht.

Dabei entsprechen die geäußerten Ansichten und Haltungen den dargebotenen Typen. Aus dieser Typisierung treten alle drei im zu analysierenden Auszug nicht heraus. Der Direktor ist Theater-Unternehmer, am geschäftlichen Erfolg interessiert. Ihm steht ein an den Wert seines Textes, an das Ringen mit dem Wort glaubender Dichter gegenüber, der geradezu reine Künstlertypus. Pragmatisch, orientiert an einer auf direkten Erfolg beim Publikum setzenden Einstellung, ist die als lustige Person titulierte Schauspielerfigur. Sie spricht wie ein Schalk, wie ein Aufmerksamkeit heischender Narr, und entspricht eher dem Bild des um Anerkennung ringenden fahrenden Schauspielervolks des ausgehenden 18. Jahrhunderts als einem Theaterschauspieler der Gegenwart des 21. Jahrhunderts.

Die Sprechanteile der drei Figuren in diesem Auszug sind ungleichgewichtig: Der Direktor ist quantitativ dominant. Sein erster Beitrag nimmt das Publikum und den Anspruch, es zu erreichen und zu befriedigen, in den Blick. Ihm schwebt vor, „der Menge zu behagen" (Z. 1),

er betont die Erwartung an das Theater, ein „Fest“ (Z. 4) zu bieten, das „frisch und neu“ (Z. 5) sein solle. Von einem „Strom“ (Z. 8) ist die Rede, bezeichnenderweise zur Kasse, zum Verdienst des Direktors als Unternehmer.
In seinem zweiten Beitrag im vorliegenden Auszug wünscht er sich vom Dichter, der solle „genug geschehen“ (Z. 49) lassen, die „Menge“ (Z. 48) soll „staunend gaffen“ (ebd.) können. Der Theaterdichter könne „die Masse“ (Z. 51) durchaus „nur durch Masse zwingen“ (ebd.). Das Publikum wird hier als Adressat ohne Geist, als sensationslüsterne Masse gesehen, das Theaterspiel als bloßes Befriedigen niederer Instinkte.
Die Einwände des Dichters ob solcher „Pfuscherey“ (Z. 62) wischt der Direktor im dritten Redebeitrag beiseite. Den Zuschauern billigt er gar keine ernsthafte Konzentration zu, sieht sie in einer Kaskade der Abwertung zuerst „vom Lesen der Journale ... zerstreut“ (Z. 65 f.). Der Schlussbeitrag des Direktors formuliert sein Credo: Es soll kein Aufwand gescheut, mit Bühnenzauber aller Art – „Prospecte und Maschinen“ (Z. 127) – gewirkt werden, um Effekt zu erzielen, „vom Himmel durch die Welt zur Hölle.“ (Z. 135)
Der lustigen Person sind „Volkes Laune“ (Z. 38) und ein Gegenwartsbezug wichtig. Das Darstellen soll auch „erschüttern“ (Z. 40), vorwiegend aber „der Mitwelt Spaß“ (Z. 33) machen, also unterhalten. Die Aufforderung an den Dichter lautet: „Greift nur hinein in's volle Menschenleben!“ (Z. 107) Gewünscht wird praller, interessanter Stoff; „wenig Klarheit, viel Irrthum“ steht dabei ein „Fünkchen Wahrheit“ (Z. 110 f.) gegenüber – kein übermäßig erzieherischer Anspruch.
Der Dichter sieht sich im Gegensatz dazu als Vermittler von höheren Werten, spricht mit Emphase vom „Olymp“, vom Vereinen der „Götter“ (Z. 101), vom Dichter als Offenbarer von „des Menschen Kraft“ (Z. 102). Ein Ideal der Klassik wird durch ihn als Leitbild des Theaters entworfen, „zur allgemeinen Weihe“ (Z. 93). „[R]eine Freude“ (Z. 20), „Lieb- und Freundschaft“ (Z. 21) und der Weg vom Einzelnen zum Allgemeinen, Höheren „in herrlichen Accorden“ (Z. 94) werden beschworen. Dem Geschmack der „bunten Menge“ (Z. 15) vermag der Dichter – in starkem Kontrast zum Direktor – nichts abzugewinnen. Sein hehres Ziel gilt dem Echten, der Nachwelt, überzeitlichen Werten, mit denen der Dichter menschliche Seelen- und Gefühlszustände veredelt.
Wenngleich die typisierten Figuren durchaus deklamatorisch ihre Positionen vortragen, nehmen sie Worte der anderen mehrfach auf, sodass das jeweilige Theater- und Kunstverständnis nicht isoliert vorgetragen ist. Neigt der Dichter durchgängig zu einem hohen, der Alltagssprache enthobenen Ton, wird der Direktor bildhaft-deutlich in seinem Wunsch, Massen an die Kasse zu bringen. Die lustige Person wiederum spielt mit den Widersprüchen bis hin zur ironischen Wendung zur „Narrheit“ (Z. 44). Sprachlich ist das „Vorspiel auf dem Theater“ mit Paar- und Kreuzreimen, überwiegend jambisch, gestaltet, sodass die sentenzenhaft vorgebrachten Positionen recht eingängig erscheinen. Mit dem Vorspiel werden Zuschauererwartungen geweckt, ein jeweiliges Publikum in seinem Anspruch herausgefordert und poetisch-künstlerische Positionen und Optionen präsentiert.

Beispiellösung: Teilaufgabe 2

Inwieweit mit den drei Figuren und Positionen aus dem „Vorspiel auf dem Theater“ Vorausdeutungen für das Faust-Drama im Sinne dort umgesetzter Vorstellungen verbunden werden können, ist hier leitende erste Frage, bevor dazu mit Georg Büchners „Woyzeck“

aus dem Jahr 1836 ein in mancher Hinsicht andersartiges Drama mit dem „Faust" bzw. mit den Positionen aus dem Vorspiel verglichen wird.
Oberflächlich betrachtet löst das „Faust"-Drama den Anspruch des Direktors ein, „vom Himmel durch die Welt zur Hölle" (Z. 135) zu wandeln. Der „Prolog im Himmel" folgt unmittelbar auf das „Vorspiel auf dem Theater". Der erste Teil der Tragödie endet im „Kerker". Auch ein häufiger Wechsel der Handlungsorte und eher burleske Unterhaltung lassen sich finden, zuallererst die „Hexenküche" und die „Walpurgisnacht"-Szenerie oder das Studentengelage in „Auerbachs Keller", aber auch Mephistos Verführung des jungen Studenten zur Unmoral oder der Dialog von Marthe Schwerdtlein und Mephisto. Die dem Narren zugewandte, damit Komödiantisches einfordernde Haltung der lustigen Person dürfte in den genannten Auftritten des teuflisch-sarkastischen Mephisto angemessene Entsprechungen finden. Allerdings stehen zahlreiche Szenen der Auseinandersetzung mit ethischen Fragen dagegen, die des Dichters Vorstellungen eher entsprechen, etwa „Wald und Höhle" oder Fausts Monologe zu seinem Streben als Wissenschaftler.
Die Gretchentragödie kann nicht unmittelbar einer der drei „Vorspiel"-Figuren zugeordnet werden. Zwar ist das Kindsmordmotiv nah am Aktualitätsanspruch der lustigen Person umgesetzt. Auch ein Abbild menschlichen Lebens ist darin zu finden, eine Mischung aus Unterhaltung und Nachdenklichkeit wird erzeugt. Gretchens innere Tragödie mit den existenziellen Fragen nach Schuld und Verantwortung dürften aber auch dem ideellen Anspruch des Dichters entgegenkommen. Ohnehin ist der suchende, strebende, der sich mit Glaubensfragen und pantheistischen Vorstellungen auseinandersetzende Faust im Selbstanspruch und Ringen dem Dichter und seiner Intention ähnlich.
Das „Woyzeck"-Fragment, erst 1879 gedruckt und 1913 uraufgeführt, stellt einen im Elend lebenden, betrogenen Mörder vor, der eher als Opfer denn als Täter anzusehen ist – ein soziales Drama ohne Bezüge zu den hehren Idealen der Klassik, die Goethes Dichter im „Vorspiel auf dem Theater" formuliert. Radikal und ohne vordergründigen Unterhaltungswert, wäre das Stück für den vom Direktor im „Vorspiel" erstrebten leichten Publikumserfolg sicher ungeeignet. Burlesk-abwechslungsreiche Handlungsorte werden kaum vorgestellt. Die gesellschaftlich über Woyzeck Stehenden, etwa der Doktor oder der Hauptmann, die Verfechter höherer Werte sein könnten, sind stattdessen Protagonisten des Inhumanen.
Der Anspruch an das Publikum ist im „Woyzeck" keineswegs geringer als im „Faust", der viele bildungsphilosophische Aspekten enthält. Vielmehr ist der Aufklärungsgedanke im „Woyzeck" durch einen schonungslosen Blick auf Abgründe menschlichen Daseins und Handelns unmittelbarer enthalten. Die Umgangssprache, die den „Woyzeck"-Figuren höhere Authentizität verleiht, ist den namentlich benannten Marie, Andres oder Woyzeck selbst zugeordnet; die Höherstehenden sprechen eher in standardsprachlichen Phrasen. Demgegenüber ist Goethes Gelehrter Faust Träger auch von Idealen, Ideen und Bildungsgut. Die soziale Frage, in der Gretchentragödie präsent, bleibt im „Faust" ein Thema unter vielen.

Beispiel für eine mündliche Prüfung (z. B. 4. Abiturfach)

1. Prüfungsteil

Inhaltliche Fokusthemen: „unterwegs sein“ – Lyrik von der Romantik bis zur Gegenwart und Faust I

Aufgabenstellung

1. Analysieren Sie das Gedicht „Begegnung“ von Joseph von Eichendorff unter Berücksichtigung von Epochenmerkmalen.

Materialgrundlage

Joseph von Eichendorff: Begegnung. Aus: Schulz, Hartwig (Hrsg.): Sämtliche Gedichte. Versepen. Deutscher Klassiker Verlag, Frankfurt/Main 2006, S. 131

Begegnung (1837) *Joseph von Eichendorff (1788 – 1857)*

Ich wandert in der Frühlingszeit,
Fern auf den Bergen gingen
Mit Geigenspiel und Singen
Viel lust'ge Hochzeitsleut,
Das war ein Jauchzen und Klingen!
Es blühte rings in Tal und Höhn,
Ich konnt vor Lust nicht weitergehn.

Am Dorfe dann auf grüner Au[1]
Begannen sie den Reigen,
Und durch den Schall der Geigen
Lacht' laut die junge Frau,
Ihr Stimmlein klang so eigen,
Ich wusste nicht, wie mir geschehn –
Da wandt sie sich in wildem Drehn.

Es war mein Lieb! 's ist lange her,
Sie blickt' so ohne Scheue,
Verloren ist die Treue,
Sie kannte mich nicht mehr –
Da jauchzt und geigt's aufs Neue,
Ich aber wandt mich fort ins Feld[2],
Nun wandr ich bis ans End der Welt!

1 **Au:** Niederung, flaches Gelände an fließendem Wasser mit Wiesen
2 **Feld:** hier zu verstehen als weitere, größere Landschaft

Sie haben 30 Minuten Zeit, sich auf die mündliche Prüfung vorzubereiten (vgl. S. 16).

Folgende Stichwörter könnten Sie notieren:
Einleitung, erste Vorstellung
- Autor: J. v. Eichendorff
- Genre: Liebes- und Naturgedicht
- Entstehung/Veröffentlichung: 1837
- Epochenzuordnung: Romantik

knappe Inhaltswiedergabe
- Situation: Wanderung im Frühling
- Ereignisse: Begegnung mit einer fröhlichen Hochzeitsgesellschaft, Tanzen der Gesellschaft am Dorfrand, Braut mit laut-enthusiastischer Freude
- Lyrisches Ich: erkennt Braut als einstige Geliebte, kein Wiedererkennen ihrerseits, verlässt den fröhlichen Ortes in einer Art (Welt-)Flucht

Lyrisches Ich
- durchgängige Ich-Botschaften
- Perspektive des zufälligen Zuschauers, Wanderers
- Gefühlswelt zwischen Erleben von Lebensfreude und Wiedererkennen der früheren Geliebten als Braut eines anderen
- Schmerz und Weltflucht

Detailanalyse: formale Textbeschreibung
- drei Strophen mit je sieben Versen
- komplexeres Reimschema a b b a b c c trotz eher volksliedhaften Anklängen
- Verse vierhebig und dreihebig, überwiegend durch Jamben geprägt
- regelmäßiger Bau mit kleineren Brechungen z. B. in V. 5, 1. Strophe
- mehr Senkungen beim Beschreiben der Hochstimmung und Ausgelassenheit der Hochzeitsgesellschaft
- Aneinanderreihung von Hauptsätzen (Fachbegriff „asyndetische Reihung“, vgl. Epochenmerkmale, S. 130, und „rhetorische Mittel“, S. 197)

Detailanalyse mit Inhaltsbezügen und Deutungen
- Strophe 1 mit zahlreichen positiven Beschreibungen wie „Frühlingszeit“ (V. 1), „es blühte“ (V. 6) als Aufbruch nach den kalten Wintertagen und „Jauchzen und Klingen“ (V. 5) für das Ungezwungene, Spontane der Hochzeitsgesellschaft
- Schlussvers der Eingangsstrophe als Selbstaussage, sich mit der Natur und den Menschen glücklich und einverständig zu fühlen – „ich konnt‘ vor Lust nicht weitergeh’n“ (V. 7)
- erste Strophe insgesamt als Feier der Natur und des Menschen als lebensfreudiger Teil in ihr
- Strophe 2 mit genauerer Betrachtung der nun in der Flussebene feiernden Gesellschaft
- Gruppentanz zur Musik von Geigen als Hinweis auf Ausgelassenheit; Herausstechen der Stimme der Braut anhand ihres lauten Lachens
- offenbar charakteristische Stimme, die das lyrische Ich deutlich berührt (V. 13: „Ich wusste nicht, wie mir gescheh’n“)

- Spannungsaufbau durch den Schlussvers, in dem das Tanzen der Braut „in wildem Dreh'n" (V. 14) benannt, aber noch keine Auflösung bekannt wird
- zweite Strophe insgesamt als Übergang von der jubilierenden Stimmung zu Gedichtbeginn in eine Detailbetrachtung der Feiernden mit ungewissen Elementen in der Gefühlswelt des Wandernden, des lyrischen Ich
- Strophe 3 mit Aufklärung, dass die Braut eine frühere Geliebte des Wanderers ist
- kein Wiedererkennen(-Wollen) auf Seiten der Braut; lyrisches Ich merkt an: „Verloren ist die Treue" (V. 17)
- erneutes Aufleben von Hochzeitsmusik und -gesellschaft als Signal für Abkehr, Abwendung, fast Flucht des Wanderers
- Ich-Botschaft in den beiden Schlussversen besonders prägnant – Versbeginn „Ich aber ..." (V. 20); Abwendung von Hochzeitsgesellschaft, Lebensfreude „bis an's End der Welt!" (V. 21)
- dritte Strophe als Erfahrung von enttäuschter Liebe, Untreue; Weltflucht und -schmerz nun dominantes Gefühl

Zusammenfassung
- Gedicht der durchlebten, sich krass verändernden Gefühle eines Wanderers
- zunächst Lebensfreude in der Wanderung, im Naturerleben und beim Betrachten der ausgelassenen Hochzeitsgesellschaft
- schließlich aufkommendes Erkennen der Braut frühere Geliebte; damit ein die Welt Flüchtender, einsam Suchender in seinem Schmerz

INFO zur literaturgeschichtlichen Einordnung

Bei der **Romantik als Epoche** sollte eine deutliche Unterscheidung von allgemeinem Sprachgebrauch und literaturgeschichtlichem Begriff präsent sein (vgl. S. 125). Vor allem ist eine Gleichsetzung von klischeehafter Liebesschwärmerei und den differenzierteren Motivsträngen etwa in der Lyrik der Romantik zu vermeiden.

Epochenmerkmale und Gedichtbezüge/Bezug auf Analyseschwerpunkt:
- typische Motive der Romantik: idealisierte Natur, Naturerleben, Wanderschaft, schmerzliche, unglückliche Liebe, Melancholie des Einzelnen, Unbestimmtheit von Zeit und Ort; Züge des Märchenhaften hier eher in der überbordend-lustigen Tanz- und Hochzeitsgesellschaft
- Anklänge an das Volkslied; typische, von den Autorinnen und Autoren der Romantik gewollte Nähe zum Einfachen, Ursprünglichen, auch von den Apostrophen wie bei „wandert'" oder „Viel' lust'ge Wandersleut'" getragen, einer gewollt-künstlichen Schlichtheit
- dennoch komplexer und in der offenbarten Gefühlswelt mehrdeutiger als in der Romantik populäre Lieder/Volkslieder („Des Knaben Wunderhorn"; Sammlung von Volksliedtexten in der Frühromantik von Achim von Arnim und Clemens Brentano)
- vergleichbar z. B. mit dem bekannten Gedicht „Sehnsucht" von Eichendorff (Wanderschaft, Gedanke an oder Flucht in die Fremde)

INFO

Erwartet wird in der mündlichen Abiturprüfung **Standardsprache**, mindestens gehobene Umgangssprache. Eine häufige Verwendung der Umschreibung mit „würde" ist zwar grammatisch nicht falsch, gilt aber als stilistisch unschön.

2. Prüfungsteil

Im zweiten Teil der Prüfung ist ein **Gespräch zum gesamten Themenspektrum aus der Qualifikationsphase** möglich (vgl. S. 16, „Die mündliche Abiturprüfung").
Beispielhaft wird hier das Dramenbeispiel „Faust" von J. W. Goethe herangezogen.

Das weitere Prüfungsgespräch könnte so verlaufen:
- Überleitung, als gedankliche Verknüpfung der beiden Prüfungsteile, z. B. anhand von Lebensdaten zur Zeitgenossenschaft von Eichendorff und Goethe
- Frage nach der literaturhistorischen Einordnung von „Faust I": Elemente der „Sturm und Drang"-Epoche, v. a. aber Hauptwerk der deutschen Klassik
- Fragen zu Inhalten der „Faust"-Tragödie, etwa nach der „doppelten Tragödie" in Goethes Werk
- „Faust" als Gelehrtentragödie: Tragödie des alternden, mit seinen Forschungsergebnissen unzufriedenen Mannes, der sich dem Teufel verschreibt, um die Grenzen der menschlichen Erkenntnisfähigkeiten zu überschreiten
- „Faust" mit der Gretchentragödie: Tragödie des mit Hilfe von Geschenken, Schmeichelei und Vergiftung verführten jungen, unschuldigen Mädchens, das sich in gutem Glauben in den weltgewandten Faust verliebt, schließlich ihr Kind ermordet und dem Wahnsinn verfällt
- Fragen nach dem „Faust"-Stoff: wenig belegte historische Gestalt der frühen Neuzeit, wohl Magier und Heilkundiger; Vorstellung einer Teufelsverschreibung mit Blut; Legende sog. Volksbücher, mehrere Dramatisierungen des Stoffs, die zur Verbreitung führten
- Fragen nach dem Teufelspakt, der Mephisto-Figur und ihrer Deutung: Motiv des Teufelspakts als Kern aller Faust-Dichtungen; bei Goethe weniger von der christlichen Vorstellung der Verdammnis des von Gott Abgefallenen geprägt, sondern vom aufgeklärten Wissenschaftsverständnis; Mephisto auch als Narr, Schalk, Antagonist oder gar Teil der Faust'schen Seele
- Mögliche Transferfragen zur Bedeutung der „Faust"-Tragödie heute: Ist Wissenschaft mit ihren modernen Möglichkeiten (Klonen, Künstliche Intelligenz) schon entgrenzt, dem Ideal der Faust-Figur in ihrem Streben gefährlich nah? Ist Gretchens Tragödie in einem religiös-fundamental geprägten Umfeld auch heute noch aktuell?

Basiswissen

Grundlegende Arbeitstechniken

Arbeitsschritte zur Lösung von Abituraufgaben

Arbeitsschritte	**Handlungen**
Zeit einteilen und effektiv nutzen	– Auswahlzeit nutzen – Zeitkontingent für Texterschließung festhalten – Zeitkontingent für die schriftliche Bewältigung der Teilaufgaben festlegen – Zeitkontingent für die Überarbeitung einplanen
Aufgabenvorschläge lesen, verstehen und auswählen	– Aufgabenvorschläge gründlich lesen – inhaltlichen und methodischen Schwerpunkt klären – eigenes fachliches Vorwissen abrufen – Operatoren und das damit geforderte methodische Vorgehen klären – sich für einen Aufgabenvorschlag entscheiden
Text bzw. Texte mit Blick auf die Aufgabenstellung analysieren	– Lesestrategien nutzen: • 5-Schritt-Lesemethode • Fragen an den Text stellen – Schreibstrategien verwenden – Interpretationsverfahren berücksichtigen – Textanalyse entzerren: • Vorwissen festhalten • äußere Textmerkmale kennzeichnen • Interpretationshypothese aufstellen • Inhalt erschließen • Argumentationsweg bzw. Gedankenführung herausstellen • sprachliche Mittel und ihre Funktion für die inhaltliche Aussage erarbeiten – Erschließungsergebnisse schriftlich festhalten
Klausur schreiben	– Gliederung oder Schreibplan aufstellen – einzelne Gliederungspunkte ausformulieren
Klausur überarbeiten	– Text überarbeiten in Hinsicht auf ... • die inhaltlichen Vorgaben der Aufgabenstellung • die Logik der Gedankenführung • die formale Richtigkeit (Textsorte erfasst?) • die sprachliche Korrektheit

Texte erschließen

Mit Interpretationsverfahren arbeiten

Für fiktionale Texte – seien sie lyrisch, episch oder dramatisch – gilt grundsätzlich, dass deren Analyse oder Deutung (Interpretation) keine Allgemeingültigkeit beanspruchen kann. Vielmehr ist es nötig, sich der jeweiligen Lesart des Ansatzes, der die Deutung leitet, bewusst zu sein.
Grundsätzlich unterscheidet man zwei Interpretationsansätze:
- die *werkimmanente* (auch textimmanente) und
- die *werkübergreifende* (auch textexterne) Interpretation.

Interpretationsverfahren im Überblick

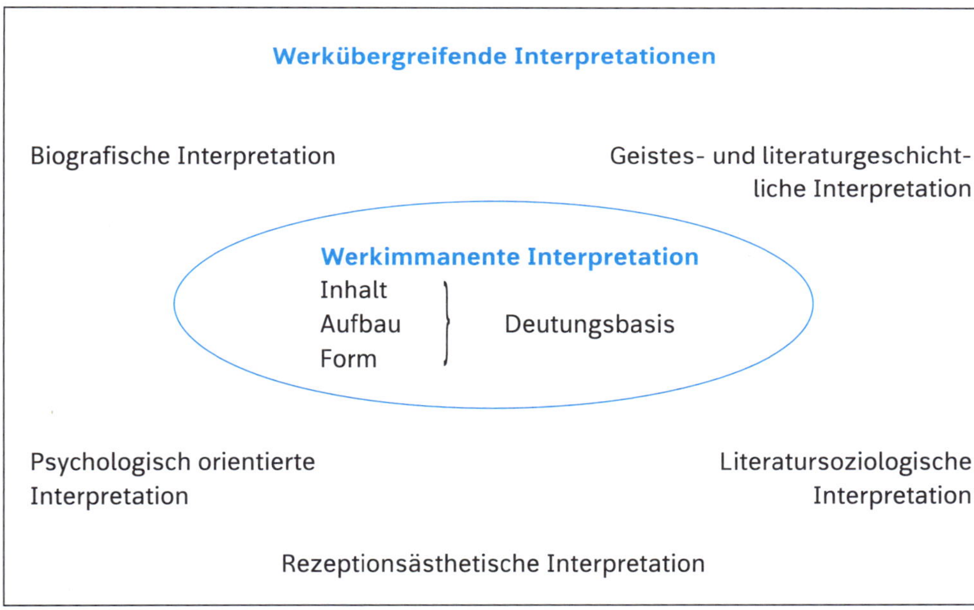

Die werkimmanente Interpretation

Die werkimmanente oder auch textimmanente Interpretation lässt alles Wissen um historische Bedingtheit, soziale Kontexte oder biografische Bezüge außer Acht und sieht den Text als Kunstwerk geradezu autonom. Ohne über den Text hinausgehende Information werden hier möglichst umfassend Inhalt und Form untersucht und interpretiert. Dabei geht es um direkte Aussagen, Verschlüsseltes, bewusst nicht Formuliertes, aber Gemeintes, um den Text in Aufbau und Gestaltung.
Der Schweizer Germanist Emil Staiger prägte diese Richtung des Interpretierens. Sie war in den fünfziger und sechziger Jahren des 20. Jahrhunderts in der Germanistik und im Deutschunterricht dominant.
Dass das Bedingungsgeflecht, in dem ein literarischer Text entstanden ist – und rezipiert wird –, bei dessen Deutung mitzudenken ist, gehört heute zum selbstverständlichen

Denken im Zusammenhang mit Interpretationen. Die werkimmanente Betrachtung ist daher inzwischen eher Ausgangspunkt oder Vorarbeit für die Deutung.

Werkübergreifende Interpretationen

- Eine *biografisch orientierte Interpretation* untersucht den Text vor allem mithilfe der Lebensgeschichte einer Autorin bzw. eines Autors und deren Selbstaussagen. Ausgangspunkt ist die These, dass sich im Kunstwerk persönliche Erfahrungen in vielfältiger Weise spiegeln.

- Leitender Aspekt einer *psychologisch orientierten Interpretation* ist die Vorstellung, dass eine Autorin/ein Autor oft auch unbewusst die Verarbeitung der eigenen psychischen Situation im Kunstwerk leistet. Modelle der Psychoanalyse, beginnend mit Sigmund Freud (1856–1939), können nach dieser Auffassung zur Entschlüsselung dienen. Wissen über die Biografie ist dafür unerlässlich.

- Eine *geistes- und literaturgeschichtliche Interpretation* versteht den Text als Produkt seiner Zeit, der Strömungen in Philosophie, Kunst, Naturwissenschaften sowie Politik und Gesellschaft. Die jeweilige literarische Epoche (→ Sturm und Drang, → Naturalismus, → Expressionismus etc.) wird zum Einordnungsrahmen der Untersuchung.

- Bei einer *literatursoziologisch angelegten Interpretation* steht das Verhältnis von literarischem Werk und Gesellschaft im Mittelpunkt. Die Frage, ob und wie der Text die politischen und sozialen Konflikte seiner Entstehungszeit aufgreift, ist zentral. Darüber hinaus wird nach dem Zusammenhang von Textproduktion und Textwirkung gefragt. Als dialektisch-materialistischen Ansatz bezeichnet man die literatursoziologische Interpretation, wenn bestimmte Grundannahmen des Marxismus (z. B. das Geschichtsbild: Die Geschichte als Geschichte von Klassenkämpfen) als erkenntnisleitend angenommen werden.

- Bei einer *rezeptionsästhetischen Interpretation* liegt der Schwerpunkt auf der Frage, wie der jeweilige Leser oder das Lesepublikum den Text verstanden bzw. rezipiert hat. Ausgangspunkt ist die Überlegung, dass jeder Leser den Text unterschiedlich auffasst und daher keine „gültige" Interpretation möglich ist. Die Wirkung eines Textes auf den Leser ist abhängig von dessen Herkunft, seinem Alter usw. und ermöglicht daher eine jeweils neue Sicht des Werks.

Als geeignetes Vorgehen für eine Interpretation wird heute in der Regel die **kritisch-hermeneutische Methode** angesehen, die die genannten Ansätze vereinigt und von einem sich sukzessiv entwickelnden Deutungsfortschritt ausgeht. Dabei soll sich der Erkenntnisprozess von einem ersten, noch wenig reflektierten Vorverständnis bis hin zu einer Kontexte unterschiedlichster Art einbeziehenden Interpretation entwickeln (Hermeneutischer Zirkel).

TIPP **Fragen an den Text stellen**

- Wer hat den Text wann und zu welchem Zweck verfasst?
- An wen wendet sich der Text?
- Worum geht es in dem Text?
- In welchem thematischen Zusammenhang steht der Text?
- Welches sind – bezogen auf das Thema – die zentralen Aussagen des Textes?
- Welche Position vertritt die Autorin oder der Autor?
- Wie ist der Text gedanklich aufgebaut?
- Mit welchen sprachlichen und formalen Mitteln wird die Aussageabsicht deutlich gemacht?
- Wie beurteile ich den Text vor dem Hintergrund meiner fachlichen Kenntnisse zu diesem Thema?

Es ist hilfreich, die Fragen auf einzelne Blätter zu notieren und die Antworten stichwortartig zu formulieren. Auf diese Weise erhalten Sie ein Schreibgerüst, auf dessen Basis Sie den Klausurtext verfassen können.

Ergebnisse der Texterschließung festhalten

Die Ergebnisse der Texterschließung sollten für die weitere Verarbeitung schriftlich festgehalten werden. Dazu bieten sich folgende Verfahren an:

- Stichpunkte zu den einzelnen Arbeitsschritten der gewählten Lesemethode festhalten.
- Erschließungsergebnisse in einer Mindmap zusammenstellen.
- Ein Schaubild anfertigen, das den gedanklichen Aufbau eines Textes zeigt.
- Die Erschließungsergebnisse in ein Fluss- oder Strukturdiagramm umsetzen (insbesondere für die Erschließung argumentativer Texte geeignet).
- Schlüsselwörter (Wörter, die die zentralen Textaussagen enthalten, d. h. den Text aufschließen) herausschreiben und mit Pfeilen und Symbolen logisch miteinander verbinden.

Diese unterschiedlichen Verfahren sollten im Vorfeld der Prüfung erprobt werden. So können Sie feststellen, welche Verfahren für welche Textsorten besonders geeignet sind und mit welchen Verfahren Sie selbst am besten zurechtkommen.

Typische Schwierigkeiten bei der Texterschließung

Schwierigkeit	Tipps
Ich kann die zentralen Aussagen eines Textes nicht herausarbeiten.	– inhaltlichen Schwerpunkt der Aufgabenstellung klären – Thema formulieren – Text mit Blick auf das Thema lesen – Schlüsselwörter, d. h. immer wieder auftretende Begriffe oder Wörter, die zu einem Wortfeld gehören, markieren – zu jedem Textabschnitt einen Satz formulieren
Ich habe Probleme im Umgang mit schwierigen Textstellen.	– unbekannte Wörter mithilfe eines Wörterbuchs klären – unbekannte Wörter oder schwer zu verstehende Formulierungen aus dem Kontext heraus klären – den Satzbau ändern, Nebensätze in Hauptsätze auflösen, Satzverbindungen herstellen – die Textstelle mit eigenen Worten umschreiben – Fragen an den Text stellen
Ich kann den Aufbau eines Textes nicht erkennen.	– Thema und zentrale These des Textes klären (Hinweise enthalten oft Titel, Untertitel, erster und letzter Abschnitt eines Textes) – These, Argumente, Beispiele mit unterschiedlichen Farben oder Symbolen kenntlich machen – Konnektoren (Satzverbindungen) heraussuchen wie z. B. *dennoch, trotzdem, im Unterschied dazu, obwohl …* und Bezüge zwischen den Aussagen markieren – Überschriften für Absätze formulieren und mit entsprechenden Satzverbindungen logisch verknüpfen – Textgerüst in Form eines Schaubildes aufzeichnen
Ich gebe den Textinhalt immer nur wieder und analysiere den Text nicht.	– Texterschließung entzerren, nacheinander folgende Fragen beantworten: *Was steht im Text?* *Was bedeutet die Aussage für den gesamten Text bzw. das Thema?* – Textstellen mit eigenen Worten umschreiben, nicht nur Zitate aus dem Text aneinanderreihen
Ich kann keine eigene Position zu einem Text entwickeln.	– sich das eigene Vorwissen vor der Lektüre des Textes klarmachen (thematisches Wissen, Kenntnisse zu Textsorte oder Autor), Cluster oder Mindmap anlegen – Bezugspunkte aus dem Text notieren, auf die ich konkret eingehen will; Vortext in Ich-Form schreiben: *Der Autor schreibt …, ich meine …*

Texte schreiben

Schreibstrategien verwenden

Das Schreiben der schriftlichen Abiturarbeit kann durch die Berücksichtigung folgender Schreibstrategien erleichtert werden:

Die 5-Schritt-Schreibmethode

1. Schritt	**Den Schreibprozess organisieren** Vor Arbeitsbeginn wird überlegt: – Wie viel Arbeitszeit steht mir insgesamt zur Verfügung? – Wie viel Zeit setze ich für die einzelnen Arbeitsschritte an?
2. Schritt	**Den Schreibprozess vorbereiten** – Die Aufgabenstellung wird geklärt. – Der Text wird mithilfe geeigneter Lesestrategien erschlossen. – Eine Arbeitshypothese wird formuliert, z. B. *Der Text handelt von … In dem Text geht es um … Der Autor vertritt die Position …* – Eigene Ideen zu Text, Thema, Unterthemen etc. werden notiert.
3. Schritt	**Arbeitsergebnisse strukturieren** – Die Ergebnisse der Texterschließung werden nach Oberthemen sortiert. – Die einzelnen Unterthemen werden in eine logische Abfolge gebracht, z. B. in Form einer linearen Gliederung bzw. einer Mindmap. – Die eigenen Ideen aus Schritt 2 werden zugeordnet.
4. Schritt	**Die Klausur schreiben** – Die Klausur wird auf der Basis der Vorarbeiten geschrieben. Dabei entspricht jeder Gliederungspunkt einem Abschnitt. – Eine Teilaufgabe der Klausur sollte in einem Zug ohne Unterbrechung verfasst werden, damit der Gedankengang nicht gestört wird.
5. Schritt	**Die Klausur überarbeiten** Die Klausur wird überarbeitet im Hinblick – auf das verwendete → Textmuster und dessen Merkmale, – den sachlogischen Aufbau, – die schlüssige Verknüpfung der einzelnen Teile, – die Korrektheit von Rechtschreibung, Zeichensetzung und Grammatik.

Typische Schwierigkeiten beim Schreiben

Schwierigkeit	**Tipps**
Ich weiß häufig nicht, wie ich mit der „eigentlichen“ Klausur anfangen soll.	– Einleitungssatz bzw. -sätze mit Blick auf die bekannten Textmuster vorbereiten – den möglichen Verlauf der Arbeit in einem Schaubild skizzieren (Begriffsnetz, Flussdiagramm etc.) – einen Gliederungspunkt, bei dem ich mich sicher fühle, als ersten ausformulieren
Ich gebe immer nur den Text wieder, ohne ihn zu analysieren; oft verbinde ich einfach nur Zitate miteinander.	– die Textanalyse mittels Fragen staffeln, z. B. *Was sagt der Autor?* (Informationen entnehmen) *Welche Aussageabsicht hat der Autor?* (Intentionen erkennen) *Welcher Zusammenhang besteht zwischen Inhalt und Form?* (reflektieren) *Welche Position vertrete ich?* (bewerten) – sich von der Textvorlage lösen, eigene Formulierungen finden – Zitate so knapp wie möglich halten
Meine Klausuren werden häufig sehr lang; ich werde kaum mit der Aufgabe fertig.	– das Konzept in wenigen Sätzen skelettartig entwerfen, in welchen die Grundgedanken der Klausur enthalten sind – die Sätze im Sinne von Überschriften für die einzelnen Textabschnitte nutzen – den Text im Hinblick auf Wiederholungen kontrollieren
Ich weiß manchmal gar nicht, was ich zu einem Gliederungspunkt alles schreiben soll. Häufig fällt mir nur ein Satz ein.	– zu einem Gliederungspunkt, der zu knapp ausgefallen ist, ein Cluster anlegen – die Perspektive wechseln: *Was müsste ein Adressat wissen, um meine Gedanken möglichst präzise zu verstehen?* – den Klausurtext mit Beispielen veranschaulichen
Mir fällt es schwer, meine Gedanken so miteinander zu verbinden, dass der logische Aufbau der Klausur deutlich wird.	– den Klausurtext in Sinnabschnitte gliedern – sich logische Zusammenhänge klar machen und entsprechende Satzverknüpfungen verwenden, z. B. *im Hinblick auf, darüber hinaus, im Gegensatz zu, anders als …*
Ich weiß nicht, was eine knappe Zusammenfassung sein soll.	– knapp auf Hauptthese(n) bzw. zentralen Interpretationsansatz eingehen – die eigene Position nochmals verknappt formulieren

Textmuster berücksichtigen

Grundsätzlich gilt: Die in den Klausuren geforderten Textmuster werden im *Präsens* geschrieben. Die Wiedergabe der Äußerungen anderer erfolgt in der indirekten Rede, d. h. im *Konjunktiv I*. Umgangssprachliche Formulierungen werden vermieden.

Textmuster 1: Textanalyse

Eine Textanalyse arbeitet die zentralen Aussagen eines Textes zu einem bestimmten Sachverhalt heraus, beschreibt die einzelnen Bestandteile eines Textes und zeigt deren Vernetzung auf.
Eine Textanalyse umfasst – unabhängig davon ob ein fiktionaler Text oder ein Sachtext der Arbeit zugrunde liegt – grundsätzlich folgende Bestandteile:

Einleitung
- Die äußeren Textmerkmale werden genannt: Autor, Titel des Textes, Textsorte, Entstehungszeit und -ort, Adressaten des Textes.
- Ein Textauszug wird in einen größeren Gesamtzusammenhang eingeordnet.
- Das Thema des Textes wird formuliert.
- Der Inhalt des Textes wird knapp zusammengefasst.

Hauptteil
- Die Untersuchungsergebnisse werden mit Bezug auf die Gliederungspunkte dargelegt. Der Zusammenhang von inhaltlichen Aussagen, Textaufbau und sprachlicher Gestaltung wird berücksichtigt.
- Die Arbeitsergebnisse werden mit Fachkenntnissen und Allgemeinwissen verknüpft.
- Die Gliederungspunkte werden durch Sinnabschnitte gekennzeichnet.
  Die Abschnitte werden durch Überleitungen miteinander verknüpft, z. B. *in diesem Zusammenhang, darüber hinaus, einschränkend, dementsprechend ...*
- Zwischenergebnisse werden kenntlich gemacht, z. B. *zusammenfassend kann man sagen, hier lässt sich festhalten ...*
- Die Arbeitsergebnisse werden mittels Zitaten und Textbelegen abgesichert.

Schluss
- Die zentralen Arbeitsergebnisse werden mit Blick auf den inhaltlichen Schwerpunkt der Aufgabenstellung bzw. die in der Einleitung formulierte Interpretationshypothese oder die Hauptthese(n) zusammengefasst.
- Der Text bzw. die Darstellung des Themas wird in einer knappen eigenen Stellungnahme bewertet.

→ *Hinweis: Zusätzlich müssen jeweils* **textsortenspezifische Besonderheiten** *in den Blick genommen werden.*

Hinweise zur weiterführenden Schreibaufgabe

- Der Untersuchungsaspekt des weiterführenden Schreibauftrags wird in der Einleitung zur Aufgabe genannt.
- Eine Verknüpfung zwischen den Ergebnissen aus Teilaufgabe 1 und den Anforderungen des weiterführenden Schreibauftrags (Teilaufgabe 2) wird hergestellt.
- Textübergreifende fachliche Kenntnisse werden dargelegt.

→ *Hinweis: Die Textanalyse ist gegenüber der weiterführenden Schreibaufgabe immer die deutlich umfangreichere Teilaufgabe.*

Textmuster 2: Stellungnahme

Bei der weiterführenden Schreibaufgabe im Anschluss an eine Textanalyse wird häufig eine Stellungnahme verlangt.
Unter einer Stellungnahme versteht man die **Bewertung** eines Sachverhalts, einer Problemstellung **auf der Grundlage fachlicher Kenntnisse**. In einer Stellungnahme sollen Sie sich dementsprechend mit einer Position, einer Fragestellung oder einem Problem argumentativ auseinandersetzen, für das Sie sich vorher entsprechende Kenntnisse erarbeit haben (vgl. Ergebnisse der Textanalyse als Teilaufgabe 1 einer Klausur). In der Stellungnahme soll so auf der Basis von Fachkenntnissen ein **in sich schlüssiges Sachurteil** gefällt werden.

Eine Stellungnahme umfasst folgende Teile:

- Die **Position**, der Gedanke, die Fragestellung, zu der man Stellung nimmt, wird einleitend erwähnt.
- Die eigene Position zum Thema wird in Form einer **These** (Behauptung) formuliert. Diese kann zustimmend, ablehnend oder relativierend sein.
- Die These wird durch **Argumente** (Begründungen) gestützt. Die Argumente werden durch **Beispiele/Belege** veranschaulicht. Argumente und Beispiele zeigen umfassende Fachkenntnisse des Schreibers zu dem angesprochenen Thema. Dabei werden die jeweiligen Argumente gewichtet.
- Mögliche **Gegenargumente** werden in die Stellungnahme einbezogen und soweit möglich **entkräftet**.
- Die eigene zustimmende oder ablehnende **Position** zum Thema wird abschließend **bekräftigt**.

Textmuster 3: Argumentative Entfaltung eines fachspezifischen Sachverhalts im Anschluss an eine Textvorlage

In einer textgebundenen Erörterung steht die sachlich fundierte Auseinandersetzung mit dem in der Textvorlage angesprochenen Thema, mit der Position des Autors und seiner Argumentation im Mittelpunkt. Entscheidend ist, dass die Argumentation in sich schlüssig ist, nicht, welche Position vertreten wird.

Einleitung
- Die übergeordnete Problemstellung wird dargelegt.
- Die äußeren Textmerkmale werden genannt: Autor, Titel des Textes, Textsorte, Entstehungszeit und -ort, Adressaten.
- Das Thema des Textes sowie die Position des Autors werden formuliert.

Hauptteil 1: Analyse des Textvorlage
- Die zentralen Gedanken des Textes werden kurz wiedergegeben und erläutert.
- Die Argumentationsstruktur wird erarbeitet.

Hauptteil 2: Auseinandersetzung mit der Argumentation des Textes
- These(n) und Argumente der Textvorlage werden überprüft, d.h. erläutert, ergänzt, infrage gestellt etc., Gegenargumente werden aufgezeigt und entsprechend gewichtet.
- Ein eigener, sachlich begründeter Standpunkt zu der im Text vertretenen Position wird entwickelt (in Form einer Pro-und-Kontra-Diskussion).
- Der gedankliche Ansatz des Sachtextes, die Position des Verfassers wird in Bezug zu anderen Positionen gesetzt. Dabei greift man auf im Unterricht zu diesem Thema erworbene Kenntnisse (z.B. andere wissenschaftliche oder populärwissenschaftliche Positionen zu der aufgeworfenen Fragestellung) sowie eigenes Hintergrundwissen zurück.

Schluss
- Die Ergebnisse der Erörterung werden in einem abschließenden Urteil zusammengefasst.
- Schlussfolgerungen, die das Thema weiterführen, werden aufgezeigt.

Textmuster 4: Textvergleich

Einem Textvergleich können
- zwei fiktionale Texte (Auszüge aus epischen oder dramatischen Texten; Gedichte),
- zwei Sachtexte oder auch
- ein Sachtext und ein fiktionaler Text

zugrunde liegen. In einer vergleichenden Analyse werden inhaltliche und sprachlich-formale Gemeinsamkeiten und Unterschiede herausgearbeitet. Dafür ist es notwendig, Vergleichspunkte zu finden. Vergleichspunkte sind übergeordnete Kategorien, auf die sich inhaltliche und formale Aspekte beider Texte beziehen lassen.

Einleitung

- Angabe der äußeren Textmerkmale beider Texte (Autoren, Textsorte, Titel, Entstehungszeit und -ort, evtl. Adressaten), z. B. *Bei den vorliegenden Gedichten/Romanauszügen ... handelt es sich um ...*
- Formulierung einer zentralen Vergleichshypothese, die im Hauptteil im Hinblick auf untergeordnete Vergleichspunkte ausdifferenziert wird, z. B. *In beiden Sachtexten geht es um das Thema ...*

Hauptteil

Grundsätzlich sind zwei Vorgehensweisen bei einem Textvergleich möglich:

Linearer Textvergleich	Aspektorientierter Textvergleich
– Textanalyse Text 1 (→ Textmuster S. 111 f.) – Textanalyse Text 2 – abschließender Textvergleich unter ausgewählten inhaltlichen und sprachlich-formalen Vergleichspunkten – zusätzliche Sachkenntnisse einbeziehen	– Vergleichspunkte mit Blick auf den zentralen Vergleichsaspekt entwickeln und als Gliederungspunkte für die Klausur nutzen – Analyseergebnisse im Hinblick auf die Vergleichspunkte bezogen auf beide Texte formulieren – zusätzliche Sachkenntnisse einbeziehen

Schluss

knappe Zusammenfassung der zentralen Vergleichsergebnisse mit Blick auf die in der Einleitung formulierte Vergleichshypothese

Sowohl bei dem linearen als auch dem aspektorientierten Textvergleich ist es wichtig, immer die Beobachtungen zur Form auch auf den Inhalt zu beziehen, also die Wirkung formaler oder sprachlicher Gestaltungsmittel darzustellen.

TIPP Formulierungshilfen für den Vergleich

- *anders als, im Unterschied zu, wohingegen, demgegenüber, dagegen ...*
- *genauso, übereinstimmend mit, ähnlich, beiden Texten gemeinsam ist ...*

Mit Zitaten und Textbelegen arbeiten

Zitate und Textbelege haben die Funktion, die eigenen Aussagen durch Verweise auf den Ausgangstext abzusichern und nachvollziehbar zu machen.

Regeln für die Arbeit mit wörtlichen Zitaten

- Eine Textstelle, d.h. eine Formulierung, ein Satz oder auch mehrere Sätze, wird wortwörtlich aus einer Vorlage übernommen; das gilt auch für Besonderheiten der Rechtschreibung und Zeichensetzung (z. B. Textvorlagen in alter Rechtschreibung).
- Zitate werden durch Anführungszeichen deutlich gemacht.
- Auslassungen in einem Zitat – unabhängig davon, ob es sich um ein einzelnes Wort, eine Formulierung oder mehrere Sätze handelt – werden durch eckige Klammern mit drei Punkten gekennzeichnet: [...]. Ein Zitat darf nicht soweit gekürzt werden, dass die Aussage verfälscht wird.
- Zitate, die man in den eigenen Text einpasst, müssen in einigen Fällen inhaltlich (z. B. durch ein erklärendes Wort) oder grammatisch (z. B. durch eine Veränderung des Kasus) dem eigenen Satzbau angepasst werden. Die Eingriffe kennzeichnet man durch die Verwendung eckiger Klammern, z. B. *„Er wirft ihm [Danton] vor, dass [...].“*
- Zitate in Zitaten kennzeichnet man mit einfachen Anführungszeichen, z. B. *„wenn Törless die besondere Wirklichkeit immer wieder mit dem Wort ‚es‘ zu fassen sucht.“*
- Zitate werden mit einem Hinweis auf den Fundort beendet. Dies geschieht in Form von Seiten-, Zeilen- oder Versangaben, z. B. *„Er [Törless] hatte jetzt einen ganz neuen Respekt vor der Mathematik“* (S. 75, Z. 3).

Regeln für die Arbeit mit sinngemäßen Zitaten

Für die **Wiedergabe von Aussagen Dritter** verwendet man:

- eine **einleitende Formulierung**, z. B. *Nach Meinung von ...*, bzw. einen entsprechenden Einleitungssatz, z. B. *Der Autor hebt hervor, dass ...* Durch die einleitende Formulierung wird auch das eigene Textverständnis deutlich.
- **indirekte Rede (Konjunktiv I)**, z. B. *Der Gebrauch von Anglizismen habe in Frankreich nicht in gleichem Ausmaß zugenommen.*

TIPP

- **Zitate** sollten **sparsam** verwendet werden.
- Jedes Zitat muss eine Funktion haben, d. h. die eigenen Aussagen absichern.

Sinngemäße Zitate werden wie wörtliche Zitate mit einem Verweis auf die Textstelle in Form von Seiten-, Zeilen- oder Versangaben beendet.

Texte überarbeiten

Klausurtexte überarbeiten

Klausurtexte sollten im Hinblick auf inhaltliche und formale Anforderungen überarbeitet werden. Die Überarbeitung sollte in zwei Schritten erfolgen:

Checkliste zur inhaltlichen Überarbeitung

Habe ich die Vorgaben der Aufgabenstellung entsprechend berücksichtigt?
- inhaltliche Vorgaben: Texte, Thema, weiterführende Schreibaufgabe
- methodische Anweisungen: Operatoren (→ S. 9 f.)

Hat meine Arbeit einen roten Faden?
- klare Gliederung
- präzise Zuordnung der Ergebnisse zu den einzelnen Gliederungspunkten
- keine Ausführungen, die nicht zum Thema gehören

Ist meine Arbeit widerspruchsfrei?
- sachliche Richtigkeit
- schlüssige Argumentation

Habe ich mein fachliches Vorwissen eingebracht und logisch mit den neu gewonnenen Untersuchungsergebnissen verknüpft?
- allgemeine Kenntnisse zum Thema
- (literarische) Fachkenntnisse zu Thema, Epoche, Autor, Vergleichstexten

Checkliste zur formalen Überarbeitung

Entspricht meine Arbeit den Vorgaben der vorgegebenen Textsorte (Textanalyse, Textvergleich, Texterörterung, Stellungnahme etc.)?
- Einleitung, Hauptteil, Schluss
- Einteilung in Abschnitte, die aufeinander Bezug nehmen
- logische Verknüpfungen zwischen den einzelnen Abschnitten durch verbindende Wörter oder Formulierungen

Entspricht meine Arbeit den sprachlichen und formalen Erwartungen an eine Abiturklausur?
- präzise Wortwahl
- Verwendung von Fachvokabular
- verständlicher, abwechslungsreicher Satzbau
- Vermeidung von Umgangssprache
- korrektes Arbeiten mit Zitaten und Textbelegen
- sprachliche Korrektheit in Bezug auf Grammatik, Rechtschreibung und Zeichensetzung

Die Ausarbeitung einer persönlichen Checkliste zur Textüberarbeitung hilft Ihnen, den Blick gezielt auf Ihre individuellen Problemfelder zu lenken.

Fehlerquellen ausschalten

TIPP zum Punktesammeln

Wie im Kapitel *Informationen und Tipps zur Prüfung* erläutert (→ S. 7 ff.), wird die Darstellungsleistung in der schriftlichen Prüfung gesondert bewertet. Auf den folgenden Seiten werden Tipps und Hinweise gegeben, wie häufige Fehlerquellen ausgeschaltet werden können, um Abstriche bei der Bewertung zu vermeiden. Erfahrungsgemäß treten Fehler vor allem in diesen Bereichen auf: Schreibweise von *das* und *dass*, Zeichensetzung, indirekte Rede, Zitieren und Angeben von Textstellen. **Überprüfen Sie Ihre Klausuren der letzten Halbjahre** daraufhin, ob es (diese oder andere) Fehlertypen gibt, die gehäuft vorkommen.

Schreibweise von *das* und *dass*

Bei *das* handelt es sich entweder um
- den **bestimmten Artikel** *das: das Haus, das Auto, das Erfolgsrezept* oder
- das **Relativpronomen** *das*. Es leitet einen Nebensatz ein: *Das Buch, <u>das</u> ich lese, ist spannend*. Es kann zur Probe durch *welcher, welches, welches* ersetzt werden.

Man schreibt *dass*, wenn es sich um eine **Konjunktion** handelt, die Teilsätze miteinander verbindet. Das ist sehr häufig nach Verben des Sagens, Meinens, Glaubens und Denkens der Fall: *Am Ende glaubt die Hauptfigur, dass sie richtig gehandelt hat.*
Die Nichtbeachtung dieser Regel führt zu doppelten Fehlern, weil *dass* nicht richtig geschrieben wird und das erforderliche Komma vor der Konjunktion fehlt.
Ich denke, <u>dass</u> <u>das</u> Buch, <u>das</u> auf dem Tisch liegt, spannend ist.
Konjunktion Artikel Relativpronomen

Zeichensetzung

Infinitivgruppen

In den folgenden drei Fällen müssen bei Infinitivgruppen Kommas gesetzt werden:
- Die Infinitivgruppe wird mit *um, ohne, anstatt* oder *als* eingeleitet:
  Der Erzähler schildert die Ereignisse, <u>ohne</u> sie zu kommentieren.
- Die Infinitivgruppe hängt von einem Substantiv ab:
  Karl Moor gibt den <u>Befehl</u>, endlich aufzubrechen.
- Die Infinitivgruppe wird durch ein hinweisendes Wort angekündigt:
  Karl Moor denkt <u>daran</u>, seine Geliebte noch einmal zu treffen.

Satzreihen und Satzgefüge

- Bei **Satzreihen**, die aus zwei oder mehreren Hauptsätzen bestehen und durch Konjunktionen wie *und, oder, beziehungsweise/bzw., entweder – oder, nicht – noch* oder durch *weder – noch* verbunden sind, **kann man ein Komma setzen**. Bei längeren Sätzen sollten der besseren Lesbarkeit wegen Kommas gesetzt werden.

- **Satzgefüge**, die mindestens aus einem Hauptsatz und mindestens einem Nebensatz bestehen, werden **durch Kommas abgetrennt**. Die meisten Fehler werden gemacht, wenn ein **Nebensatz** in einen Hauptsatz eingeschoben ist, da dieser dann durch zwei Kommas abgetrennt werden muss: *Der Leser, der unmittelbar ins Geschehen einbezogen wird, kann die Gefühle gut nachvollziehen.*

Indirekte Fragesätze

Häufig wird das Komma vor indirekten Fragesätzen vergessen.
Alle Anwesenden fragten sich, warum es zu dem Konflikt kommen musste.
Sie wussten nicht, wie diese Auseinandersetzung zu vermeiden war.

Indirekte Rede

Zur Kennzeichnung der Übernahme dessen, was ein anderer wörtlich gesagt hat, verwendet man die indirekte Rede: *Der Verfasser der Rezension stellt heraus, dass ihm der Film nicht gefalle, weil er von der literarischen Vorlage zu weit entfernt sei.*

- Die indirekte Rede wird mit Formen des Konjunktivs I (Präsensstamm) gebildet: *er komme, sie gehe.*
- Wenn dabei eine Übereinstimmung mit der Indikativform vorliegt, werden Formen des Konjunktivs II (Präteritalstamm) verwendet: *er käme, sie ginge.*
- Sollte es dabei immer noch zu Übereinstimmungen mit den Indikativformen kommen, ist auf die Umschreibung mit der Ersatzform „würde" auszuweichen: *er würde fragen.*

Eine häufige Verwendung der Umschreibung mit *würde* ist zwar grammatikalisch nicht falsch, gilt aber als stilistisch unschön und kann zu gewissen Abwertungen im Bereich der Darstellungsleistung führen.

Zitieren und Angeben von Textstellen

Ein offizielles Bewertungskriterium für die Beurteilung der Darstellungsleistung lautet: „Der Prüfling belegt Aussagen durch angemessenes und korrektes Zitieren". „Angemessenes Zitieren" bedeutet, dass nicht zu viel, aber auch nicht zu wenig zitiert wird und die ausgewählten Zitate funktional sind, d. h. die eigenen Aussagen belegen. Demgegenüber meint „korrektes Zitieren", dass allgemeingültige Regeln bei der formalen Gestaltung der Zitate beachtet werden.

Tipps zum angemessenen Zitieren

- Zitate müssen einen deutlichen Bezug zum eigenen Text haben. Vor allem erklärende, deutende bzw. beurteilende und bewertende Aussagen in den Anforderungsbereichen II und III (→ S. 14) erfordern eine gründliche Textarbeit.
- Zitate sollten nicht zu lang sein, sondern auf die wirklich notwendigen Textpassagen konzentriert werden. Das Abschreiben von längeren Textstellen stellt keine eigene Leistung dar und ist meistens funktionslos.
- Zitate sollten nicht wiederholen, was bereits mit eigenen Worten gesagt wurde. Also nicht: *Innerlich sehr erregt ruft Karl Moor, dass er der Hauptmann der Räuberbande sein will: „So wahr meine Seele lebt, ich bin euer Hauptmann!"*

Literaturgeschichte im Überblick

Was ist Literaturgeschichte?

Angesichts der Vielfalt literarisch-historischer Erscheinungen – angefangen von Daten zur Geschichte bis hin zu philosophischen Strömungen und Einflüssen oder bedeutenden Autorinnen und Autoren – kann hier nur jeweils eine Übersicht dargeboten werden. Wiederholungs- oder Nacharbeitsbedarf besteht dann, wenn Begriffe nicht inhaltlich gefüllt werden können, Fakten unbekannt erscheinen oder Zusammenhänge zwischen Elementen der Übersichten nicht hergestellt werden können.

Literarische Werke, ihre gegenseitigen Einflüsse und Vernetzungen, sind in ihrer Gesamtheit unüberschaubar. Um dieser Unübersichtlichkeit zu begegnen, wird mit Hilfe der **Epochenbegriffe** versucht, literarische Werke, aus der jeweiligen Gegenwart begriffen, ein- und zuzuordnen. Mit dieser zeitlichen Unterteilung verbunden ist ein Verstehen in historischen, gerade auch geistesgeschichtlichen Zusammenhängen; ein Verständnis, das den jeweiligen Text in seinen Kontext einbettet, soll dadurch erleichtert werden. Das Verfahren der Epochengliederung hat sich als das wirkungsmächtigste Konzept erwiesen, die Literatur chronologisch zu ordnen, ihre Geschichte bis in die Gegenwart hinein als überschaubar zu erfassen.
Der Epochenbegriff bezeichnet den Raum zwischen zwei Einschnitten, die häufig an historischen Daten orientiert gewählt sind. So wird die Literatur von 1830–1848 „Vormärz“ genannt – mit der Julirevolution in Frankreich 1830 als einer Art Startschuss, mit der Märzrevolution 1848 in Deutschland als Abschluss.
Solche Epochenbegriffe können zwar der realen Fülle und Vielschichtigkeit der Literatur im entsprechenden Zeitraum nicht gerecht werden, sind aber als Beschreibungen üblich und in gewisser Weise notwendig. Über den Charakter als Konstruktion, also über die Notwendigkeit, Epochenbegriffe auf ihr Herkommen, ihren Gebrauch und ihre Leistung bzw. ihre Grenzen zu befragen, sollte sich der Nutzer dieser Begriffe klar sein. Beispielsweise müssen zum Thema passende Gedichte der deutsch-jüdischen Autorin Nelly Sachs zur Exilliteratur gezählt werden, auch wenn sie erst nach 1945 entstanden sind. Auch die mit jedem Epochenbegriff verbundene Schwierigkeit einer Zuordnung, ohne dass das literarische Werk „in eine Schublade“ gerät, muss sich derjenige, der einen Epochenbegriff benutzt, bewusst machen.

Grenzziehungen und Benennungen sind zwar durchaus unterschiedlich, gelegentlich kontrovers. Aber aus den üblichen Einteilungen lässt sich die auf den Folgeseiten im Überblick dargestellte Epochenübersicht entnehmen.

Epochenübersicht

Zeit	Epoche	Ergänzende kulturgeschichtliche Begriffe
um 750–1600	Alt-, Mittel-, Frühneuhochdeutsche Literatur	Renaissance, Humanismus
um 1600–1720	Barock	
	Von der Aufklärung bis zum Vormärz	
um 1720–1800	Aufklärung	
um 1740–ca. 1785	Sturm und Drang / Empfindsamkeit	
um 1786–1805	Klassik	Weimarer Klassik
um 1795–1840	Romantik	
um 1830–1848	Vormärz / Junges Deutschland	Biedermeier
	Vom Realismus bis zur Exilliteratur	
um 1850–1890	Realismus	
um 1880–1900	Naturalismus	
um 1905–1925	Expressionismus	Symbolismus, Impressionismus, Décadence, Fin-de-Siècle, Jugendstil
um 1920–1933	Neue Sachlichkeit – Literatur der Weimarer Republik	
1933–1945	Exilliteratur	
	Literatur nach 1945	
um 1945–1960	Nachkriegsliteratur	Kahlschlagliteratur, Literatur der Stunde null, Trümmerliteratur
ab 1960	Gegenwartsliteratur	

Von der Aufklärung bis zum Vormärz

Vom Beginn der Aufklärung bis zum Scheitern der bürgerlichen Revolution in Deutschland (um 1720–1848)

Um 1800 wird das literarische Selbstverständnis von Stilrichtungen, mentalen Konzepten und philosophischen Neuausrichtungen wie Aufklärung, Sturm und Drang, Empfindsamkeit, Klassik und Romantik geprägt, die sich als Reflexe auf eine Welt im beschleunigten Wandel und Umbruch deuten lassen. Zentrales Ereignis mit weitreichenden Wirkungen war die Französische Revolution 1789 mit ihrer Leitidee der Befreiung, der Emanzipation der Bürger.

Das gedankliche Rüstzeug für diese Bewegung ist in den Ideen der *Aufklärung* seit 1720 zu finden, angelegt bereits im wissenschaftlichen, philosophischen und technischen Erneuerungsschub um 1500, dem Herausbilden von Erkenntnissen jenseits des religiösen Anspruchs auf Allumfassendheit. Dass der absolutistische Staat des 16. und 17. Jahrhunderts vom ökonomisch und zunehmend auch politisch aufstrebenden Bürgertum nicht mehr als (alleiniges) Leitbild und damit der Adel nicht mehr (ausschließlich) als Schicht mit der Definitionsmacht für das dominante gesellschaftliche Ideal akzeptiert wurde, veränderte das literarische Leben zusehends.

Der Lebensentwurf und die Weltsicht des Bürgertums setzte sich in Mitteleuropa, auch in Deutschland, zunehmend durch: Der Standesdünkel des Adels mit den durch die Herkunft ererbten Privilegien war dem Verständnis vom Bürger mit Blick auf Entfaltung der Persönlichkeit, auf Vorrang der eigenen Leistung und Tugend allein schon in moralischer Hinsicht nicht gewachsen. Ob im streng **rationalen Denken der *Aufklärung*** oder im **Geniekult des *Sturm und Drang*,** ob in der allseitig **gebildeten Persönlichkeit der *Klassik*** oder im **übersteigerten Ich der *Romantik*** – in allen literarischen Strömungen sind der Einzelne und sein Wert, sein Engagement und letztlich seine Autonomie bedeutsamer als alle gesellschaftlichen Schranken.

Damit gehen gänzlich unterschiedliche politische Entwicklungen einher: Ist in Frankreich gleich dreimal (1789, 1830 und 1848) eine revolutionäre Bewegung von Erfolg – im Sinne veränderter Machtkonstellationen bzw. sozialer Träger – gekrönt, bleiben in Deutschland demokratische, auch nationale Hoffnungen nach den Befreiungskriegen 1813–1815 und im gesamten Zeitraum bis zur bürgerlichen Revolution 1848/49 und danach unerfüllt. Die Revolution in Deutschland fand allenfalls auf dem Papier (von Schriftstellern) statt. Die Autoren des *Vormärz* waren Opfer der restaurativ-autoritären Strukturen im von Österreich-Ungarn und Preußen geprägten Deutschland.

Das Überlappen der Epochen, die Gleichzeitigkeit stark divergierender Phänomene, ist ein Kennzeichen des Umbruchs um 1800. Lassen sich *Aufklärung* einerseits und *Sturm und Drang* bzw. *Empfindsamkeit* andererseits noch als Gegensätze und Ergänzung verstehen, sind *Klassik* und *Romantik* sowie *Romantik* und *Vormärz* kaum mehr in eine solche Beschreibung zu integrieren. Zuordnungen – etwa die Heinrich von Kleists zu *Klassik* oder *Romantik* – sind in unterschiedlicher Weise möglich; ein Autor wie Heinrich Heine zwischen *Romantik* und *Jungem Deutschland* verkörpert in seiner Person und seinem breiten literarischen Profil die Tendenzen seiner Zeit gleich mehrfach.

Aufklärung (um 1720–1800)

Epochenbegriff

Als besonderer Einschnitt wird aus Sicht von Zeitgenossen wie im Rückblick die Epoche der *Aufklärung* angesehen. Der Begriff – im Englischen und Französischen noch deutlicher als „age of enlightenment“ bzw. „siècle de lumière“ bezeichnet – steht für das Bild vom Licht, das der Gebrauch der Vernunft in die Menschheit bringe. Bei Immanuel Kant ist vom „Ausgang [des Menschen] aus seiner selbst verschuldeten Unmündigkeit“ die Rede. Bürgerlich-philosophisches Aufbegehren gegen die Autorität von Adel und Kirche, Kritik am absoluten Wahrheitsanspruch der Religion und an der absoluten Monarchie spiegelten sich in der Literatur in neuen Genres wie dem bürgerlichen Trauerspiel wider.

Geschichte und Gesellschaft

1740 – 1786 Friedrich der Große
1755 Erdbeben von Lissabon
1756 – 1763 Siebenjähriger Krieg
1768 Erfindung der Dampfmaschine
1775 Letzter Hexenprozess in Deutschland
1776 USA: Unabhängigkeitserklärung
1789 Französische Revolution

- Bürgertum als ökonomisch bedeutendste Schicht (Manufakturwesen)
- Aufgeklärter Absolutismus (Fürst als erster Diener des Staates)

Welt- und Menschenbild

- Siegeszug der Naturwissenschaften und des naturwissenschaftlich geprägten Denkens
- Begründung der neuzeitlichen Philosophie durch R. Descartes (1596 –1650): „Ich denke, also bin ich.“ (Rationalismus)
- Wegbereiter der Aufklärung v. a. I. Newton, F. Bacon, B. Spinoza, J. Locke (Empirismus), in Deutschland G. W. Leibniz
- Immanuel Kant (1724 –1804) *Beantwortung der Frage: Was ist Aufklärung?*
- Fortschrittsglaube, Weisheit und Tugend als Kernbegriffe
- Menschenbild einer angeborenen Humanität, Toleranzgedanke

Literarisches Leben – Themen und Motive der Literatur

- Universallexika, z. B. *Enzyklopädie* von Diderot und d'Alembert mit 35 Bänden als Darstellung des Wissens einer Zeit
- deutlich erweitertes Lesepublikum; erheblich größerer Markt für Zeitschriften und andere Publikationen
- Aufgabe von Dichtung ist „prodesse et delectare“ (nützen und erfreuen) im Gegensatz zu höfischer Dekoration
- Bürgerliches Trauerspiel in Abgrenzung von der Ständeklausel des Barock; Akzent als Familiendrama; Mitleiden des Zuschauers als Ziel

Gattungen, Autor/-innen, Werke

J. Ch. Gottsched (1700 – 1766) *Versuch einer Critischen Dichtkunst vor die Deutschen*
G. E. Lessing (1729 – 1781) *Minna von Barnhelm, Emilia Galotti, Nathan der Weise, Hamburgische Dramaturgie, Fabeln*

Ch. M. Wieland (1733 – 1813)
Die Abderiten
G. Ch. Lichtenberg (1742 – 1799)
Aphorismen
Ch. F. D. Schubart (1739 – 1791)
Deutsche Chronik
M. Claudius (1740–1815)
Gedichte, Kurzprosa

Sturm und Drang / Empfindsamkeit (um 1740 – 1785)

Epochenbegriff

Als eine europäische Gegenbewegung zur von der *Aufklärung* betonten Rationalität bildete sich die *Empfindsamkeit* heraus, die „Herz" und „empfindsam" zu Modewörtern werden ließ und Seele wie Sensibilität in den Mittelpunkt rückte.

Eng damit verknüpft entwickelt sich – benannt nach dem Titel eines Dramas von Friedrich Maximilian Klinger (1752 – 1831) – die literarisch-revolutionäre Bewegung des *Sturm und Drang*. Junge Literaten feiern dabei den natürlichen, unverbildeten Menschen in seiner Individualität. Besonders hervorgehoben wird das Gefühlvolle und Schöpferische, zugespitzt im Begriff des „Genies". Freiheit von Bevormundung und unbegründeter Autorität knüpfen an Gedankengut der Aufklärung an.

Geschichte und Gesellschaft

→ Aufklärung

1774 Erscheinen des *Werther* von J. W. Goethe

Literarisches Leben – Themen und Motive der Literatur

- Gefühlsintensität mit metaphorischen Wendungen wie „Meer der Empfindungen", „Sturm der Begeisterung" oder „Mutter Natur"
- Suche nach der natürlichen Form der Sprache, dem spontan Gesprochenen (z. B. Ausrufe, unvollständige Sätze im Drama)
- Vorstellung vom dichterischen Genie als Orientierung an der Bibel, Homer oder Shakespeare als idealisierte Beispiele für Weltliteratur
- „Wertherfieber": Goethes Briefroman als Schlüsseltext der Epoche mit großer gesellschaftlicher Wirkung
- Genres wie *Tagebuch*, *Autobiografie* und *Briefroman* als Träger der Gefühlskultur
- Freiheitsdrang und Aufbegehren gegen Willkür ohne direkte politische Richtung in den Dramen von Schiller und Goethe
- Abkehr von Begrenzungen und formalen Regeln

Welt- und Menschenbild

- Einfluss des *Pietismus* (lat. *pietas* Frömmigkeit); Bewegung einer Erneuerung des Protestantismus, die dem Dogmatismus einer erstarrten Kirche entgegengesetzt auf eine alternative Frömmigkeit setzte
- Kultur der Affekte, Suche nach einer volksnahen, sinnenkräftigen und bildreichen Sprache
- Dichter als Schöpfer in Anlehnung an J. J. Rousseaus Aufforderung „Zurück zur Natur"
- Dichter des *Sturm und Drang* stark geprägt vom Pantheismus, der Vorstellung eines Weltganzen, in dem Mensch, Natur und All verbunden sind

Gattungen, Autor/-innen, Werke

F. G. Klopstock (1724 – 1803) *Der Messias*

J. G. Herder (1744 – 1803) *Stimmen der Völker in Liedern*

J. M. R. Lenz (1751 – 1792) *Der Hofmeister, Die Soldaten*

J. W. Goethe (1749 – 1832) *Götz von Berlichingen, Die Leiden des jungen Werthers*, Gedichte (u. a. *Prometheus, Willkommen und Abschied, Mailied*)

F. Schiller (1759 – 1805) *Die Räuber, Kabale und Liebe*

Klassik (um 1786 – 1805)

Epochenbegriff

Ein „classicus“ (ein Bevorzugter) war bei den Römern ein Bürger erster Klasse. Davon abgeleitet meint *Klassik* einerseits die Blütezeit in der Dichtung oder in den Künsten allgemein eines Volkes oder einer Nation, anderseits bei der *deutschen Klassik* eine Orientierung am Vorbild der Antike, für die Klassiker der Inbegriff der Vollkommenheit. Während als *englische Klassik* die Zeit Shakespeares gilt, ist *Klassik in der deutschen Literatur* mit Goethe und Schiller verbunden, vor allem mit ihrem gemeinsamen Wirken in Weimar. Nach dieser Einteilung ist Schillers Todesjahr 1805 als Ende der Epoche gesetzt, in anderen Versionen Goethes Todesjahr 1832. Auch Hölderlin, Kleist und Jean Paul werden in einigen Darstellungen zu den Autoren der Klassik gezählt.

Geschichte und Gesellschaft

1793 Französische Revolutionstruppen im Rheinland, Gründung deutscher Jakobinerklubs
1799 Staatsstreich Napoleon Bonapartes
1803 Reichsdeputationshauptschluss; Neuordnung in Deutschland unter französischem Einfluss
1804 Code civil; Schaffen modernen Rechts durch Napoleon Bonaparte

Literarisches Leben – Themen und Motive der Literatur

- Freundschaft von Goethe und Schiller (1794 – 1805): *Xenien*
- Weimar als kulturelles Zentrum mit europäischer Ausstrahlung: *Weimarer Klassik*
- Ausgleich und Harmonie in der künstlerischen Gestaltung nach antikem Vorbild
- leitende Vorstellung eines organischen Wachstums, das dichterisch zu gestalten sei, verknüpft mit Vernunft, Selbstzucht und sittlicher Läuterung
- Konzept der ästhetischen Erziehung zur Veredelung des individuellen Charakters
- Monatsschrift *Die Horen*, herausgegeben von Schiller, als Programmschrift der deutschen Klassik

Welt- und Menschenbild

- Antikeverklärung als „edle Einfalt und stille Größe“ (Kunsthistoriker J. J. Winckelmann)
- Streben nach Vorbildhaftem, Normsetzendem, überzeitlich Gültigem; Empfänglichkeit für „alles Gute, Schöne, Große, Wahre“ (Goethes *Maximen und Reflexionen*)
- Ideal der Humanität in Anlehnung an Leitgedanken der Aufklärung, reflektiert durch Erfahrung mit der Französischen Revolution und der Schreckensherrschaft 1792–1794
- Abkehr vom Subjektivismus des *Sturm und Drang*

Gattungen, Autor/-innen, Werke

J. W. Goethe (1749 – 1832) *Egmont, Iphigenie auf Tauris, Hermann und Dorothea, Faust I und II*; *Wilhelm Meisters Lehrjahre, Dichtung und Wahrheit*; Gedichte
F. Schiller (1759 – 1805) *Don Carlos, Maria Stuart, Wallenstein-Trilogie, Die Jungfrau von Orleans*; Gedichte/Balladen: *Die Bürgschaft, Der Ring des Polykrates*
J. Paul (1763 – 1825) *Titan, Flegeljahre*
F. Hölderlin (1770 – 1843) *Hyperion*
H. v. Kleist (1777 – 1811) *Michael Kohlhaas*; *Prinz Friedrich von Homburg*; *Der zerbrochene Krug*

Romantik (um 1795 – 1840)

Epochenbegriff

Die Epochenbezeichnung *Romantik* lässt zwar Bezüge zum heutigen Verständnis des Begriffs erkennen, darf aber nicht mit dem Klischee von Romantik – etwa aus der Werbung – verwechselt werden. Eine Betonung des Gefühls ist durchaus Kennzeichen der *Romantik*, dabei geht es den Romantikern um Intensivierung des Lebens, um das Wunderbare und Geheimnisvolle – bis hin zum Dunklen, Geheimnisvollen und Abseitigen. Es besteht eine Sehnsucht nach Entgrenzung und unerreichbarer Ferne, auch eine Idealisierung von Vergangenem, z. B. des Mittelalters. Dabei wird die angestrebte Intensivierung durch ein Poetisieren der Welt erreicht. Statt Auseinandersetzung mit der Wirklichkeit, z. B. der beginnenden Industrialisierung, ist eine Verklärung von Natur zur Idylle kennzeichnend.

Geschichte und Gesellschaft

→ Klassik

1804 – 1814 Napoleon I.

1806 Ende des Hl. Römischen Reiches deutscher Nation

1806 Schlacht von Jena und Auerstedt: vernichtende Niederlage Preußens

1807 – 1814 Preußische Reformen

1813 „Völkerschlacht" bei Leipzig

1813 – 1815 Befreiungskriege

→ Vormärz / Junges Deutschland

Welt- und Menschenbild

- Philosophie des deutschen Idealismus, bes. geprägt von J. G. Fichte (1762 – 1814)
- intensiv gelebtes Christentum bei einigen Romantikern, auch Einbeziehen der Schriften von F. Schleiermacher (1768 – 1834) *Über die Religion, Reden an die Gebildeten unter ihren Verächtern*

Literarisches Leben – Themen und Motive der Literatur

- Interesse an Geschichte, Sprache, Poesie und Mythologie des deutschen Volkes (Mittelalter, *Nibelungenlied*)
- Lebens- und literarische Haltung mit Konzentration auf das Private (Lebensglück in der Familie) und einem Hang zum Resignativen
- Unterschiedliche Zentren: Frühromantiker um die Gebrüder Schlegel (romantische Ironie); Heidelberger Romantik um A. v. Arnim und C. Brentano; schwäbische Romantiker: G. Schwab, W. Hauff, L. Uhland
- Lyriker der Befreiungskriege, u. a. Th. Körner und E. M. Arndt, mit nationalistischen Tönen
- Vorliebe für Volkslieder (Sammlung *Des Knaben Wunderhorn* von C. Brentano und A. v. Arnim), Märchen (J. und W. Grimm) und fantastische Erzählungen

Gattungen, Autor/-innen, Werke

A. W. Schlegel (1767 – 1845) *Vorlesungen*

Rahel Varnhagen van Ense (1771 – 1833) Briefe, Tagebücher

Novalis (1772 – 1801) *Heinrich von Ofterdingen*

F. Schlegel (1772 – 1829) *Lucinde*

L. Tieck (1773 – 1853) *Der blonde Eckbert*

E. T. A. Hoffmann (1776 – 1822) *Lebensansichten des Katers Murr*

C. Brentano (1778 – 1842) Gedichte u. a. *Der Spinnerin Nachtlied*

J. v. Eichendorff (1788 – 1857) *Aus dem Leben eines Taugenichts*

H. Heine (1797 – 1856) *Das Buch der Lieder*

W. Hauff (1802 – 1827) Märchen; *Das kalte Herz*

Vormärz / Junges Deutschland (um 1830 – 1848)

Epochenbegriff

Als *Vormärz* wird die Zeit nach der Julirevolution in Frankreich 1830 bis zur Märzrevolution in Deutschland 1848 bezeichnet. Gemeint sind Autor(inn)en, die im Gegensatz zu den Romantikern – aber durchaus auch in Überschneidungen – in ihren Werken politisch Position bezogen und damit häufig das Risiko von Verhaftung oder Exil in Kauf nahmen. Einige Schriftsteller bildeten als das *Junge Deutschland* eine Oppositionsgruppe, darunter Ludwig Börne und Heinrich Heine. *Biedermeier* meint hingegen die gleichzeitig zu beobachtende literarische Strömung eines Rückzugs, einer Akzeptanz des Bestehenden in der Nachfolge der *Romantik*.

Geschichte und Gesellschaft

1814/15 Wiener Kongress, politische Restauration mit Gründung des Deutschen Bundes und der „Heiligen Allianz“
1817 Wartburgfest
1819 Karlsbader Beschlüsse, Verfolgung sog. Demagogen
1830 Julirevolution in Frankreich und revolutionäre Bewegungen in Europa
1832 Hambacher Fest
1835 Erste Eisenbahn in Deutschland
1837 Professorenprotest der „Göttinger Sieben“
1844 Schlesischer Weberaufstand
1848 „Märzrevolution“ in Berlin und Wien; erste deutsche Nationalversammlung in der Frankfurter Paulskirche
1849 Ablehnung der Verfassung durch den preußischen König; Scheitern der demokratischen Bewegung

Literarisches Leben – Themen und Motive der Literatur

- satirische Feuilletons, Flugschriften und Kampflieder von literarischem Rang; Ironie als Waffe gegen Zensur
- erste sozialkritische Dramen mit naturalistischen Zügen (G. Büchner *Woyzeck*)

Welt- und Menschenbild

- Parteinahme für demokratische, soziale Bewegungen und für die nationale Einheit Deutschlands
- Selbstverständnis als Vorreiter gesellschaftlicher Emanzipation
- Abgrenzung von Weimarer Klassik und Romantik (H. Heine: „Ende der Kunstperiode“)
- Aufwertung journalistischer Formen und journalistischer Tätigkeit von Schriftstellern

Gattungen, Autor/-innen, Werke

H. Heine (1797 – 1856) journalistische Texte, Reisebilder, Gedichte, Verserzählung: *Deutschland. Ein Wintermärchen*
G. Herwegh (1817 – 1875) Gedichte
F. Freiligrath (1810 – 1876) Gedichte
L. Börne (1786 – 1837) Politische Schriften
G. Weerth (1822 – 1856) Gedichte
G. Büchner (1813 – 1837) *Dantons Tod*, *Woyzeck*; *Leonce und Lena*; *Lenz*; *Der Hessische Landbote*

Biedermeier
A. v. Droste-Hülshoff (1797 – 1848) *Die Judenbuche*
E. Mörike (1804 – 1875) Gedichte
A. Stifter (1805 – 1868) *Der Nachsommer*

Vom Realismus bis zur Exilliteratur

Literarische Moderne (um 1880 – 1925)

Das Nebeneinander bzw. die Gleichzeitigkeit unterschiedlichster, z. T. widersprüchlichster literarischer Strömungen, Stile (Stilpluralismus), Tendenzen, Entwürfe, Programme (Polarität), basierend auf der Orientierungslosigkeit in einer durch gesellschaftliche, ideologische, normative und ästhetische Brüche gekennzeichneten Welt prägt die Zeit um 1900. Laut Thomas Mann weist dies auf den „Willensausdruck dieser sehr reich bewegten Zeit, in der viele Strömungen [...] sich überkreuzten und ineinander übergingen" hin. Man spricht auch von der „Gleichzeitigkeit des Ungleichzeitigen": Der Widerspruch, z. B. zwischen dem sich als autonom verstehenden **Individualkunstwerk** und der entstehenden **Massenkultur** (Trivialliteratur), gilt als Grundmuster der „Literarischen Moderne". Die **propagierte „Modernität"** ist das gemeinsame Bindeglied dieser heterogenen und disparaten Richtungen und Stile, weshalb die Zeit vor dem Ersten Weltkrieg heute nicht als das Ende des 19. Jahrhunderts, sondern als der Beginn des 20. Jahrhunderts gesehen wird.

Den anerkannten literarischen Strömungen des Naturalismus, Impressionismus und Expressionismus werden andere Stilrichtungen, die aus der bildenden Kunst oder aus dem französischen Kulturraum übernommen wurden, an die Seite gestellt: *Symbolismus, Ästhetizismus, Décadence, Fin de Siècle, Neuklassik, Neuromantik, Jugendstil, Dadaismus* und v. a. m. Allen gemeinsam ist ein verändertes, z. T. **neues Verhältnis zur Sprache**, deren Leistungsfähigkeit als Mittel der Kommunikation als problematisch erlebt wurde (Sprachkrise als Bewusstseins- und Wahrnehmungskrise). Wichtigstes Dokument dieser Sprachskepsis ist Hugo von Hofmannthals fiktiver Brief des Lord Chandos (*Ein Brief*, 1901). Zu den bedeutendsten Autoren der Zeit zählen neben Hugo von Hofmannsthal Stefan George, Franz Kafka, Thomas und Heinrich Mann, Robert Musil und Rainer Maria Rilke.

Anhand der oben skizzierten Auffächerung der Literatur der Jahrhundertwende mit ihren unterschiedlichen Strömungen und Tendenzen, den teils aus der bildenden Kunst, aus der Architektur, der Geschichte übernommenen Bezeichnungen lässt sich das grundsätzliche Problem der Einteilung der Literatur in Epochen, die vermeintlich streng voneinander getrennt sind, sehr gut demonstrieren. Die Epoche des Expressionismus lässt sich ohne den Zusammenhang mit den Stilrichtungen des Impressionismus und des Symbolismus z. B. gar nicht erklären. Fast alle Dichter der Sammelbewegung sind junge Intellektuelle, die sich kritisch mit Problemen der modernen Zivilisation auseinandersetzen, aber auch mit erstarrten Konventionen und verlogenen Moralvorstellungen sowie Stillstand in Sprache und Form. Das Pathos des **Spätexpressionismus** bzw. dessen gefühlsbetontes, irrationales Moment ist wiederum eine wichtige Ursache für die Hinwendung einer neuen literarischen Bewegung zu eher tatsachenorientierter Literatur, die mehr an inhaltlichen als an formalen Fragen interessiert ist. Die **Neue Sachlichkeit** wird dabei stark durch die funktionale Ästhetik der Bauhausarchitektur beeinflusst.

Realismus (um 1850 – 1890)

Epochenbegriff

Man unterscheidet zwischen a) typologischem Realismusbegriff (Realismus als epochenübergreifendes Darstellungsmerkmal) und b) literaturgeschichtlichem Epochenbegriff *Realismus*. Der Epochenbegriff *Realismus* bezeichnet die europäische Literaturepoche zwischen Romantik und Naturalismus. Wirklichkeitsnähe, Lebensechtheit, Widerspiegelung der Alltagswelt sind gefordert, außerdem Beispielhaftigkeit, Verdichtung, Verklärung („poetischer Realismus") im Sinne eines poetischen Mehrwerts, der das gewöhnliche Bild der Erscheinungen übersteigt. Die Wirklichkeit soll durch Auswahl und Konzentration auf Details entstehen, die Distanzierung des Autors wird gefordert.

Geschichte und Gesellschaft

1848/49 Gescheiterte Revolution
ab 1864 Aufstieg Preußens
1870 / 71 Deutsch-französischer Krieg, Proklamation des preußischen Königs Wilhelm I. zum Deutschen Kaiser in Versailles, Einigung des Reichs, Bismarck Reichskanzler („Gründerzeit")
1878 „Sozialistengesetze": Unterdrückung sozialdemokratischer Gruppierungen
1888 – 1918 Wilhelm II. deutscher Kaiser („Wilhelminisches Zeitalter"); Beginn des deutschen Imperialismus

- zunehmende Industrialisierung; rasante Technikentwicklung, beschleunigte Lebensverhältnisse; Urbanisierung, Proletarisierung der Arbeiterschicht, soziale Probleme (Klassengegensätze)
- Tendenzen weiblicher Emanzipation: Frauen im Erwerbsleben, zunehmendes Infragestellen traditioneller Rollenbilder

Literarisches Leben – Themen und Motive der Literatur

- großer Einfluss frz. und russ. Epik auf den deutschen Roman (G. Flaubert *Madame Bovary*; L. Tolstoi *Anna Karenina, Krieg und Frieden*)
- Auseinandersetzung von Individuum und Gesellschaft
- soziale und politische Fragen der Zeit, Eheprobleme: kritische Reflexion in Bildungsromanen

Welt- und Menschenbild

- große Veränderungen, aufkommende Naturwissenschaften bewirken sowohl Fortschrittsglauben als auch Orientierungslosigkeit durch Verlust von traditionellen Werten und Normen
- materialistische, diesseits orientierte Grundhaltung, Bedeutungsverlust der Religion
- in Teilen des Bildungsbürgertums trotz wirtschaftlicher Prosperität eher resignative Grundstimmung; konservative Wertehaltung, Gebundenheit an soziale Schicht
- Adel und Offizierskorps bestimmen weitgehend das gesellschaftliche Leben, Vorbildfunktion alles Militärischen: Untertanenmentalität, Pflichterfüllung gegenüber dem Staat

Gattungen, Autor/-innen, Werke

bevorzugte Gattung: Epik
F. Hebbel (1813 – 1863) *Maria Magdalena* (Drama)
Th. Storm (1817 – 1888) *Pole Poppenspäler, Der Schimmelreiter, Immensee*
Th. Fontane (1819 – 1898) *Irrungen, Wirrungen, Frau Jenny Treibel, Effi Briest*
G. Keller (1819 – 1890) *Die Leute von Seldwyla*; *Der grüne Heinrich*
C. F. Meyer (1825 – 1889) *Das Amulett, Der Schuss von der Kanzel*
A. Stifter (1805 – 1868) *Nachsommer, Bunte Steine*
Gustav Freytag (1816 –1895) *Soll und Haben*

Naturalismus (um 1880 – 1900)

Epochenbegriff

Der Naturalismus gilt als europäische Strömung; Vorbilder für die deutsche Literatur sind die gesellschaftskritischen Romane des Franzosen É. Zola, die skandinavische Literatur von H. Ibsen, A. Strindberg, die russische von F. Dostojewski, M. Gorki. Das Programm des Realismus wird eingeengt auf a) die Darstellung des Elends von Kleinbürgertum und Proletariat, b) die Kritik an der Doppelmoral und Gleichgültigkeit des Bürgertums hinsichtlich ungelöster sozialer Probleme der Industriegesellschaft. Von Arno Holz wird die Formel *Kunst* = *Natur* – *x* entwickelt; x soll möglichst klein sein, d. h. das Kunstwerk gilt als umso vollkommener, je mehr es sich der Natur (= die sozialen Verhältnisse) annähert. Das bedeutet eine möglichst objektive Darstellung der Wirklichkeit, Absehen von der subjektiven Meinung und Deutung der Künstler. Neue Darstellungsmittel werden eingesetzt wie Dialekt und Umgangssprache, Verzicht auf gebundene Sprache (gilt als unnatürlich), *Sekundenstil* (Deckungsgleichheit von erzählter Zeit und Erzählzeit).

Geschichte und Gesellschaft

um 1890 erste Regierungsjahre Wilhelms II., letzte Regierungsjahre Bismarcks: deutschnationale Euphorie

- Hochphase des deutschen Imperialismus (Tendenz zum Militarismus)
- einseitige Entwicklung und Verteilung des Kapitals (u. a. durch Bismarcks Schutzzollpolitik)
- Zuspitzung der sozialen Lage, Verschärfung gesellschaftlicher Gegensätze

Literarisches Leben – Themen und Motive der Literatur

- sozialkritische Tendenzen, Künstler in Opposition zur gutbürgerlichen Gesellschaftsordnung
- Durchschnittsmenschen als Produkt ihres Milieus, ihrer Umgebung
- Großstadt: Arbeitermilieu, Mietskasernen, Elendsquartiere, Arbeits- und Obdachlosigkeit, Familienprobleme, soziale Verelendung, Krankheit, Alkoholismus
- von Wilhelm II. als „Rinnsteinkunst" diffamiert

Welt- und Menschenbild

- Einbeziehung neuester Erkenntnisse der Naturwissenschaften; antimetaphysischer, empirischer Positivismus
- Einfluss der deterministischen Gesellschaftstheorie des französischen Philosophen Auguste Comte
- Der Mensch wird im Bedingungsgefüge (Determinismus) von Psyche, Trieben, sozialem Milieu und Umwelt gesehen und begriffen, dadurch werden seine Verhaltensweisen determiniert
- Leugnung des freien Willens zugunsten eines kausalgesetzlichen Ablaufs der Dinge

Gattungen, Autor/-innen, Werke

Dominanz des Dramas.
Johannes Schlaf (1862 – 1941) und Arno Holz (1862 – 1941) beide vor allem als Autorenteam tätig: *Papa Hamlet, Die Familie Selicke*
G. Hauptmann (1862 – 1946) *Vor Sonnenaufgang, Der Biberpelz, Die Ratten, Die Weber*

Expressionismus (um 1905 – 1925)

Epochenbegriff

1911 wird *Expressionismus* als Begriff für eine Berliner Sammelausstellung französischer Maler verwendet, danach auf die Literatur übertragen. Der Expressionismus gilt als Ausdruck des Protests junger Künstler aus mittelständischem, z. T. großbürgerlichem Milieu (oft Doppelbegabungen) gegen das wilhelminische Bürgertum mit seinen erstarrten Konventionen sowie das kapitalistische Wirtschaftssystem. Der Zusammenschluss von Künstlergruppen spiegelt sich in einer Vielzahl von Manifesten und Programmatiken. Die Suche nach dem „Neuen Menschen" („Menschheitspathos"), nach ihm adäquaten neuen Ausdrucksformen, findet sich vor allem in Lyrik und Drama: Ablehnung des Mimesis-Gedankens der Kunst, Propagierung der „Ästhetik des Hässlichen". Oft stehen traditionelle Form (z. B. Sonett) und provozierender Inhalt als Ausdruck für katastrophale Erschütterungen der Zeit in Kontrast. Asyndetischer Reihungsstil, elliptischer Satzbau, starke Bildlichkeit und Metaphorik, Farbsymbolik, Synästhesie, Neologismen und Montage sind weitere epochentypische Mittel und Formen.

Geschichte und Gesellschaft

1908 Automobilisierung (Fließbandproduktion Ford)
1910 Halleyscher Komet: Hoffnung auf Erneuerung und Angst vor Untergang der alten Gesellschaftsordnung
1912 Untergang der *Titanic*: Erschütterung in den Fortschrittsglauben
1914 – 18 Erster Weltkrieg: Zusammenbruch der k.u.k.-Monarchie, Niederlage Deutschlands, Abdankung des Kaisers
1915 A. Einsteins Relativitätstheorie
1917 Russische Oktoberrevolution
1918 Bürgerkrieg in Berlin, Münchner Räterepublik
1918/19 Friedensvertrag von Versailles; Weimarer Republik; „Dolchstoßlegende", hohe Reparationszahlungen Deutschlands

- neue Medien: Rundfunk und Film vereinnahmen die Unterhaltungsindustrie

Welt- und Menschenbild

- kritische Auseinandersetzung mit den Errungenschaften der modernen Zivilisation
- Protestbewegungen gegen erstarrte Konventionen und verlogene Moral einer als überkommen empfundenen bürgerlichen Gesellschaft
- „Janusgesicht der Moderne": Zukunftseuphorie sowie Skepsis gegenüber Technik und Erneuerung; Kriegseuphorie sowie totale Ablehnung des Krieges, Pazifismus
- Kunst als Beitrag zur Weltveränderung

Gattungen, Autor/-innen, Werke

vorherrschende Gattung: Lyrik, später auch Drama (G. Kaiser); K. Pinthus' Anthologie *Menschheitsdämmerung*
Gottfried Benn, Paul Boldt, Jakob van Hoddis, Georg Heym, Else Lasker-Schüler, Alfred Lichtenstein, Oskar Loerke, Ernst Stadler, August Stramm, Georg Trakl

Literarisches Leben – Themen und Motive der Literatur

- Weltende, Apokalypse, Werteverfall, Gewaltfantasien: Endzeitstimmung als Bild für Zusammenbruch der abendländischen Kultur
- Großstadt mit all ihren Facetten
- kritische Auseinandersetzung mit technischem Fortschritt (Eisenbahn)
- Krieg, Tod, Sinnlosigkeit des Lebens; Orientierungslosigkeit, Dissoziation des Ich, Anonymität, Kommunikationslosigkeit
- antiidyllische Naturlyrik, Visionen von Aufbruch, Revolution

Neue Sachlichkeit – Literatur der Weimarer Republik (um 1920 – 1933)

Epochenbegriff

Neue Sachlichkeit beschreibt eine literarische Strömung als Reaktion auf den oft pathetischen, irrationalen Spätexpressionismus. Stark beeinflusst durch den funktionalen, sachlichen Stil der Architektur des *Bauhauses* kehrt sie zurück zur zeitgenössischen Gegenwart mit ihren sozialen und politischen Problemen. Das Interesse am Inhalt übersteigt das an der Form (teils noch expressionistischen Formen verhaftet): Tatsachenorientierte, oft dokumentarische Literatur analog zu den politischen Gegensätzen der Weimarer Republik entsteht mit der Folge eines kulturellen Pluralismus und der Dominanz des Politischen und Ideologischen vor der künstlerischen Gestaltung. Massenproduktion, Massenmedien, Kunst für die Massen führen zu einer zunehmenden Kluft zwischen Trivialliteratur und gehobener, elitärer Literatur.

Geschichte und Gesellschaft

1923 Hitlerputsch

ab 1924 relative Stabilität, die „Goldenen Zwanziger"; Berlin als kulturelles und wissenschaftliches Zentrum der Republik: Kinos, freie Bühnen, Blüte des Kabaretts, Vielzahl von Zeitungen und Zeitschriften

1929 Börsenkrach in New York, Weltwirtschaftskrise, hohe Arbeitslosigkeit

1933 nationalsozialistische Machtergreifung

- zu Beginn der 1920er-Jahre eine Nation ohne Konsens: gegensätzlichste politische und ideologische Richtungen und Standpunkte; dadurch bürgerkriegsähnliche Zustände
- Nachkriegswirren, Inflation, Besetzung des Ruhrgebiets

Literarisches Leben – Themen und Motive der Literatur

- zeitgenössische Großstadt
- Alltags- und Arbeitsleben von Durchschnittsmenschen
- moderne Medien und Technik
- Collage- und Montagetechnik

Welt- und Menschenbild

- „Tanz am Rande des Vulkans": ambivalentes Lebensgefühl zwischen Sicherheit und Unsicherheit
- Krise des Parteienstaates: Antagonismus der gesellschaftlichen und politischen Gruppierungen, demokratische und antidemokratische Kräfte
- zunehmende Kapitalisierung der Wirtschaft, neue Arbeitsplätze und Berufsbilder, bessere Schulbildung sowie zunehmende Berufstätigkeit und damit Emanzipation von Frauen

Gattungen, Autor/-innen, Werke

journalistische Textsorten und Kritiken (Alfred Kerr, Egon Erwin Kisch, Karl Kraus, Kurt Tucholsky)

vorherrschende Gattungen: *Reportage, Feature, Zeit- und Lehrstück, Gegenwartsroman, Gebrauchslyrik, Literaturkritik*
Bertolt Brecht, Alfred Döblin, Hans Fallada, Lion Feuchtwanger, Hermann Hesse, Ödon von Horváth, Erich Kästner, Irmgard Keun, Thomas Mann, Kurt Tucholsky, Jakob Wassermann, Stefan Zweig, Carl Zuckmayer

Exilliteratur (1933 – 1945)

Epochenbegriff

Das Exil gilt als existenzielle Grunderfahrung des Menschen seit der Antike; es ist ein zentrales Thema menschlich-literarischer Erfahrung im 20. Jahrhundert: Innerhalb der deutschen Literaturgeschichte wird die Literatur zwischen 1933 – 1945 mit den aus politischen oder sogenannten rassischen Gründen vertriebenen Autor(inn)en als Exilliteratur bezeichnet. Themen dieser Literatur sind Heimat und Heimatverlust, Entfremdungserfahrungen und ihre persönlich-literarische Verarbeitung sowie die Auseinandersetzung mit der zumeist ungewollten neuen Umgebung, die Auseinandersetzung mit den Verhältnissen im Heimatland, der Situation politischer und ethnischer Verfolgung und Unterdrückung. Die Texte sind vielfach privat oder einer nur begrenzten Öffentlichkeit (Zensur, Druckverbote) zugänglich gewesen.

Geschichte und Gesellschaft

1930 – 1933 zunehmende Destabilisierung der Weimarer Republik

1933 (30.1.) NS-Machtübernahme, Hitler Reichskanzler, Gleichschaltung; erste Konzentrationslager; Bücherverbrennung

1934 „Röhm-Putsch"; Hitler auch Reichspräsident; zunehmende Verdrängung von jüdischen Deutschen aus ihren Berufen

1938 „Anschluss" Österreichs

1939 Beginn des Zweiten Weltkriegs

1939 40 Zwang zur Flucht vieler Exilanten aus von Deutschen besetzten Ländern

1942 / 43 Beginn der systematischen Judenverfolgung

1945 (8.5.) Kapitulation und Kriegsende

- etliche Autoren ins Exil bzw. in die innere Emigration gezwungen durch Verhaftungen und Folter, Zensur, Berufsverbote; „Säuberung" in Bibliotheken
- deutschsprachige Exilschriftsteller: Schweiz, Frankreich, USA

Welt- und Menschenbild

- Existenzangst, Entwurzelung, tiefe Skepsis, Zweifel
- Erfahrung von Barbarei, Verfolgung, Vernichtung
- Krieg, Holocaust
- Hoffnung auf Neubeginn, Visionen, Träume

Gattungen, Autor/-innen, Werke

Lyrikerinnen: Hilde Domin, Mascha Kaléko, Else Lasker-Schüler

Th. Mann (1875 – 1955) *Dr. Faustus*
St. Zweig (1881 – 1942) *Schachnovelle*
L. Feuchtwanger (1884 – 1958) *Exil*
B. Brecht (1898 – 1956) *Leben des Galilei*
A. Seghers (1900 – 1983) *Das siebte Kreuz, Transit*
K. Mann (1906 – 1949) *Mephisto, Der Vulkan*

Literarisches Leben – Themen und Motive der Literatur

- unterschiedliche Facetten der literarischen Auseinandersetzung mit der Exilsituation: scharfsinnige politische Analyse, engagierte Literatur, räsonnierend-reflexive Texte sowie auch Resignation, bis hin zum Verstummen (Verlust der Muttersprache als vorrangiges Kommunikationsmittel)
- Heimatverlust, Entwurzelung, Kampf um Existenzsicherung, Sprachverlust, Todessehnsucht
- kabarettistische Auseinandersetzung mit der Erfahrung im Exil
- episches Theater von Bertolt Brecht

Literatur nach 1945

Nachkriegsliteratur (um 1945 – 1960)

Epochenbegriff

Im Westen etablieren sich die Begriffe *Kahlschlagliteratur* (Weyrauch), *Literatur der Stunde Null*, *Trümmerliteratur* (Böll): Sie bezeichnen Werke der Emigranten und Heimkehrer nach dem Krieg. In ihnen manifestiert sich ein Misstrauen gegenüber der unter den Nationalsozialisten zu Propagandazwecken missbrauchten Sprache und eine Suche nach neuen Ausdrucksformen und Ausdrucksmitteln der Literatur. Gründung der *Gruppe 47*.

Im Osten erfolgt die Einbürgerung der Elite der antifaschistischen Literatur. Die Literatur verpflichtet sich zum Teil dem Programm des sozialistischen Realismus: direkte Widerspiegelung der gesellschaftlichen Realität, Darstellung einer positiven Zukunftsperspektive, Parteilichkeit, Inhalt hat Vorrang vor der Form („Formalismusdebatte" in der Kunst). Man benutzt den Terminus *Ankunftsliteratur* (nach Brigitte Reimanns Roman „Ankunft im Alltag"). 1959 wird die erste Bitterfelder Konferenz abgehalten mit dem Motto: „Greif zur Feder, Kumpel": Arbeiter werden aufgefordert, ihren sozialistischen Arbeitsalltag literarisch umzusetzen, Schriftsteller gehen in die Produktion.

Geschichte und Gesellschaft

1945 – 1949 Aufteilung Deutschlands in vier Besatzungszonen, Sonderstatus Berlins
1947 Marshall-Plan zum wirtschaftlichen Aufbau Westdeutschlands und Europas
1948 Währungsreform
1948 – 1949 Blockade Berlins, zunehmend Politik des Kalten Krieges
1949 Gründung zweier deutscher Staaten: BRD und DDR
1957 Gründung der Bundeswehr; in der BRD: zunehmender Wohlstand
1961 Bau der Berliner Mauer
1963 Besuch des amerikanischen Präsidenten John F. Kennedy in Berlin
1968 Studentenrevolte in den USA, Frankreich und Westdeutschland

Welt- und Menschenbild

- Kriegserfahrung, Not, Leid, Hunger, Scham und Schuld
- Hoffnung auf politisch-gesellschaftlich-kulturellen Neuanfang
- ambivalentes Welt- und Menschenbild, Zerrissenheit zwischen Resignation und Aufbruchsmentalität

Gattungen, Autor/-innen, Werke

Dominanz der Lyrik, auch Kurzgeschichten (Orientierung an den USA)

- **BRD:** Ilse Aichinger, Alfred Andersch, Ingeborg Bachmann, Gottfried Benn, Wolfgang Borchert, Heinrich Böll, Paul Celan, Günter Eich, Marie-Luise Kaschnitz, Wolfgang Koeppen, Hans-Werner Richter
- **DDR:** Bruno Apitz, Johannes R. Becher, Bertolt Brecht, Peter Huchel, Anna Seghers

Literarisches Leben – Themen und Motive der Literatur

In der BRD: Misstrauen gegenüber Pathos und emotionalisierendem Sprachgebrauch; Suche nach neuen, adäquaten Ausdrucksmitteln: karge, schmucklose Sprache; hermetische Lyrik; Forderung nach Wahrheit und Mitmenschlichkeit; Krieg und Not, Gefangenschaft, Heimkehrerschicksale; Eintreten für Demokratie; Spannung zur offiziellen Politik der Adenauer-Zeit: Wohlstandsgesellschaft, Remilitarisierung, Spießertum; Politisierung der Literatur; Hinwendung zum Dokumentarischen

In der DDR: antifaschistisches Bündnis aller demokratischen Kräfte; Literatur als Instrument zum Aufbau des Sozialismus; auch Preislyrik auf Lenin, Stalin; polemische Abgrenzung zur BRD; kritische Auseinandersetzung mit der Nazi-Vergangenheit

Literatur des ausgehenden 20. Jahrhunderts

Beim Blick auf die Entwicklung der deutschen Literatur der letzten 60 Jahre kann keine klare Einteilung in Epochen vorgenommen werden; das bleibt künftigen Generationen vorbehalten. Es lassen sich lediglich Tendenzen bzw. literarische Strömungen der Gegenwartsliteratur aufzeigen, die sowohl durch Kontinuität als auch durch Brüche mit der Tradition charakterisiert werden können.
Bis zur Wende 1989 gibt es **zwei deutsche Literaturen**, die sich auf Grund der stark divergierenden politischen und gesellschaftlichen Rahmenbedingungen jeweils unterschiedlich entwickeln.
Wie schon in der Übersicht über die Literatur nach 1945 skizziert, ist die Literatur der DDR bis zum Ende der 1960er-Jahre eng verbunden mit dem in der Sowjetunion entwickelten Schreibkonzept des **„Sozialistischen Realismus“**, das auf den beiden **Bitterfelder Konferenzen**, 1959 und 1964, programmatisch formuliert wird. Dessen Forderungen seien hier skizziert:

- bevorzugter Gegenstand des Schreibens ist die sozialistische Produktion, im Mittelpunkt steht der positive Held als Identifikationsangebot;
- Basis der Ästhetik ist die Widerspiegelungstheorie Lenins, derzufolge die Kunst die Wirklichkeit abbildet;
- Geschlossenheit der Darstellung durch die Parteilichkeit und Volkstümlichkeit des Künstlers;
- eine typisierende Darstellung soll das Wesen/die Gesetzlichkeit des Lebens wiedergeben (das ist z. B. die Zugehörigkeit einer Figur zu einer bestimmten gesellschaftlichen Klasse, von der aus sie hinsichtlich ihrer Haltungen und Handlungen geprägt wird: Das Sein bestimmt das Bewusstsein).

Das gesellschaftspolitische Ziel dieses Schreibkonzepts ist es, die **Erziehung zur sozialistischen Persönlichkeit**, die Identifikation mit den Zielen des politischen Systems, ein positives Handeln (literarische Figuren als Vorbilder) zur Beschleunigung des politisch-ökonomischen Fortschritts zu ermöglichen. Im Mittelpunkt des Schaffens soll der „neue Mensch“ stehen, der Aktivist, der Held des sozialistischen Aufbaus. Parteilichkeit und Wahrheit bilden eine untrennbare Einheit, Parteilichkeit wird zu einer ästhetischen Kategorie. Werktätige werden zum Schreiben aufgefordert, Künstler gehen in Produktionsbetriebe. Beispiele hierfür sind u. a. Christa Wolf *Der geteilte Himmel* (1963) und Erik Neutsch *Spur der Steine* (1964). Formexperimente und das Bemühen um den Anschluss an die literarische Moderne, wie sie die Literatur der BRD der 1960er-Jahre kennzeichnet, werden in der DDR als „Formalismus“ oder „Subjektivismus“ von der offiziellen Kulturpolitik abgelehnt. Jedoch wirken sich diese von Partei und Regierung gesetzten Vorgaben unterschiedlich auf das künstlerische Schaffen aus: Neben affirmativen Grundhaltungen (Johannes R. Becher, Hermann Kant) zeigen sich Tendenzen, Widersprüche, Risse, Brüche in der Gesellschaft, in der Auseinandersetzung des Individuums mit den gesellschaftlichen Rahmenbedingungen aufzuzeigen (u. a. Volker Braun, Stefan Heym, Günter Kunert, Reiner Kunze, Erich Loest, Ulrich Plenzdorf, Brigitte Reimann, Christa Wolf). Nach der Ablösung

Walter Ulbrichts durch Erich Honecker als Staatsratsvorsitzenden (1971) sind **Liberalisierungstendenzen** zu bemerken. Honeckers Aussage vom „Ende aller Tabus in der Kunst“ fördert eine lebhafte Diskussion um die Möglichkeiten und Grenzen der schriftstellerischen Arbeit.
Jedoch werden kritische Autoren mit Schreibverbot belegt und vom Staatssicherheitsdienst überwacht. Spektakulär bleibt die **Ausbürgerung Wolf Biermanns 1976** nach einem Konzertauftritt in Köln, die eine gemeinsam unterzeichnete Protestaktion von über 70 Kulturschaffenden nach sich zieht. Als Reaktion darauf folgen Repressalien gegen die Protestierenden in Form von Hausarresten, Verhaftungen, Publikationsverboten, Ausschlüssen aus dem Schriftstellerverband. Über 100 Künstler verlassen daraufhin freiwillig oder unfreiwillig die DDR, unter ihnen Jurek Becker, Peter Huchel, Uwe Johnson, Rainer Kunze, Günter Kunert, Erich Loest, Monika Maron, Sarah Kirsch.
In der Thematik nähern sich die beiden Literaturen ab Anfang der 1980er-Jahre einander an: wachsendes Katastrophenbewusstsein, Angst vor atomarer Bedrohung, Rückzug in die Innerlichkeit (Volker Braun, Christoph Hein, Irmtraut Morgner, Christa Wolf). Auch die neue Lyrikgeneration zeigt sich kritisch gegenüber dem Staat (Stefan Döring, Reiner Kunze, Lutz Rathenow).

Für die **westdeutsche Literatur** bilden das Jahr 1960 und die folgenden einen Einschnitt: Sie findet Anschluss an die Weltliteratur mit Autoren wie den Schweizern Friedrich Dürrenmatt und Max Frisch, der Österreicherin Ingeborg Bachmann, mit Heinrich Böll, Günter Grass, Uwe Johnson, Wolfgang Koeppen, Siegried Lenz, Martin Walser. Themen der Romane sind die Vergewisserung der eigenen Identität, kritische Distanz zu den gesellschaftspolitischen Entwicklungen in der BRD, auch Modellentwürfe einer humanistischen Gesellschaft.
Ende der **1960er-Jahre** entwickelt sich, analog zum kritischen Zeitgeist, eine engagierte **Literatur der Arbeitswelt** sowie der Alltagskultur; ebenso ist die **Politisierung der Literatur** im Zuge der Studentenrevolte von 1968 und die **Hinwendung zum Dokumentarischen** zu beobachten. Diese Literatur, Theaterstücke, Gedichte und auch Romane, arbeitet häufig mit Tatsachenmaterial wie z. B. Zeitungsmeldungen, Reportagen, Prozessakten, Protokollen, Interviews und verarbeitet diese Sachtexte z. T. in Form von Collagen und mit Hilfe der Montagetechnik. In diesem Zusammenhang seien erwähnt Günter Wallraff *Der Aufmacher, Ganz unten*, Rolf Hochhuth *Der Stellvertreter*, Heinar Kipphardt *In der Sache J. Robert Oppenheimer*, Peter Weiss *Die Ermittlung* und als Vertreter der politischen Lyrik, anknüpfend an die Tradition Bertolt Brechts, Hans Magnus Enzensberger. Der Beginn der 68er-Ära fällt mit dem Ende der „Gruppe 47“ zusammen.
Für die **1970er-Jahre**, nach den Studentenunruhen und der APO-Zeit, unter der sozialliberalen Regierung Willy Brandts und Helmut Schmidts, setzt sich die **„Neue Subjektivtät“** als Sammelbegriff durch. Die Literatur, die unter diesem Begriff subsummiert wird, ist gekennzeichnet durch die Abkehr von der politischen, gesellschaftskritischen Literatur der 1960er-Jahre. Sie wendet sich wieder stärker der Verarbeitung individueller Erfahrungen und Enttäuschungen und der Auseinandersetzung mit der unmittelbaren Umgebung, mit der eigenen Lebenssituation und ihrer Krisen, mit Beziehungsproblemen zu. Häufig zu finden, entsprechend der Individualisierungsten-

denz, ist die **Ich-Erzählung**. In diesem Zusammenhang sei auch die Frauenbewegung genannt, die Emanzipationsprozesse provoziert und vorantreibt, Bewusstseinsänderungen anstößt und auch der Literatur neue Impulse verleiht. Erwähnt werden sollte die Gründung der Zeitschriften „Courage" (1976) und „Emma" (1977). Letztere durch Alice Schwarzer, die schon mit ihrem Buch *Der kleine Unterschied und seine großen Folgen* (1975) ein wirkungsvolles Beispiel für eine neue Frauenkultur und -literatur gegeben hatte. Bekannte Autorinnen sind Ingeborg Bachmann, Ulla Hahn, Elfriede Jelinek, Sarah Kirsch, Brigitte Kronauer, Angelika Mechtel, Christa Reinig, Brigitte Schwaiger, Karin Struck, Gabriele Wohmann; für die DDR Brigitte Reimann, Maxie Wander und Christa Wolf.
Die Diskussion Mitte der **1980er-Jahre** unter dem Stichwort „Multikultur" eröffnet den Blick für eine deutschsprachige Literatur ethnischer und kultureller Minoritäten, die die Dominanz der deutschen Perspektive durchbricht zugunsten einer differenzierten Sichtweise des Eigenen durch die Konfrontation mit dem Fremden; eine eigenständige **Migrantenliteratur** gewinnt seit Ende der 1970er-Jahre zunehmend an Kontur, wird Bestandteil der deutschen Gegenwartsliteratur und thematisiert Erfahrungen der Zerrissenheit und Heimatlosigkeit, das Leben zwischen den Kulturen, Parallelwelten innerhalb der deutschen Gesellschaft sowie Auseinandersetzungen mit der deutschen Sprache, mit positiv genutzter Zweisprachigkeit sowie Sprachverlust.
Mitte der **1980er- bis heute** wird der aus der Kunsttheorie stammende und ebenfalls von der Architektur besetzte Begriff der **„Postmoderne"** populär. Im Rückgriff auf traditionelle literarische Erzähltechniken (z. B. das auktoriale Erzählen, die chronologisch aufgebaute, geschlossene Erzählung), konventionelle Themen (Entwicklungs- und Bildungsroman des 18. und 19. Jahrhunderts) und historische Themen setzt sich diese Literatur mit der literarischen Moderne (1880 – 1925) kritisch auseinander. Die **Vielzahl der Stile und Stilmischungen**, die ironische Brechung der konventionellen Erzählerfigur und Thematik kennzeichnen diese Literatur, die mit der Tradition spielt; unzählige Anspielungen auf bekannte Werke, die in Form der **Intertextualität** in den Werken wiederzufinden sind, setzen einen gut informierten Leser voraus. Als Beispiele genannt werden hier die Romane von Patrick Süskind *Das Parfum* (1983), Christoph Ransmayr *Die letzte Welt* (1988) und Robert Schneider *Schlafes Bruder* (1992).
Entscheidendes Ereignis für neue Themen innerhalb der Gegenwartsliteratur ist die **„Wende" 1989/90** mit der Wiedervereinigung der beiden deutschen Staaten; es geht u. a. um die Auseinandersetzung mit der jeweiligen Vergangenheit, historische Erinnerungen, geistige, politische und finanzielle Probleme der Vereinigung, Berlin als neue Hauptstadt, persönlichen und kulturellen Identitätsverlust, hohe Arbeitslosigkeit, Fremdenhass.
Die **1990erJahre** werden oft als Zeit der „Spaßgesellschaft" bezeichnet, die sich durch Illusionsverlust und Gleichgültigkeit auszeichne. Sibylle Berg zeichnet dieses Lebensgefühl in ihrem Roman „Ein paar Leute suchen das Glück und lachen sich tot" (1997) plastisch nach. Ihre Protagonisten haben alle etwas Zeittypisches: Ihre Empfindungen und Wünsche bleiben schal und banal, ihre Sehnsüchte unerfüllt.

Gegenwartsliteratur

Ein weiterer Umbruch ist aus heutiger Sicht beim **Übergang vom 20. zum 21. Jahrhundert** zu konstatieren: Die neue Informations- und Medienkultur, Internet und Globalisierung, die Popkultur und Spaß- bzw. Eventgesellschaft, die verstärkten „turbo"kapitalistischen Tendenzen und die teilweise Abkehr von einer ausgewogenen sozialen Marktwirtschaft finden sich als Themen in der Literatur wieder. Verbunden mit diesen oben genannten Aspekten macht sich bei vielen Menschen Angst breit vor einer ungewissen Zukunft.

Exemplarisch sei hier der Autor und Journalist Benjamin von Stuckrad-Barre vorgestellt, ein Vertreter der so genannten **„Generation Golf"** (benannt nach einem Roman von Florian Illies aus dem Jahr 2000, in dem er typische Attitüden seiner Altersgenossen beschreibt, die in den 1980er-Jahren aufwuchsen). Stuckrad-Barres Debütroman „Soloalbum" (1998) erzählt in Ich-Form von einem namenlosen Protagonisten, der nach einer plötzlich beendeten Liebesbeziehung sozial verwahrlost: Er konsumiert Drogen, geht nur noch aus, um sich auf alkoholgeschwängerten Partys von seiner selbst gewählten Isolation abzulenken. Der Roman ist wie eine Schallplatte mit A- und B-Seite aufgemacht, einzelne Kapitel sind nach Songs der Band „Oasis" benannt. Die Feuilletons der deutschsprachigen Presse überschlagen sich in ihrer Begeisterung für Jungautorinnen, das **„Fräuleinwunder"** wird ausgerufen für Debütromane von Judith Herrmann, Tanja Dückers, Julia Franck, Juli Zeh, Jenny Erpenbeck, Zoe Jenny, Karen Duve etc.
Neben der Beschäftigung mit formalen Experimenten oder Alternativen des Erzählens mit Verzicht auf eine Erzählerinstanz oder lineares Erzählen rückt v. a. im multiethnischen und vielsprachigen Europa die Thematisierung von Fremdheitserfahrungen und (inter-)kulturellen Identitäten sowie Erfahrungen mit der Zweitsprache und sprachspielerischen Experimenten in der Literatur deutschschreibender Literaten anderer Herkunftskulturen in den Fokus. Diese Literatur, oft „Migrationsliteratur" bzw. **„Interkulturelle Literatur"** genannt, repräsentieren u. a. Feridun Zaimoğlu, Rafik Schami, Yōko Tawada, Wladimir Kaminer, Terezia Mora, Zsuzsa Bank, Sasa Stanisic und natürlich die deutsch-rumänische Literaturnobelpreisträgerin Herta Müller.
Zudem werden neue Gefahren wie Terrorismus, Finanzkrise, Klimawandel, Umgang mit dem Internet sowie soziale Entwicklungen innerhalb der Gesellschaft wie zerrüttete Familienverhältnisse, Mobbing, Armut durch sozialen Abstieg oder Ausgrenzung in der Literatur verhandelt. Die Autoren verarbeiten aktuelle gesellschaftspolitische, auch regionale Themen, auch in der boomenden **Kriminalliteratur**.

Das Aufgreifen der neuen technischen und gestalterischen Möglichkeiten, die das Internet bietet, verändert nicht nur die Schreibweisen innerhalb der gedruckten Literatur. Das Internet tritt als Ort der literarischen Veröffentlichung mit Weblogs, email-Romanen, der so genannten **Netzliteratur**, in Konkurrenz dazu. Sie nutzt die Technologie der Digitalisierung für literarische Verfahrensweisen, die auf diese Weise nur in diesem Medium möglich sind. Durch Interaktivität, Hypertextstrukturen/Verlinkung, Intermedialität, z. B. unter Verwendung auch visueller Reize, werden „netzförmige Texte" geschaffen, die

die konventionelle Erzählweise hinter sich lassen und nicht nur in Raum und Zeit neue Erzählräume eröffnen, sondern auch den **Leser zum Co-Autor** machen bzw. auch (teils anonyme) Autorenkollektive generieren.
Insgesamt ist die literarische Gegenwart von einer zyklischen Bewegung zum Teil gegenläufiger Tendenzen geprägt: von Politisierung über neue Subjektivität und Ästhetisierung zu experimenteller Literatur von so genannten **Hybrid-Texten durch Digitalisierung** und zunehmender Visualisierung (Stichwort: **Graphic Novel**).

Im deutschen Markt definiert man eine Distanz zwischen der „anspruchsvollen" Literatur, die mit Literaturpreisen ausgezeichnet wird, und der „leichten" Literatur, die sich gut verkauft und viel gelesen wird, z. B. Unterhaltungsromanen und Krimis. Nur wenigen Autoren gelingt es, vielen Ansprüchen gerecht zu werden, wie etwa Wolfgang Herrndorf mit seinem Jugendroman *Tschick* (2010), für den er 2011 den Deutschen Jugendliteraturpreis bekam, oder Daniel Kehlmann. Dessen Roman *Die Vermessung der Welt* (2005) stand 2006 auf Platz zwei der weltweit am meisten verkauften Bücher, wurde in 40 Sprachen übersetzt und gleichzeitig mit dem Literaturpreis der Konrad-Adenauer-Stiftung und dem Kleist-Preis ausgezeichnet. Fast genauso erfolgreich ist Kehlmanns postmoderner, collageartig angelegter Roman *Ruhm – ein Roman in neun Geschichten* (2009), für den er den Prix Cévennes für den besten europäischen Roman erhielt. Alle drei genannten Romane wurden erfolgreich verfilmt.
Typisch ist, dass viele verschiedene Stilarten, Schreibweisen, Textsorten gleichzeitig anerkannt werden. Man spricht hier von einer **„Gleichzeitigkeit des Ungleichzeitigen"** oder von der **„Demokratisierung" des Literatur- oder Kunstbegriffs**. Im Zuge dessen sind mittlerweile neue Formen des Schreibens erfolgreich, so z. B. das **„Bloggen"**, das Schreiben einer Art Tagebuch im Internet, das jeder verfassen – und das von jedem gelesen werden kann. Sehr modern sind gerade **„Poetry Slams"**, Dichterwettbewerbe, bei denen Autoren ihre Texte mündlich vortragen und es nicht allein auf die Qualität des Textes ankommt, sondern vor allem darauf, wie der Autor vorträgt („performt"), indem er auch singt, schauspielert, tanzt, den Text also künstlerisch gestaltet.

Was die **Gegenwartslyrik** betrifft, so zeigt sich hier ein genauso uneinheitliches Bild wie bei der Epik: Da es keine verbindliche oder verbindende Poetik gibt, aber eine Vielzahl von theoretischen Texten, in denen die Lyriker Auskunft geben, kann man von einer **Diversifizierung in unterschiedliche Lyrik-Szenen** sprechen, zu denen auch die Gruppe der Poetry Slammer gehört. Experimentelle Formen wie Lautgedichte, visuelle Gedicht-Konstruktionen (etwa die Wortlisten und Faux Amis von Uljana Wolff) oder intertextuelle Sprachspielereien (Ann Cotten, Dagmara Krauss) setzen zum einen die **Tradition der Konkreten Poesie** der 1960er-Jahre (u. a. Ernst Jandl) fort. Zum anderen finden sich Gedichte, die in der Auseinandersetzung mit traditionellen Formen (Sonett, Ode, Elegie) und Bildern sowie persönlichen Erfahrungen (Erlebnislyrik des 18. Jahrhunderts vs. Selbstinszenierung oder Ereignislyrik) neue poetische Ausdrucksvariationen entwickeln. Mehrsprachigkeit ist ein wichtiges Thema auch in der Lyrik und hängt sowohl mit der multikulturellen Sozialisation der Autoren als auch mit ihrer Übersetzertätigkeit, der Personalunion Lyriker/Übersetzer, zusammen. Die Gedichte experimentieren nicht nur im Umgang mit Sprache, sondern reflektieren die Möglichkeiten des eigenen Sprechens und hinterfragen analog dazu die eigenen poetischen Wirklichkeitskonstruktionen. Weiterhin geht es um konventionelle, alltägliche, aber auch gesellschaftskritische Themen wie Natur, Liebe, Stadt, Krieg, Menschenbilder und Lebensformen. Hinzu gekommen sind weitere Themenbereiche wie **Kommunikationsformen mit, durch und über Medien** sowie digitale Informationstechnologien.

Die **Gegenwartsdramatik** präsentiert sich mit einer Vielzahl von Stilen, Formen und Themen, wie es die teils als spektakulär beschriebenen Aufführungen der großen deutschsprachigen Theater in Hamburg, Berlin, München und Wien dokumentieren. In der Theaterwissenschaft wird das moderne Theater mit den Etiketten „dramatisches" oder **„postdramatisches" Theater** versehen; im Zentrum steht nicht mehr das theatrale Agieren, der Text selbst, sondern Theaterformen, die als einer **Performance** nahe beschrieben werden können. Elementare Aspekte des Theaters wie Raum, Bühne, Licht, Ton, Körper, Stimmen, Bewegung werden freigesetzt. Das moderne Theater gilt nicht als Lesetext, sondern existiert vor allem in der Umsetzung auf der Bühne. (z. B. das Theater von René Pollesch). Zudem experimentiert das Theater wieder viel, sowohl sprachlich als auch formal, indem z. B. der Entstehungsprozess der Texte im Vordergrund steht. Thema sind des Öfteren gestörte Familien- bzw. Freundesbeziehungen (Lutz Hübner, Yasmina Reza) sowie gestörte bzw. sich verändernde Kommunikationsformen durch soziale Netze und Internet (Igor Bauersima *norway.today*, Yasmina Reza, Dea Loher) oder Lebensentwürfe, die aufgrund von Verunsicherungen aller Art scheitern. Seit 2014 kommen zunehmend auch Dramen zur Aufführung, die politische Krisen, Krieg, Vertreibung, Flucht, Identitätsproblematik thematisieren und damit politisch motivierten und agierenden Schriftstellern und Dramaturgen sowie dem an aktuellen Zeitthemen interessiertem Publikum ein Forum bieten. Diese Stücke sind oft dokumentarische Fiktionen und das kreative Material entstammt der aktuellen Wirklichkeit.

Inhaltsfeld Sprache

Inhaltliche Schwerpunkte (Kernlehrplan)
- Spracherwerbsmodelle und -theorien
- Sprachgeschichtlicher Wandel
- Sprachvarietäten und ihre gesellschaftliche Bedeutung
- Verhältnis von Sprache, Denken und Wirklichkeit

Spracherwerbsmodelle und -theorien

Nach heutigem Stand der Forschung geht man davon aus, dass eine sehr lange Zeit der Evolution erforderlich war, damit der Mensch durch anatomische Veränderungen im Mund- und Rachenbereich überhaupt in der Lage war, eine Lautsprache zu entwickeln. Erst mit moderneren Forschungsmethoden war es möglich, dafür einen Nachweis zu erbringen, indem man die Veränderungen des knöchernen Zungenbeins beim Menschen rekonstruierte.
Die Entwicklung der Lautsprache fand zwischen 1,8 Millionen und 500 000 Jahren vor unserer Zeitrechnung statt. Dass sich der Mensch im Verlauf seiner Evolution vom Einzelgänger zu einem in Gesellschaft lebenden Homo erectus entwickelte, um im Schutz der Gemeinschaft seine Existenzprobleme besser bewältigen zu können, begünstigte im Sinne Darwins diesen Evolutionsprozess (Entwicklung der Sprechwerkzeuge).
Erst seit etwa 400 000 Jahren ermöglicht die Anatomie des menschlichen Innenohrs das Hören sprachtypischer Frequenzen. Heute geht man in der Forschung davon aus, dass sich etwa 200 000 bis 100 000 Jahre vor unserer Zeitrechnung wahrscheinlich ein Gen (das FOXP2-Gen) im Erbgut des Menschen ausbildete, das u. a. für die Entwicklung von Gehirnbereichen verantwortlich sein soll, die auch für die Sprachentwicklung (Verstehen und Artikulation) bedeutsam sind. **Vor ca. 100 000 Jahren**, als von Afrika aus die Ausbreitung des Menschen über die Welt begann, war die **vollständige Ausbildung der Sprachfähigkeit** erreicht. Diese Ausbreitung führte zur Entstehung verschiedener **Sprachfamilien**. Erst über die letzten 7 000 Jahre der menschlichen Sprachentwicklung liegen relativ gesicherte Erkenntnisse vor. Ende des 18. Jahrhunderts bildete sich in Deutschland ein besonderes Interesse an der stammesgeschichtlichen Entwicklung der Sprache heraus (Theorien zum Ursprung der Sprache).
Die Frage, wie wir Sprache erlernen, beschäftigt als Gegenstand der Forschung die Linguistik, die Entwicklungspsychologie, die Didaktik und andere wissenschaftliche Disziplinen.
Gegenüber dem Sprachenlernen, also dem Erlernen einer Sprache in der Schule, meint **Spracherwerb** den unbewussten und implizit verlaufenden Prozess, der beim Erlernen der Muttersprache in natürlicher Umgebung stattfindet. Spracherwerb findet also im alltäglichen sozialen Kontakt mit den Eltern und/oder anderen Menschen statt. Sprachenlernen ist dagegen ein bewusster und gezielt gesteuerter Prozess, der sich in dafür vorgesehenen Institutionen (Schulen, Sprachinstitute usw.) vollzieht.
Von besonderem Interesse für die Wissenschaft ist die Frage, wie es beim Spracherwerb möglich ist, dass Menschen ihre Muttersprache so schnell erlernen können.

In der **Spracherwerbsforschung** herrschen bisher zwei klassische Positionen vor:
- Die von **Noam Chomsky** (*1928) vertretene *Nativismustheorie* geht davon aus, dass jeder Mensch von Geburt an über eine sogenannte Universalgrammatik verfügt. Unter einer Universalgrammatik stellen sich Chomsky und andere Vertreter der Nativismustheorie (z. B. Jerry Fodor und Steven Pinker) ein angeborenes, abstraktes syntaktisches Wissen vor, auf dessen Grundlage Kinder die jeweilige Muttersprache schnell erlernen können.
- Im Gegensatz zur Nativismustheorie gehen *kognitivistische Theorien* im Anschluss an **Jean Piagets** Theorie der Entwicklung kindlicher Kognition davon aus, dass sich der Spracherwerb aus der Fähigkeit zu denken erklären lasse, ohne dass dazu eine Universalgrammatik notwendig sei.

Die klassische kognitivistische Theorie wird zunehmend durch einen Interaktionismus ergänzt, der bei der Erklärung des Spracherwerbs ein stärkeres Gewicht auf die sozialen Interaktionen der Menschen legt. Der Anthropologe Michael Tomasello (*1950) vertritt dabei die Position, dass Menschen über eine allgemeine kognitive Fähigkeit verfügen, die sie zu Kommunikation anregt und die sie bei der Kommunikation einsetzen.
Neurowissenschaftliche Forschungen der Gegenwart könnten Chomskys Nativismustheorie stützen, wenn es ihnen durch die Erforschung der im Gehirn stattfindenden Prozesse beim Spracherwerb und bei der Sprachproduktion gelänge nachzuweisen, dass alle Menschen über eine Art *Bioprogramm Sprache* verfügen.

INFO Positionen der Spracherwerbsforschung

- **Phylogenese** (griechisch *phyle* Stamm + *genesis* Entstehung): Der Begriff bezeichnet die stammesgeschichtliche Entwicklung der Lebewesen und gibt Auskunft über die verwandtschaftlichen Verhältnisse. Die stammesgeschichtliche Entwicklung des Menschen wird als ein Prozess zunehmender Bereicherung und Komplexität aufgefasst. Dies wird auch auf die Entwicklung der Sprache übertragen (von den Urlauten der frühen Vorfahren zu voll entwickelten sprachlichen Systemen).
- **Ontogenese** (griechisch *on* Seiendes + *genesis* Entstehung): Im Gegensatz zur Phylogenese bezeichnet die Ontogenese die Entwicklung des einzelnen Lebewesens von der befruchteten Eizelle bis zur Fortpflanzungsfähigkeit. Die Entwicklung einzelner Lebewesen folgt in den genetischen Anlagen festgelegten Strukturen (Wachstum, kontinuierliche Differenzierung bzw. metamorphische Formveränderung) und ist dabei außerdem Einflüssen der Umwelt ausgesetzt. Man geht davon aus, dass es im Verlauf der embryonalen Entwicklung der Lebewesen zu einer schnellen Wiederholung der Phylogenese kommt.

Der bisher nicht gelöste Streitpunkt besteht vor allem darin, ob Sprache eher als eine kulturelle Errungenschaft oder als ein angeborenes Bioprogramm bzw. als Ergebnis kreativer Denkprozesse des Individuums zu begreifen ist. Die Annahme, dass unsere

Sprache eine kulturelle Errungenschaft ist, fasst Sprache und Spracherwerb stärker als ein Produkt der *Phylogenese* des Menschen (stammesgeschichtliche Entwicklung) auf, wodurch auch relativitätstheoretische Erklärungsansätze für den Zusammenhang von Sprache, Denken und Wirklichkeit, wie z. B. die „Relativitätshypothese“, eine Bestätigung finden (→ *Verhältnis von Sprache, Denken und Wirklichkeit*, S. 146 ff.). Demgegenüber betont die Annahme, dass der Erwerb der Sprache durch ein Bioprogramm im Menschen verankert ist, stärker die *Ontogenese* des Menschen (Entwicklung des Einzelwesens).

Sprachgeschichtlicher Wandel

- Indoeuropäisch
  - Urgermanisch
    - Ostgermanisch → Gotisch
    - Nordgermanisch
      - Isländisch
      - Norwegisch
      - Dänisch
      - Schwedisch
    - Westgermanisch
      - Englisch
      - Deutsch
      - Friesisch
      - Niederländisch → Afrikaans

Die Grafik zeigt stark vereinfacht, wie sich die heutigen **germanischen Sprachen**, zu der auch das Deutsche gehört, seit 2500 v. Chr. aus dem **Indoeuropäischen** entwickelt haben. In Ergänzung zeigt die folgende Abbildung, in welchen zeitlichen Schritten das heutige Deutsch seit 800 n. Chr. aus dem Westgermanischen entstanden ist.

200 n. Chr.	Westgermanisch
	↓
800	Althochdeutsch
	↓
1200	Mittelhochdeutsch
	↓
1600	Frühneuhochdeutsch
	↓
Gegenwart	Deutsch

Wenn man von der deutschen Sprache, dem Hochdeutsch oder der Standardsprache Deutsch spricht, meint man ein theoretisches Konstrukt, das aus Normen besteht, die erst im 19. Jahrhundert festgelegt wurden. Es gibt also nicht die **Standardsprache** Deutsch, da die deutsche Sprache ein Geflecht von regional bestimmten **Sprachvarietäten** ist (→ *Sprachvarietäten und ihre gesellschaftliche Bedeutung*, S. 144 ff.).

Als Oberbegriff bezeichnet Sprachentwicklung einerseits den Spracherwerb von Kleinkindern, andererseits den **Sprachwandel**, also die Veränderungen in einer Sprache.
Das Phänomen Sprache kann zu keinem Zeitpunkt als ein fertiges Gebilde verstanden werden. Historisch betrachtet unterliegen alle Sprachen einem kontinuierlichen Entwicklungsprozess, der im Idealfall einen Prozess der Bereicherung bei zunehmender Komplexität des Systems Sprache darstellt. Veränderungen der Sprache stehen in der Regel in einem Bezug zu gesellschaftlichen Veränderungen.
Veränderungen der Sprache vollziehen sich im Allgemeinen fließend über einen längeren Zeitraum hinweg durch die Verwendung in der Praxis. Dazu gehört u. a., dass neue Wörter sich in einer Sprache etablieren, während andere „aussterben“, weil sie nicht mehr oder nur noch selten benutzt werden. Oder es verschieben sich Wortbedeutungen: Während „Weib“ früher als wertneutrales Synonym für „Frau“ verwendet wurde, ist die Verwendung heute eindeutig negativ konnotiert. Solche Veränderungen betreffen nicht nur die Schreibweise und den Wortbestand, sondern auch die Grammatik, wie z. B. die zunehmende Ersetzung des Genitivs durch Dativkonstruktionen („der Hut vom Mann“ statt „der Hut des Mannes“) oder der weitgehende Verzicht auf die Verwendung des Konjunktivs bei der indirekten Rede im alltäglichen Sprachgebrauch.

Da die Sprache sich in der Regel an der Praxis ihrer Verwendung orientiert, spricht man bei der Sprachentwicklung auch von den wirksamen Kräften der Selbstregulation. Gezielte Eingriffe in diesen Mechanismus werden als **Sprachlenkung** bezeichnet. Die Beweggründe für derartige Eingriffe sind sehr unterschiedlicher Natur:

- Im Verlauf der historischen Entwicklung hat es Versuche im Sinne der Sprachmanipulation gegeben, systemkonformes Denken durch eine offizielle Sprachregelung zu bewirken (z. B. Nationalsozialismus, DDR).
- Bemühungen von Sprachpflegern, durch Maßnahmen der Sprachregelung bewahrend auf die Sprachentwicklung einzuwirken, stellen Eingriffe in das System Sprache dar, die kontrovers diskutiert wurden und werden (→ *Sprachkritik*, S. 145 f.).
- Wenn Sprachlenkung als „Steuerung von oben“ stattfindet, stimmt sie in der Regel mit systemlinguistischen Konzeptionen überein. Ein Beispiel aus heutiger Zeit sind amtliche Erlasse und Verfügungen, die vorschreiben, dass in allen öffentlichen Dokumenten sowohl die femininen als auch die maskulinen Formen zu verwenden sind (z. B. Bürgerinnen und Bürger, Schüler/-innen). Diese offizielle amtliche Regelung lief zeitlich parallel mit der sprachwissenschaftlichen Diskussion zum Geschlechtersplitting.

Die zunehmende Globalisierung und die dabei vermehrt entstehenden multikulturellen Gesellschaftsformen fordern und fördern gegenwärtig **interlinguale Entwicklungsprozesse**, da unterschiedliche Kulturen und Sprachräume enger zusammenwachsen und Sprachen sich stärker mischen und gegenseitig beeinflussen.
Sprachschützer bzw. -pfleger sahen und sehen in dem Einfluss fremder Sprachen, z. B. im zunehmenden Anteil von **Anglizismen** in der deutschen Sprache, einen Verlust der Identität. Andere begreifen die stattfindenden interlingualen Entwicklungsprozesse eher als eine Bereicherung und vertrauen auf die Kräfte der Selbstregulierung inner-

halb einer Sprache. Für sie kann die Verwendung von Wörtern aus fremden Sprachen vielmehr zu einer fruchtbaren Auseinandersetzung mit Bedeutungsverschiebungen bei der Übernahme eines Wortes führen oder zu einer vertieften Reflexion bisher unbewusster Sachverhalte beitragen.
Das Aufwachsen mit einer Zweitsprache bzw. in der **Mehrsprachigkeit**, die in fast allen Schulsystemen gezielt aufgebaut wird, verbessert nicht nur die beruflichen Chancen in einer globalisierten Welt, sondern fördert auch das Verständnis für fremde Sprachen und Kulturen. Im direkten Vergleich verschiedener Sprachen kann auch die Beschaffenheit der eigenen bewusster werden. Warum sagt man im Deutschen z. B., wenn einem etwas unverständlich ist, „Das kommt mir spanisch vor", während es im Englischen „It's Greek to me" heißt? Warum sagen wir nicht „Das kommt mir chinesisch vor"? Ist der „Walfisch" in anderen Sprachen auch ein Fisch, obwohl er eigentlich zu den Säugetieren gehört? – Solche und ähnliche Fragen können den sprachlichen Relativismus innerhalb ein und derselben Sprache deutlich werden lassen.
Beim **Übersetzen** von einer Sprache in eine andere wird deutlich, wie wichtig es ist, dass man nicht nur die entsprechenden Vokabeln gelernt, sondern sich auch mit der Kultur des jeweiligen Landes intensiv auseinandergesetzt hat. Immer wieder stößt man beim Übersetzen auf Begriffe und Redewendungen, die so in der eigenen Sprache nicht vorkommen und es stellt sich die Frage, ob die eigene Übersetzung dem Ausgangstext wirklich gerecht wird. Vor allem professionelle Übersetzer werden dabei an der Werktreue ihrer Übersetzung gemessen. Die Problematik besteht aber gerade darin, dass die Übersetzung zwei Ansprüchen genügen muss:

- Der spezifische Charakter des Originaltextes sollte im Sinne größtmöglicher Werktreue nicht verletzt werden.
- Der Originaltext muss den sprachlichen Strukturen der Zielsprache angepasst sein (Übertragung statt Übersetzung).

Sprachvarietäten und ihre gesellschaftliche Bedeutung

Der Begriff *Sprachvarietät* meint die Teilmenge einer Einzelsprache, die sie ergänzt oder modifiziert, aber nicht unabhängig von ihr existieren kann.

INFO Sprachvarietäten

geografischer Bezug	Dialekte, Regiolekte (z. B. Schwäbisch, Kölsch, Münsteraner Platt)
in Bezug auf die Gesellschaftsschicht	Jugendsprachen, Idiolekte, Frauen-/Männersprachen usw. (= Identität der Sprecher) Soziolekte, Gruppensprachen (= Zugehörigkeit zu einer Schicht oder Gruppe)
in Bezug auf die Kommunikationssituationen	z. B. Fachsprachen, Umgangssprache

Sprachgeschichte ist immer eng mit der Zeitgeschichte verbunden, da jede Generation ihren eigenen Sprachstil mit sich bringt, welcher von den bestehenden sozialen und politischen Umständen geprägt ist. Die heutige **Jugendsprache** (z. B. Kietzdeutsch) ist ein gutes Beispiel für eine Sprachvarietät, die einen besonders starken und schnellen Wandel erfährt. Noch vor zwanzig Jahren gab es in der Sprache der Jugendlichen keine Formulierungen wie „voll krass“, „taschengeldmäßig“ oder „chillen“, dafür aber andere, die heute von der Jugend kaum noch verwendet werden (z. B. „meschugge“ oder „knorke“ aus den 1950er-Jahren). Die früheren Jugendsprachen gelten als deutlich konservativer und angepasster als die gegenwärtige.
Dass in der Sprache der heutigen Jugendlichen z. B. ungewöhnliche **Wortneuschöpfungen** entstehen, Verstöße gegen Regeln der Grammatik vorkommen oder gehäuft Wörter aus fremden Sprachen Verwendung finden, führt immer wieder zu Kritik an dieser Sprachvarietät. Dabei werden die Gefahren für die deutsche Sprache insgesamt sicherlich etwas überbewertet. Denn manchmal wird vergessen, dass es ähnliche Phänomene schon immer gegeben hat, ohne dass die Sprache Schaden genommen hat, und dass die Abgrenzung von der Welt der Erwachsenen (dazu gehört auch die eigene Sprache) ein entwicklungspsychologisch bedeutsamer Faktor ist.

Abgesehen von diesen kritischen Stimmen zur Jugendsprache gibt es **Sprachkritik** als Beitrag zur Sprachpflege in Deutschland schon seit dem 17. Jahrhundert. Nach den Vorbildern in den Niederlanden und in Italien entstanden im 17. Jahrhundert zahlreiche **Sprachgesellschaften**, die sich der Pflege der deutschen Sprache widmeten. Die bedeutendste und bekannteste war die „Fruchtbringende Gesellschaft“ (1617–1680), die auch als „Palmenorden“ bezeichnet wurde und vor allem für die radikale Tilgung lateinischer Wörter aus der deutschen Sprache eintrat.
Institutionen wie der Verein Deutsche Sprache (VDS) oder die Gesellschaft für deutsche Sprache (GfdS) bemühen sich heute um **Sprachpflege**, indem sie sich mit herrschenden Sprachnormen auseinandersetzen, um diese zu bewerten und auf unangemessenen Sprachgebrauch aufmerksam zu machen. Im Zentrum des Interesses steht dabei in erster Linie das gesprochene und geschriebene Wort in öffentlichen Institutionen (Politik, Medien usw.). Erklärtes Ziel ist es, durch das Aufzeigen von Missständen einen Beitrag zur Verbesserung der Sprachkultur zu leisten. Mit verschiedenen Aktionen, z. B. der Veröffentlichung des Anglizismenindex, der Wahl des Unwortes des Jahres (2013: „Sozialtourismus“, 2014: „Lügenpresse“ und 2015: „Gutmensch“), des Wortes des Jahres (2013: „GroKo“, 2014: „Lichtgrenze“ und 2015: „Flüchtlinge“) oder des Sprachpanschers des Jahres (2013: „Duden“, 2014: „Ursula von der Leyen“ und 2015: „Prof. Dr. Wolfgang A. Herrmann“), wenden sich diese Organisationen gegen
- Bürokratensprache und Amtsdeutsch,
- den zunehmenden Gebrauch von Fremdwörtern (vor allem Anglizismen),
- sexistischen Sprachgebrauch,
- grammatikalisch nicht eindeutige und richtige Sprachgestaltung sowie
- die unkorrekte Schreibweise und Aussprache von Wörtern.

In seiner extremen Form bezeichnet man den Versuch, die deutsche Sprache durch Sprachreinigung zu schützen, als **Sprachpurismus** und kritisiert den darin zum Ausdruck kommenden übertriebenen Nationalstolz.
Als Beispiel wird häufig auf Frankreich verwiesen, da dort deutlich stärker auf die Bewahrung der eigenen Sprache geachtet wird. Anders als in den meisten anderen europäischen Ländern heißt z. B. der Computer nicht Computer, sondern „ordinateur", und die E-Mail „courriel".
Bemühungen um die „Reinhaltung der deutschen Sprache" werden nicht nur kritisiert, weil darin eine übertriebene „Deutschtümelei" erkannt wird, sondern weil Sprache dadurch als etwas Schutzbedürftiges aufgefasst wird. Die Kritiker der Sprachpflege gehen davon aus, dass man auf Eingriffe „von oben" verzichten kann und soll, weil Sprachen an sich nicht zerstört werden können, sondern nur einem ständigen Wandel der Zeit unterworfen sind und einen Mechanismus der Selbstregulation besitzen.

INFO Sprachkritik

- Sprachkritik im Sinne der **Sprachpflege** zielt traditionell in erster Linie auf den Schutz der eigenen Sprache vor fremden Einflüssen.
- Sprachkritik als **Textkritik** befasst sich in erster Linie mit der kritischen Reflexion öffentlicher Sprache in der Gesellschaft und der Politik. Ziel ist vor allem eine Verbesserung und Kultivierung des Sprachgebrauchs.

Im Gegensatz zu sprachpuristischen Positionen stehen **interlinguale Entwicklungsprozesse**, die sich aus dem Entstehen einer multikulturellen Gesellschaft im Zeichen der zunehmenden Globalisierung ergeben (→ *Spracherwerbsmodelle und -theorien*, S. 140 ff.). Das „Switchen" (Wechseln von einer Sprache in eine andere) findet sich z. B. bei zweisprachig aufgewachsenen Menschen bzw. in multikulturell zusammengesetzten Gruppen.
Neuere Untersuchungen stellen heraus, dass **Mehrsprachigkeit** sich positiv auf die Sprachkompetenz von Kindern auswirkt und einen intellektuellen Gewinn bedeuten kann, wenn die zweite Sprache nicht wie eine Fremdsprache, sondern in mehr oder weniger authentischen Situationen (z. B. zweisprachiges Elternhaus, bilingualer Unterricht) parallel zur Muttersprache erlernt wird. So werden dadurch frühzeitig sprachliche Bedeutungen und kulturelle Unterschiede reflektiert und weitere Sprachen können leichter gelernt werden.
Mehrsprachigkeit bei Kindern mit Migrationshintergrund führt dann zu Problemen, wenn weder die Muttersprache noch die Zweitsprache richtig erlernt wird.

Verhältnis von Sprache, Denken und Wirklichkeit

Solange das Phänomen Sprache Gegenstand einer kritischen Reflexion war, interessierte vor allem die Frage, welcher Zusammenhang zwischen Sprache und Denken besteht und inwieweit Sprache und Denken die Wirklichkeit objektiv abbilden können.

In den sprachphilosophischen Diskursen ist von besonderem Interesse, in welchem Verhältnis Sprache und Wirklichkeit stehen und welche Leistung die **Sprache als Mittel der Erkenntnis** besitzt. Im Zentrum der Reflexion steht dabei weniger die Frage, wie die Verschiedenartigkeit der Sprachen das Denken und die Vorstellung von Wirklichkeit beeinflusst, sondern vor allem die Frage, welcher Zusammenhang zwischen dem *sprachlichen Zeichen* und dem bezeichneten Gegenstand besteht.

INFO Sprachkritik

Sprachkritik im Bereich der **Sprachphilosophie** setzt sich vor allem mit dem Zusammenhang von Sprache, Denken und Wirklichkeit auseinander und befasst sich mit der Leistung der Sprache für die Erkenntnis.

In der **griechischen Antike** (vor allem Platon und Heraklit) ging man von einer Harmonie zwischen den Wörtern und Dingen aus. Diese Vorstellung wird mit dem Begriff *Abbildungstheorie* bezeichnet, da Wörter quasi Abbilder der Gegenstände sind bzw. Merkzeichen für bestimmte Vorstellungen, die Abbilder der Dinge sind.
Auf Ablehnung stieß die Abbildungstheorie bereits bei den Griechen selbst. In der *anomalistischen Theorie* ging man davon aus, dass die Benennungen der Dinge auf Zuordnungen beruhen, die durch Übereinkunft hergestellt werden. Daher gibt es für die Vertreter dieser Theorie keine Übereinstimmungen zwischen den Benennungen bzw. Wörtern und den Dingen, die sie bezeichnen, d. h., dass man durch das Wort nichts über die Eigenschaften des Dings selbst erfährt.

Sprache wird seit der anomalistischen Theorie durch verschiedene Philosophen (z. B. Augustinus, Bacon, Locke, Leibniz und Hegel) in Verbindung mit den Begriffen *Symbol* oder *Zeichen* gebracht. Der **Zeichencharakter der Sprache** wird aber erst durch den Sprachwissenschaftler Ferdinand de Saussure (1857 – 1913) vertieft. Für ihn ist ein sprachliches Zeichen die Verbindung eines *Ausdrucks*, z. B. [baum] mit einem *Inhalt* (). Saussure spricht dabei vom *Bezeichnenden* (signifiant = Ausdruck) und dem *Bezeichneten* (signifié = Inhalt). Die Beziehung zwischen dem Bezeichnenden und dem Bezeichneten ist dabei zwar willkürlich (*Arbitrarität* des sprachlichen Zeichens), aber über die jeweilige Zuordnung besteht eine stillschweigende oder ausdrückliche Übereinkunft (*Konventionalität* der Sprache).
In der Philosophie und den Sprachwissenschaften wurde Saussures Theorie des sprachlichen Zeichens kritisiert, da die Leistung der Sprache durch diesen Ansatz auf ein bloßes Zeichensystem reduziert wird. Für Hans-Georg Gadamer (1900 – 2002) leistet Sprache mehr, als nur im Sinne eines Mediums zur Verständigung über Dinge und Vorgänge der Wirklichkeit beizutragen. Sie bedingt unserer Denken. Nur in der Sprache erfasst der Mensch die Welt.

Im Anschluss an den deutschen Philosophen und Sprachforscher Wilhelm von Humboldt (1767 – 1835) betont der Philosoph Leo Weisgerber (1899 – 1985) demgegenüber eher die aktive Rolle der Sprache in Bezug auf die Vorstellung von der Wirklichkeit. Ausgehend von Humboldt, der von einer Umprägung und Gestaltung der Wirklichkeit durch die Sprache spricht, entwickelt Weisgerber seine Theorie von der „sprachlichen Zwischenwelt". Demnach bildet die durch die Sprache gestaltete Wirklichkeit eine Zwischenwelt, die dem Bewusstsein des Menschen eine systematisch aufgebaute eigenständige geistige Welt bietet. Die objektive Realität ist dem Menschen demnach unzugänglich und Wirklichkeit ist für ihn nur, was in dieser Zwischenwelt enthalten ist. Diese sehr verkürzte und stark vereinfachte Übersicht soll verdeutlichen, wie unterschiedlich und kontrovers die Leistung der Sprache bei der Erkenntnis der Wirklichkeit in der Philosophie gesehen und bewertet wird.

Das Verhältnis zwischen Sprache, Denken und Wirklichkeit beschäftigt schon seit Langem die an dem Phänomen Sprache Interessierten und die Sprachwissenschaftler. Der englische Philosoph John Locke (1632 – 1704) stellte gegen **Ende des 17. Jahrhunderts** fest, dass es in verschiedenen Sprachen viele Wörter gibt, die keine Entsprechung in anderen Sprachen haben. Für Locke drücken solche Wörter komplexe Gedanken und Ideen aus, die aus den Lebensbedingungen und Lebensweisen der jeweiligen Gesellschaft hervorgegangen sind.
Der deutsche Philosoph, Theologe und Dichter Johann Gottfried von Herder (1744 – 1803) begründete vor allem mit seiner Untersuchung *Über den Ursprung der Sprache* (1772) die **deutsche Sprachwissenschaft**. Herder und vor allem Wilhelm von Humboldt erweiterten die gedanklichen Ansätze John Lockes, indem sie sie auch auf die **Grammatik** einer Sprache bezogen. Für Humboldt, den wohl bedeutendsten Sprachforscher seiner Zeit, der seine sprachtheoretische Position aus seinen linguistischen Studien vieler verschiedener Sprachen (Chinesisch, Japanisch und semitische Sprachen, aber auch Sanskrit, Ungarisch oder Ägyptisch) entwickelte, war Sprache nichts Festes und Unveränderbares, sondern etwas, das sich ständig in der Auseinandersetzung mit der Realität verändert. Sprache ist nach Humboldt die sich ständig wiederholende Arbeit des Geistes, artikulierte Laute zum Ausdruck der Gedanken werden zu lassen. Die Verschiedenartigkeit der von ihm untersuchten Sprachen liegt für Humboldt darin begründet, dass jede einzelne Sprache eine eigene Form gefunden hat, um die Welt in Gedanken zu kleiden. Daraus ergibt sich für ihn eine „in jeder Sprache eigentümliche Weltansicht".
Daraus, dass Denken und Sprechen untrennbar miteinander verbunden sind und dass jede Sprache ihre eigene Weltsicht enthält, zieht Humboldt die Konsequenz, dass keine Sprache einen völlig objektiven Zugang zur Wirklichkeit hat. Die Summe des Erkennbaren liegt für ihn in der Mitte zwischen allen Sprachen und der Mensch kann sich der objektiven Wahrheit nur subjektiv nähern.

Im **20. Jahrhundert** werden einzelne Grundgedanken Humboldts vom deutsch-amerikanischen Ethnologen und Anthropologen Franz Boas (1858 – 1942) aufgegriffen. Boas und seine Schüler untersuchten Indianersprachen, die sich grundsätzlich von europäischen Sprachen unterschieden. Boas Schüler **Edward Sapir** (1884 – 1939) stellte vor dem Hintergrund des Studiums dieser Sprachen schließlich die Hypothese auf, dass die lexikalischen und syntaktischen Strukturen einer bestimmten Sprache gewisse Arten des Denkens zwar nahelegen, aber nicht erzwingen. Sapirs Schüler **Benjamin Lee Whorf** (1897 – 1941) erlangte mit seinen Schriften, von denen einige 1963 in einer Sammlung mit dem Titel *Sprache, Denken, Wirklichkeit* in deutscher Übersetzung veröffentlicht wurden, große Popularität nicht nur in Kreisen der Sprachwissenschaft.

Die „Sapir-Whorf-Hypothese"

Unter den geläufigen Bezeichnungen **„Sapir-Whorf-Hypothese"** bzw. **„Sprachliches Relativitätsprinzip"** wird die recht radikal formulierte These gefasst, dass die Grammatik einer bestimmten Sprache unser Denken beherrscht, sodass die jeweiligen sprachlichen Strukturen nur eine relative Vorstellung von Wirklichkeit ermöglichen.
Im Zusammenhang mit dem „sprachlichen Relativitätsprinzip" wird in der Regel auf eindrucksvolle Beispiele verwiesen: z. B. auf die Beobachtung, dass die Sprache der Hopi-Indianer im Gegensatz zum Englischen oder Deutschen eher eine „zeitlose" Sprache ist, da die Verben der Hopi-Sprache keine Tempora haben und den Unterschied zwischen Vergangenheit, Gegenwart und Zukunft anders als in den indoeuropäischen Sprachen ausdrücken. Oder dass die Sprache der Inuit über viel mehr Möglichkeiten verfügt, um Schnee- und Eisverhältnisse zu bezeichnen, als europäische Sprachen und dass Wüstenvölker ein umfangreicheres sprachliches Repertoire für das Wort Sand aufweisen.
Gegenüber der oben angedeuteten Sichtweise Humboldts zur **Verschiedenartigkeit der Sprachen** wird stark vereinfachend der Schluss gezogen, dass Menschen aufgrund ihrer Zugehörigkeit zu bestimmten Kulturkreisen zu unterschiedlichen Ansichten von Welt kämen, sodass die Wahrnehmung von Wirklichkeit nur relativ sein könne.

Schwachstellen in der Beweisführung durch die Begrenztheit des empirischen Materials und den dogmatischen Charakter der Sapir-Whorf-Hypothese führten ab Mitte des 20. Jahrhunderts bis in die Gegenwart zu einem verstärkten Aufkommen **formalistischer und universalistischer Ansätze**. Diese Ansätze haben sich den Nachweis zum Ziel gesetzt, dass alle unterschiedlichen Sprachen auf eine gemeinsame **Universalgrammatik** zurückzuführen seien. Eine solche abstrakte Universalgrammatik wäre dem Denken gegenüber eigenständig und hätte keinen Einfluss darauf. Die vor allem von Noam Chomsky vertretene *Nativismustheorie* (→ S. 141) geht von der Existenz einer solchen Universalgrammatik aus. Gestärkt wird dies durch neuere Forschungen in den Neurowissenschaften, die besagen, dass die Ausbildung des FOXP2-Gens (→ S. 140) im Erbgut des Menschen für die Sprachentwicklung verantwortlich sein soll.

Trotz vielfältiger Kritik findet die Sapir-Whorf-Hypothese in der Wissenschaft gegenwärtig wieder mehr Beachtung und wird erneut heftig diskutiert, da die amerikanischen Sprachwissenschaftler John Lucy und Penny Lee sich darum bemühen, die **Relativitätshypothese** – empirisch besser abgesichert – durch einen Vergleich des Englischen mit dem Yukatekischen Maya zu beweisen.
Mit kritischem Blick auf die Sapir-Whorf-These und das linguistische Relativitätsprinzip formuliert zum Beispiel der israelische Linguist Guy Deutscher 2010 im Anschluss an

den Anthropologen Franz Boas und den russisch-amerikanischen Linguisten Roman Jakobson einen Ansatz, den er das **Boas-Jakobson-Prinzip** nennt. Dabei zweifelt er nicht an, dass eine Muttersprache Einfluss auf das Denken nimmt, aber er geht davon aus, dass man theoretisch in jeder Sprache alles zum Ausdruck bringen kann. Der für ihn entscheidende **Unterschied zwischen den Sprachen** besteht also nicht darin, was eine Sprache dem Sprechenden auszudrücken erlaubt, sondern wozu eine Sprache den Sprechenden ‚zwingt', wenn er sich äußert. Anders als in der Sapir-Whorf-Hypothese dargestellt, ist Sprache demnach kein „Gefängnis" für das Denken und die Wahrnehmung der Wirklichkeit.

Deutlich wird, dass die Debatte um das Verhältnis zwischen Sprache, Denken und Wirklichkeit bis heute keineswegs abgeschlossen ist und in der Sprachphilosophie, den Sprachwissenschaften und anderen wissenschaftlichen Disziplinen sehr kontrovers geführt wird. Im Zusammenhang einer kritischen Auseinandersetzung mit ideologisch geprägten **Geschlechtsrollenklischees** (Thema „Gender", Frauensprache vs. Männersprache, patriarchalische Sprachstrukturen usw.) sowie durch neuere Erkenntnisse über die Funktionsweise des Gehirns (Was passiert im Gehirn, wenn wir sprechen? Wie entstehen Gedanken? usw.) in den **Neurowissenschaften** steht die Diskussion um die Beziehung zwischen Sprache und Denken auch im Interesse einer breiteren Öffentlichkeit.

INFO Positionen zum Verhältnis Sprache ↔ Denken

Unabhängig von den oben angedeuteten Unterschieden und Kontroversen gehen die Vertreter fast aller Positionen von einem sehr engen Verhältnis zwischen Sprache und Denken aus. Grundsätzlich lassen sich diese Ansichten unterscheiden:

A Sprache und Denken sind zwei getrennte Bereiche, die allerdings voneinander abhängig sind.
Dazu werden drei Varianten als Thesen formuliert:
  a) Das Denken bestimmt die Sprache, sodass sich das Sprechen aus dem Denken entwickelt.
  b) Die Sprache beeinflusst das Denken, indem es dem Denken bestimmte Bahnen vorgibt (Sapir-Whorf-Hypothese).
  c) Sprache und Denken stehen in gegenseitiger Abhängigkeit; das eine ist ohne das andere nicht möglich.

B Sprache und Denken sind identisch, das Denken ist „inneres Sprechen" (Identitätstheorie).

Inhaltsfeld Texte

Lyrische Texte

Was ist Lyrik?

Lyrik zeichnet sich durch „verdichteten“ Sprachgebrauch aus. Die sinnliche Seite der Sprache steht häufig im Mittelpunkt:
- der Klang der Wörter,
- die Folge der Wörter in einem Sprechzusammenhang (Rhythmus),
- das Verhältnis von betonten und unbetonten Silben,
- die Optik der Wörter.

Bildlichkeit trägt in vielen lyrischen Texten zu einer Bedeutungsbildung bei, die Wahrnehmungen und Gefühle in besonders strenger Form, allerdings durchaus mehrdeutig vorstellt. Individuelle, sehr persönliche Sichtweisen auf Gegenstände überwiegen. Gedichte sind vielfach „Verdichtung“, zeichnen sich durch besondere Prägnanz aus. Ein Beispiel:

Hilde Domin (1909–2006)

Nicht müde werden (1964)

Nicht müde werden
sondern dem Wunder
leise
wie einem Vogel
die Hand hinhalten

Hilde Domin: *Nicht müde werden*. Aus: dies., Gesammelte Gedichte. S. Fischer Verlag, Frankfurt/Main, 1987, S. 294.

Bei diesem modernen Gedicht wird mithilfe eines Vergleichs eine Art Lebensweisheit ausgedrückt. Das „Wunder“ wird mit einem flatterhaften „Vogel“ verglichen, dem man still die Hand hinhalten soll, obwohl es natürlich lange dauern kann, bis er sich auf einer ausgestreckten Hand niederlässt. Man soll die Hoffnung auf ein Wunder also nicht aufgeben, auch wenn es manchmal aussichtslos erscheint.
Dies ist zunächst eine textimmanente Erschließung. Darüber hinaus können Fragen zum biografischen oder literarhistorischen Kontext – Hilde Domin hat viele Jahre im Exil verbringen müssen – Deutungshinweise liefern (→ S. 106 f.). Eine vorschnelle Interpretation der Gedichtaussage als Ausdruck biografischer Brüche und schwieriger Situationen im Leben der Autorin sollte allerdings vermieden werden (Sprecher im Gedicht, → S. 156).

Ein kurzer Abriss zur Geschichte der Gattung

Lyrik gilt als diejenige poetische Gattung, die menschliche Stimmungen in stärkster Weise ausdrücken kann. Abgeleitet vom griechischen Wort *lyrikós* (zum Spiel der Lyra, der Leier gehörend) wird der Lied- und Vortragscharakter der antiken Herkunft betont. Seit dem 18. Jahrhundert wird die heute noch übliche Definition von Lyrik als eine der drei Hauptgattungen neben Epik und Drama gebraucht.
Bei dem Formenreichtum, den die Lyrik seit der Antike entwickelte, sind als Grundkonstanten Rhythmus, Metrum, Vers sowie teilweise auch Reim und Strophe zu identifizieren.

Die **germanische Stabreimkunst**, deren Gesetze nicht überliefert sind, sondern erst im 19. Jahrhundert rekonstruiert wurden, ist heute allenfalls in Wendungen wie „Haus und Hof" noch nachzuweisen, prägte aber bis zum *Hildebrandslied* (althochdeutsch, 9. Jahrhundert) eine eigenständige lyrische Tradition im nordwestlichen Europa.
Als besondere Blütezeit gilt das **Hochmittelalter** (11.–13. Jahrhundert). Der höfische **Minnesang** ist vor allem mit Walther von der Vogelweide (um 1170–ca. 1230) verbunden, aber auch bedeutende Versepen wie das *Nibelungenlied* kennzeichnen diese Epoche. Eine weitere im deutschsprachigen Raum entstandene Dichtkunst ist der zunftbürgerliche *Meistergesang* im 16. Jahrhundert, verbunden vor allem mit dem Namen Hans Sachs (1494–1576).
Als eigentlicher Beginn einer vor allem an italienischen Renaissancevorbildern geschulten und orientierten Dichtkunst in deutscher Sprache gilt das aus heutiger Sicht strenge Regeln der Form benennende *Buch von der deutschen Poeterey* (1624) von Martin Opitz (1597–1639). Die damit erstmals theoretisch fundierte **Barocklyrik** fand Ausprägungen vor allem im weltlichen und geistlichen Sonett, aber auch in *Kirchenliedern* oder Epigrammen sowie weiteren in dieser Epoche gepflegten lyrischen Formen.
Als ein Höhepunkt deutscher Literatur gilt (nicht nur in der Lyrik) das dichterische Schaffen von Johann Wolfgang Goethe (1749–1832), Friedrich Schiller (1759–1805) und Friedrich Hölderlin (1770–1843) sowie die **Lyrik der Romantik**, verbunden mit Namen wie Novalis (1772–1801) oder Joseph von Eichendorff (1788–1857).
Mit Heinrich Heine (1797–1856) wird eine häufig ironisch gebrochene romantische Lyrik verbunden, aber auch politisch engagierte Dichtung des Vormärz.
Während die von Goethe und Schiller geprägte Lyrik des **Sturm und Drang** und der **Klassik** als Stimmungs-, Erlebnis- oder Ausdrucksdichtung charakterisiert und als – aus heutiger Sicht – traditionell bezeichnet wird, gilt die sogenannte **Moderne** als dem Leser gegenüber bewusst sperrig.
Wenn Einfühlen und Nacherleben, auch Schönheit als nicht nur ästhetische Kategorie das Typische klassischer Lyrik umreißt, ist gerade im Verzicht auf Formbegrenzung bzw. im bloßen Spiel mit der Form die Moderne ausgewiesen, in Frankreich seit der Mitte des 19. Jh., in Deutschland eher um 1900.

Die im **Naturalismus**, **Expressionismus** oder **Dada** entwickelten sprachlichen Entgrenzungen haben im 20. Jahrhundert keine ausschließlich daran anknüpfende „Dichterschule“, sondern auch Gegenbewegungen und eine von manchen als epigonal (nachahmend) betrachtete Lyrik mit gestalterischen Bezügen auf die klassischen Vorbilder hervorgebracht. Eine Tendenz zur Verrätselung und zum Experiment ist allerdings seit Anfang des 20. Jahrhunderts aus der deutschsprachigen Lyrik nicht mehr wegzudenken.

Möglichkeiten der Einordnung von Lyrik bieten – zunächst unabhängig von literarhistorischen Kontexten – thematisch und motivisch begründete Zuordnungen:

Gedichtgenre	Thema/Motiv
Alltagslyrik	Erfahrungssplitter und persönliche Impressionen aus dem Alltag sind kennzeichnend (z. B. in der Lyrik von Rolf Dieter Brinkmann).
Gedankenlyrik	Weltanschauliche und philosophische Fragen werden thematisiert (z. B. Johann Wolfgang Goethe *Grenzen der Menschheit*).
Großstadtlyrik	Thema ist das Erleben der Großstadt (vor allem im Expressionismus stark vertreten; z. B. Georg Heym *Der Gott der Stadt*).
Liebeslyrik	Wonnen und Schmerzen der Liebe gehören zu den ältesten Motiven in der Lyrik und werden häufig gefühlsbetont verarbeitet.
Naturlyrik	Naturbegegnung und Naturerleben – wie der Jahreszeitenwechsel – sind ein vorrangiges Thema (z. B. in der Romantik).
Politische Lyrik	Aussagen zu politischen Ereignissen sind als Appell/Kritik formuliert (z. B. im Vormärz/Junges Deutschland: Heinrich Heine *Die schlesischen Weber*).

Formen der Lyrik

Gedichte können nach inhaltlichen, formalen und literarhistorischen Gesichtspunkten klassifiziert werden, z. B.:

Gedichtart	Merkmale
Ballade	In Versform erzählte Geschichte mit Dialogelementen. Die Zuordnung zur Lyrik ist aber umstritten; andere Kategorisierungen betonen die epischen und dramatischen Aspekte der Ballade.
Elegie	Formstrenges Klagelied in der Antike; Trauer, Schwermut und Sehnsucht sind zentral.
Epigramm	Sinngedicht; kurz und pointiert formulierter, scharfsinniger Einfall, manchmal satirisch. Im Unterschied zum *Aphorismus* in Reimform verfasst.
Hymnus/ Hymne	Ursprünglich ein Lob- und Preisgesang in der Kirchenliturgie; bei Goethe und Schiller freier gefasst.
Lied	Oft Volkslied, einfache Verse; Höhepunkte der Lieddichtung im Mittelalter (*Minnesang*) und der Romantik um 1800.
Ode	Ursprünglich ein Chorgesang im antiken Drama; dann rhythmisch freier, mit feierlichem Inhalt.
Sonett	14-zeilige Gedichtform seit der italienischen Renaissance; im Barock besonders beliebt; besteht in der Regel aus zwei Quartetten und zwei Terzetten.

Darüber hinaus gibt es noch weitere Formen bzw. Klassifizierungen, z. B.
- **Anakreontik**, eine Stilrichtung Mitte des 18. Jh. nach antikem Muster; heitere und graziöse Verse in Anlehnung an Anakreon (ca. 580 – 490 v. Chr.);
- **experimentelle Gedichtformen**, in denen die Sprache selbst zum Inhalt und Zweck des Gedichts wird, z. B. in der *konkreten Poesie* mit Vertretern wie Eugen Gomringer (*1925) und Ernst Jandl (1925 – 2000);
- **Kleinformen** wie z. B. *Haiku*, *Elfchen* und *Limerick*.

Das Sonett

Eine besonders typische Gedichtform des Barock (1600 – 1720), auch im Expressionismus vertreten, stellt das Sonett dar. Die **14 Zeilen** werden zumeist in **zwei Quartette** (Strophe mit je vier Versen) und **zwei Terzette** (Strophe mit je drei Versen) gegliedert und realisieren sehr häufig ein typisches **Reimschema** – im Barock nach italienischem Vorbild (Francesco Petrarca 1304 – 1374) –, mit doppelten Blockreim der Quartette abba abba cdc cdc (dagegen bei Shakespeare: abab cdcd efef gg). Am französischen Vorbild orientierte sich die deutschsprachige Barockdichtung beim Versmaß durch den Gebrauch von Alexandrinern.

Der asymmetrische Aufbau des Sonetts erzeugt eine formale und inhaltliche Spannung. Themen können dadurch argumentativ entfaltet werden; der Sprecher im Gedicht kann sein Thema reflektieren.

Im Rahmen der **Poetikvorgaben des Barock** stellen die Quartette in *These* und *Antithese* Aussagen über einen bestimmten Kanon von Themen (z. B. Liebe, Tod/Vergänglichkeit, vanitas) vor, die Terzette bündeln diese Aussagen und führen sie zu einer *Synthese*. Das Sonett ist auf das pointierte Ende hin angelegt, zeigt damit eine Finalstruktur. Ein Beispiel:

Paul Heyse (1830–1914)

Schlussgedicht der „Waldmonologe aus Kreuth" (1908)

Sieh das Sonett! Kannst du ein Gleichnis nicht
In seiner Strophen Viergestalt gewahren,
Das Bild von zwei verbundnen Menschenpaaren?
Voran die Eltern, Leute von Gewicht.

Was er mit seinem würd'gen Tone spricht
Bestätigt sie, bemüht, ihm zu willfahren.
So schwierig manchmal auch die Reime waren,
Sie hält sich stets an seiner Seite dicht.

Dann folgen flink den Alten auf dem Fuß
Von schlankem Wuchs leichtherzig die zwei Jungen,
die man für Liebesleutchen halten muss.

Er raunt ins Ohr ihr zarte Liebkosungen,
Und mit des letzten Reims behändem Schluss
Hat sein Terzinchen küssend er umschlungen.

Paul Heyse: *Schlussgedicht der „Waldmonologe aus Kreuth"*. Aus: ders., Gesammelte Werke. Dritte Reihe. Bd. V. J. G. Cottasche Buchhandlung, Stuttgart/Berlin, 1924. S. 282.

Das Reimschema in Heyses Sonett weicht nur im zweiten Terzett vom Barockmuster ab. Anhand des Bildes von zwei Paaren zweier Generationen wird die Sonettform vorgestellt, in der Abweichung vom Vorbild nicht stärker variierend als schon im Barock möglich.

Nicht nur in klassisch gebauten Gedichten wie im barocken Sonett sind häufig *Gegensatzpaare* zu finden. Gegensätze, Widersprüche, widerstreitende Gefühle im Gedicht sind Möglichkeiten, um der Gedankenstruktur näher zu kommen. Auch *Steigerungen* oder *Wendungen* – etwa im abschließenden Vers oder Verspaar – bieten Hinweise.

Elemente lyrischer Texte

Motiv – Thema – Titel

Mit dem Ermitteln von Widersprüchen oder Wendungen sind erste Schritte einer Gedichtanalyse eingeleitet. Diese Analyse ähnelt gelegentlich einer Übersetzungsarbeit, denn die gedankliche Struktur erschließt sich meist nicht auf den ersten Blick. Mit Hilfe einiger Aspekte ist es möglich, sich dieser Struktur zu nähern:
Oft wird ein *zentrales Motiv* oder auch *Leitmotiv* im Gedicht verarbeitet, das Veränderungen erfährt oder zumindest Präzisierungen (z. B. unglückliche Liebe). Die Worte, die zu diesem Motiv in Beziehung stehen, zeigen die *Motiventwicklung* an. Damit eng zusammenhängend ist das *Thema* des Gedichts, auf das häufig auch der *Titel* hinweist. Dieser Titel bzw. diese Überschrift, wenn sie nicht dem Eingangsvers entspricht, hat eine Hinweisfunktion, die in der Analyse zu klären ist.

Das Gedicht als Kommunikationsangebot

Wie im Bereich der Epik kann die Autorin bzw. der Autor nicht mit dem **Sprecher** im Gedicht gleichgesetzt werden. Eine Nähe oder gar Übereinstimmung zwischen dem, der im Gedicht – ausdrücklich oder unmerklich – seine Stimme erhebt, und der Verfasserin bzw. dem Verfasser des Gedichts ist ggf. im Einzelnen nachzuweisen. Mit dem Begriff „Sprecher“ werden sowohl die identifizierbaren Sprechrollen (zumeist eine) als auch ein gestaltloses Sprechen (das Fehlen eines erkennbaren Sprechers) benannt. Gelegentlich wird der Begriff **lyrisches Ich** als Synonym für jedes Sprechen im Gedicht benutzt.

Der Sprecher im Gedicht kann in ganz unterschiedlichen Sprechweisen kommunizieren: Trotz der subjektiven Färbung und der häufig erkennbaren Selbstäußerung in vielen Gedichten ist auch ein sachliches Sprechen möglich. Hilde Domins Gedicht *Nicht müde werden* kann als Appell verstanden werden, als Aufforderung des Sprechers an sich selbst oder an andere.
Eine ironische Aussage ist im Gedicht ebenfalls möglich; die Kurzform des Epigramms gilt als geradezu prädestiniert für Ironie. Ein Beispiel:

Der Deutsche Krieg (um 1628) *Friedrich von Logau (1604–1655)*

Was hat doch bracht das deutsche Kriegen?
Dass wir nun ruhn, weil wir ja liegen.

Friedrich von Logau *Der Deutsche Krieg.* Aus: Heinz Ludwig Arnold (Hrsg.), Deutschland! Deutschland? Texte aus 500 Jahren von Martin Luther bis Günter Grass. S. Fischer Verlag, Frankfurt/Main, 2002, S. 73

Vers – Metrum – Reim

Eine Zeile in einem Gedicht wird als **Vers** bezeichnet. In Gedichten wird der **Zeilenumbruch**, die Anordnung der Textzeilen auf einer Druckseite, in besonderer Weise genutzt. Dieser Umbruch kann in drei Erscheinungsformen beschrieben werden:

Art des Zeilenumbruchs	Erklärung	Beispiel
Zeilenstil	Satz- und Versende fallen zusammen.	Wer reitet so spät durch Nacht und Wind? / Es ist der Vater mit seinem Kind; / Er hat den Knaben wohl in dem Arm, / Er fasst ihn sicher, er hält ihn warm. … J. W. Goethe *Erlkönig*
Enjambement	„Zeilensprung": der Satz- und Sinnzusammenhang reicht über das Versende, ggf. auch das Strophenende, hinaus. Das Enjambement hebt vor allem Begriffe am Versende hervor.	Über allen Gipfeln / Ist Ruh … J. W. Goethe *Ein gleiches / Wandrers Nachtlied*
Hakenstil	In dieser Folge von Enjambements erscheinen die Verse durch die übergreifenden Satzbögen wie verhakt.	Danke ich brauch keine neuen / Formen ich stehe auf / festen Versesfüßen und alten / Normen Reimen zu Hand … Ulla Hahn *Ars poetica*

Die Betonungsverhältnisse im Gedicht werden, wenn sie regelmäßig sind, als **Metrum** oder **Versmaß** bezeichnet. Dabei unterscheidet man die Silbenabfolge, die sogenannten **Versfüße**, in *betonte* x̂ und *unbetonte* Silben x.
Davon unterscheidet man den **Rhythmus**, der zwar diese Betonungen beim Sprechen berücksichtigt, aber dem Sinn der Worte und Sätze folgt.
Die Begriffe für das Versmaß und die regelmäßigen Strophenformen stammen aus der griechischen Antike.

Die wichtigsten Fachbegriffe zur Lyrik

Begriff	**Erläuterung**	**Beispiel**
Metrum	Versmaß mit Versfüßen als kleinsten Einheiten	betonte Silbe: x̂ unbetonte Silbe: x
Hebungen	betonte Silben im Vers: Je nach Zahl der Hebungen im Vers kann etwa vom jambischen Fünf- oder Sechsheber als Versmaß gesprochen werden.	Vor grauen Jahren lebt' ein Mann in Osten … (G. E. Lessing) x x̂ x x̂ x x̂ x x̂ x x̂ x (Blankvers: 5-hebig) Du siehst, wohin du siehst, nur Eitelkeit auf Erden (A. Gryphius) x x̂ x x̂ x x̂ x x̂ x x̂ x x̂ x (Alexandriner: 6-hebig)
Senkungen	unbetonte Silben im Vers	
Versfüße		
Jambus	zweihebiger Versfuß: unbetont – betont	Der Mond ist aufgegangen x x̂ x x̂ x x̂ x
Trochäus	zweihebiger Versfuß: betont – unbetont	Nacht ist wie ein stilles Meer x̂ x x̂ x x̂ x x̂
Daktylus	dreihebiger Versfuß: betont – unbetont – unbetont	Leidenschaft führt mir die … x̂ x x x̂ x x
Anapäst	dreihebiger Versfuß: unbetont – unbetont – betont	Aus der Hand frisst der Herbst … x x x̂ x x x̂
Versformen		
Hexameter	epischer Vers aus sechs Versfüßen (meist Daktylen), um eine Silbe gekürzter letzter Versfuß	Hûrtig mit Dônnergepôlter entrôllte der tûckische Mârmor (Homer)
Alexandriner	sechshebiger Vers mit 12 oder 13 Silben	s. Hebungen
Knittelvers	vierhebiger, unregelmäßiger Vers	Hâbe nun, âch! Phîlosophîe, Jûristerêi und Mêdizîn … (J. W. Goethe)
Blankvers	fünfhebiger Jambus	s. Hebungen
Distichon	Kombination von zwei Versen: ein daktylischer Vers mit sechs bzw. fünf Versfüßen (Hexameter, Pentameter)	Wanderer, kommst du nach Sparta, verkündige dorten, du habest / uns hier liegen gesehn, wie das Gesetz es befahl. (griech. Grabinschrift – Epitaph – übersetzt von F. Schiller)

Strophenformen		
einfache Liedstrophe	vierzeilige Strophe mit häufig regelmäßigem Wechsel betonter und unbetonter Silben (alternierendes Metrum) und Endreim mindestens zweier Verse	Wie herrlich leuchtet Mir die Natur! Wie glänzt die Sonne! Wie lacht die Flur! (J. W. Goethe, *Mailied*)
Sestine	sechszeilige Strophe mit regelmäßigem Reimschema	*aabbcc* *oder auch: ababcc*
Reim	Gleichklang zweier oder mehrerer Lautgruppen	
Reimarten	– *Stabreim:* anlautende Konsonanten → Alliteration – *Endreim:* auslautende Vokale und Konsonanten – *Assonanz:* gleichlautende Vokale – *Binnenreim:* zwei oder mehr Wörter in einem Vers reimen sich	Man(n) merkt manches Strand – Sand Zug – Buch Oh Holpern und Stolpern
Reimschema/Reimstellungen	Darstellung der verschiedenen Endreimformen durch Kleinbuchstaben	– *Paarreim:* aabbcc ... – *Kreuzreim:* abab ... – *umarmender Reim:* abba
Versende		
Kadenz	Form des Versendes: – *klingende oder weibliche Kadenz:* Abschluss mit betonter und unbetonter Silbe (x̂ x) – *stumpfe oder männliche Kadenz:* Abschluss mit einer betonten Silbe (x x̂)	 Fest gemauert in der Erden x̂ x x̂ x x̂ x x̂ x Steht die Form, aus Lehm gebrannt. x̂ x x̂ x x̂ x x̂ (F. Schiller, *Das Lied von der Glocke*)

Wortwahl und Satzbau

Vielen Gedichten ist eine ungewöhnliche Satzstellung eigen. Auch unvollständige Sätze oder gar Satzfetzen finden sich in moderner Lyrik häufiger. Damit kann z. B. ein pathetischer Ton verbunden sein oder Ungewohntes und damit Ungewöhnliches erzeugt werden. Ein Beispiel:

Bertolt Brecht (1898–1956)
Erinnerung an die Marie A. (1924)

1
An jenem Tag im blauen Mond September
Still unter einem jungen Pflaumenbaum
Da hielt ich sie, die stille bleiche Liebe
In meinem Arm wie einen holden Traum.
[...]

Mit Ellipsen, Wiederholungen (Anapher, Parallelismus) von Wörtern oder Satzteilen erzeugen Gedichte ihre je eigene Stimmung. Diese Mittel sind auch in der Rhetorik gebräuchlich (Übersicht *Rhetorische Mittel* → S. 197).

Sprachliche Bilder/Bildlichkeit

Sprachliche Bilder werden in allen mündlichen und schriftlichen Kommunikationssituationen gebraucht. Wenn ein Baby als *Sonnenschein* bezeichnet wird, ist das Alltagssprache. Das **sprachliche Bild** ist der Oberbegriff zu Metapher, Vergleich, Metonymie, Allegorie und Symbol. All diese Bilder sind auch außerhalb von Lyrik zu finden; viele werden oft unbewusst angewendet. Manche Bilder sind im Sprachgebrauch bereits so etabliert, dass sie gar nicht mehr als solche erkannt werden. (*Ich habe einen Berg von Aufgaben.*)

In der modernen Dichtung sind **Verrätselungen** in sprachlichen Bildern zu finden; man bezeichnet sie als **Chiffren**. Ursprünglich meint Chiffre ein Geheimzeichen, das nur durch Kenntnis eines „Schlüssels“ entziffert, also: dechiffriert, werden kann. In der Lyrik geht es um Worte und Wörter, die – abgelöst von ihrer ursprünglichen Bedeutung – ihren Sinn erst im vom Dichter geschaffenen Assoziationsraum gewinnen. In Paul Celans *Todesfuge* handelt es sich bei der Wendung von der „schwarzen Milch der Frühe“ um eine solche Chiffre; in der Lyrik des Expressionismus steht die Farbe „Blau“ für einen solchen neu geschaffenen Assoziationsraum.

Epische Texte / Erzähltexte

Was ist Epik?

Die Begriffe *Epik* und *episch* werden gebraucht für die Gattung der erzählenden Dichtung (lat. *prosa*) und gehen zurück auf das griechische Wort *epos* bzw. das Adjektiv *epikos*: das „Gesagte", das „Berichtete" oder die „Erzählung". Das griechische Epos, z. B. die *Odyssee* oder die *Ilias* von Homer, ist ein umfangreiches Erzählgedicht in Versform, das augenscheinlich für den öffentlichen Vortrag bestimmt war. Mit den Ritterepen des Mittelalters, z. B. dem *Nibelungenlied*, hält die Epik Einzug in die frühe deutsche Literaturgeschichte.
Ein epischer Text erzählt eine Geschichte. Dem **Erzähltext** liegt ein Erzählgegenstand zugrunde, eine **Fabel** *(story, plot)*. Die Fabel stellt die Summe der Handlungen eines Textes in ihrer logischen Verknüpfung dar. Damit ist die Fabel ein geordneter, gegliederter und in Zusammenhänge gebrachter Stoff. Sie braucht nicht vollständig oder linear erzählt zu sein: *Rückblenden* können Vergangenes, Ausgespartes ergänzen, *Vorgriffe* können auf Zukünftiges hinweisen, *Einschübe* können Gedanken und Gefühle verdeutlichen. Manches wird stillschweigend übergangen und konkretisiert sich erst in der Fantasie des Lesers (sogenannte *Leerstellen* des Textes), anderes bekommt durch die detaillierte Beschreibung besonderes Gewicht.
Das die Gattung bestimmende Element ist das Vorhandensein eines **(fiktiven) Erzählers** als Vermittler der Handlung (Achtung: Der Erzähler ist nicht der Autor!), der in unterschiedlicher Form im Text in Erscheinung tritt. Er kann selbst ein Teil des fiktiven epischen Figurenensembles sein oder das Geschehen auch als engagierter oder distanzierter Beobachter außerhalb der Handlung darbieten.
Im Verlauf der Gattungsgeschichte nimmt der Erzähler in einem epischen Text höchst unterschiedliche Rollen ein, gebunden an den jeweils historischen Kontext, dem ein Text entstammt. So weist der traditionelle *Entwicklungs- und Bildungsroman* des 18. und 19. Jahrhunderts vor allem das **auktoriale Erzählverhalten** auf, während bereits am Ende des 19. Jahrhunderts und vor allem im zwanzigsten Jahrhundert die **personale bzw. neutrale Erzählhaltung** überwiegt.
In der Literatur der siebziger Jahre und vor allem der *Gegenwartsliteratur* findet man vor allem die Erzählform des *Ich-Erzählers*, während die *Literatur der Postmoderne* (achtziger und frühe neunziger Jahre des 20. Jahrhunderts) mit den Erzählhaltungen und Erzählformen der traditionellen Epik spielt und das auktoriale Erzählverhalten in ironischer Weise bricht.

Ein kurzer Abriss zur Geschichte der Gattung

Die ersten Romane unseres Kulturkreises entstammen der hellenistischen Zeit nach Alexander dem Großen. Der Roman zählte jedoch nicht zur Dichtung, sondern galt als „Unterhaltung". Die wenigen Romane, die erhalten blieben, wie z. B. der *Alexanderroman* und der *abenteuerliche Liebesroman*, dienten als Vorlage für die **mittelalterli-**

chen Versromane und den Roman im Barock (H. J. Ch. von Grimmelshausen *Simplizissimus*). Auch die deutsche Poetik nimmt den Roman erst seit dem 18. Jahrhundert ernst. Johann Wolfgang von Goethe schuf mit seinem **Briefroman** *Die Leiden des jungen Werther* den ersten Weltbestseller; auch seine späteren Romane *Wilhelm Meisters Lehrjahre*, *Wilhelm Meisters Wanderjahre* (Entwicklungs- und Bildungsroman) und *Die Wahlverwandtschaften* sowie der psychologische Roman *Anton Reiser* von Karl Philipp Moritz gelten als Vorzeigemuster ihrer Gattung. Der beliebte **Trivialroman** des 18. Jahrhunderts nimmt sich Ritter-, Räuber- und Schauergeschichten zum Thema.

Die Epoche der **Romantik** ist reich an Romanen von Autoren wie Jean Paul, Novalis, Friedrich Schlegel und E. T. A. Hoffmann und bevorzugt den **Künstlerroman**. Seit 1830 entwickelt sich der **realistische Roman** (Karl Immermann, Otto Ludwig, Friedrich Spielhagen, Wilhelm Raabe, Gottfried Keller, Adalbert Stifter, Theodor Fontane), der sich auch an den großen europäischen Vorbildern (Gustave Flaubert, Leo Tolstoi) orientiert. Im Naturalismus des ausgehenden 19. Jahrhunderts dienen ebenfalls ausländische Autoren wie Émile Zola und Fjodor Dostojewski als Modell.
Die großen Romane zu Beginn des 20. Jahrhunderts verfassen die Brüder Thomas Mann (*Buddenbrooks*) und Heinrich Mann (*Professor Unrat, Der Untertan*) sowie Hermann Hesse und Joseph Roth mit **gesellschaftskritischen Romanen**. Sie eröffnen neue Gestaltungsmöglichkeiten, die von Autoren wie Franz Werfel, aber auch expressionistischen Autoren wie Franz Kafka (*Der Prozess, Amerika*) und Alfred Döblin (*Berlin Alexanderplatz*) sowie von Robert Musil (*Der Mann ohne Eigenschaften*) weiterentwickelt werden und schließlich zu einer Formauflösung führen unter Verzicht auf einen stringenten, linearen Handlungsablauf durch **Montage** von Erlebnissen des Unbewussten (*erlebte Rede, innerer Monolog, Stream of Consciousness*).

Neue Anregungen nach 1945 erhält der deutsche Roman durch amerikanische Vorbilder (Ernest Hemingway, William Faulkner). Grundthema der **Nachkriegsliteratur** wird die Orientierung in einer veränderten Welt und die Aufarbeitung der Vergangenheit bei den Mitgliedern der *Gruppe 47*, Heinrich Böll (*Ansichten eines Clowns*), Günter Grass (*Die Blechtrommel*), Wolfgang Koeppen (*Tauben im Gras*), Alfred Andersch (*Kirschen der Freiheit*). Charakteristisch jedoch für die Zeit der späten 1950er- und frühen 1960er-Jahre ist der Moment des Aufbruchs, der sich gegen die Erstarrung der sogenannten „Wirtschaftswunder-Gesellschaft" richtet und neues politisch-gesellschaftliches Engagement zeigt und fordert (Uwe Johnson, Martin Walser, Max Frisch, Siegfried Lenz, Peter Handke).
Die **Gegenwartsliteratur** ist nicht mehr mit Nachkriegsliteratur identisch, sondern grenzt sich formal und inhaltlich von dieser ab. Sie ist so heterogen, sowohl Brüche als auch Traditionen des Erzählens manifestierend, dass es unmöglich ist, all diese unterschiedlichen Tendenzen in einem Überblick zusammenfassend darzustellen. Als Stichworte seien u. a. genannt: politisch engagierte Literatur, Arbeiterliteratur, Dokumentarliteratur, Subjektivismus und Rückzug in die Innerlichkeit, Frauenliteratur, experimenteller Roman.

Formen und Elemente von Erzähltexten

Zur Epik / erzählenden Dichtung gehören unterschiedlich lange und unterschiedlich strukturierte Textsorten wie:
- der **Roman** als epische Großform: u. a. Abenteuerroman, Bildungsroman, Entwicklungsroman, Künstlerroman, Historischer Roman, Psychologischer Roman, Zeitroman;
- **epische Kleinformen**: u. a. Anekdote, Erzählung, Fabel, Gleichnis, Parabel, Legende, Märchen, Novelle, Kurzgeschichte, Sage.

Epische Kleinformen bieten dem Leser immer nur einen Ausschnitt aus der Welt, eine pointierte Begebenheit, während der Roman in epischer Breite Anspruch auf die Darstellung eines größeren äußeren oder innerseelischen Zeitraums beansprucht. Jedoch sind weder die oben erwähnten Romanformen und Textsorten noch die dem Text vorangestellten Bezeichnungen immer eindeutig, einheitlich und trennscharf.
Im Folgenden werden aus der Gattungsgeschichte und inhaltsbezogenen Einteilungen Zugriffe auf epische Texte vorgestellt, Grundbegriffe zur Beschreibung und Analyse präsentiert sowie Tipps und Hinweise zur schriftlichen Interpretation unterbreitet.

Die wichtigsten Fachbegriffe zur Epik

Begriff	Merkmale / Erläuterungen
Erzählsituation	
Erzählverhalten	– **auktorial**: der Erzähler ist allwissend („olympisches Erzählen“), verfügt souverän über alle Momente des epischen Textes, kommentiert, reflektiert, bewertet, blickt zurück oder voraus; das Geschehen und dessen Deutung wird von ihm gelenkt; er führt den Leser durch den Text. – **personal**: aus der Sicht einer Figur, von einem Standpunkt innerhalb des Geschehens, daher eingeschränkte Sichtweise; subjektiv; Leser erhält unmittelbaren Einblick in subjektives Erleben. Um Monotonie zu entgehen und verschiedene Sichtweisen zu verdeutlichen, oft in der direkten Figurenrede die Darstellung mehrerer Figuren (Multi-/Polyperspektivität). – **neutral**: sachlich, unkommentiert, weder aus der Sicht einer Figur noch aus der eines auktorialen Erzählers; Erweckung des Anscheins von größter Objektivität.
Erzählform	– **Er/Sie-Form**: Es wird von anderen erzählt. – **Ich-Form**: Ich-Erzähler: subjektiv, eingeschränkt, authentisch anmutend. – *Erzählerbericht* als Grundform des auktorialen Erzählens. Auch in der Ich-Form kann der Erzähler auktorial als sich erinnerndes, erzählendes Ich rückblickend erzählen.

	– *Erlebte Rede* und *innerer Monolog* sind Hauptformen des personalen Erzählens. – *Sachlicher, dokumentarischer Vergangenheitsbericht* oder *szenisches Erzählen* sind Hauptformen des neutralen Erzählers, z. B. Gesprächswiedergabe ohne Zwischenkommentare.
Erzählperspektive	– **Außensicht**: Aussehen, äußerliche Informationen über Figuren, Handlungen, Beobachtungen – **Innensicht**: Gefühle und Gedanken einer Figur, ihre Überlegungen
Erzählstandort	Position des Erzählers zum Erzählten: Nähe/Distanz in räumlicher oder auch zeitlicher Hinsicht
Erzählhaltung	Einstellung des Erzählers zum Erzählten: neutral, ironisch, kritisch, (ab)wertend, ambivalent, zustimmend, euphorisch ...
Figuren	
direkte Figurencharakterisierung	Charakterisierung einer Figur durch den Erzähler selbst (in der Außensicht) oder von anderen Figuren (in der Innensicht), indem z. B. ihr Äußeres näher beschrieben, ihre Beziehungen zu anderen Personen dargestellt, ihr Handeln vor dem Hintergrund bestimmter Situationen thematisiert wird.
indirekte Figurencharakterisierung	Wenn sich die Figuren durch Inhalt und Form ihrer eigenen Äußerungen (z. B. Verhalten, wörtliche Rede, Gedanken) und ihr erzähltes Verhalten selbst charakterisieren.
Figurenkonzeption	– statische, sich nicht verändernde und – dynamische, sich verändernde Figuren – (Zeit-)Typus (eine auf wenig verallgemeinerbare Züge konzentrierte Figur) – Individuum (eine Figur mit individuell ausgestaltetem Persönlichkeitsprofil)
Figurenkonstellation	Das Zusammenwirken der Figuren und ihr Verhältnis zueinander. Aus der Figurenkonstellation ergibt sich meist der zentrale Konflikt des epischen Textes. Prägung durch – die Art der Beziehung der Figuren zueinander je nach: Geschlecht, Alter, Verwandtschaft, Bildung, beruflicher Stellung, Herkunft/Milieu, sozialem Status, Werthaltung, Normorientierung, charakterlicher Einstellung und psychischem Verhalten (z. B. Interessen, Gefühle, Wünsche, Bedürfnisse, Antriebe); – die kompositorische Konstellation der Figuren: *Parallelfiguren* (Wiederholung bestimmter Figurengruppen, z. B. auf einer anderen sozialen Ebene), *Kontrastfiguren* (z. B. bei Entgegensetzung von Lebensentwürfen).

Redeformen	
Erzählerrede	abgegrenzt von der direkten oder Figurenrede: Erzählerbericht, indirekte (Figuren-)Rede, Erzählerkommentar, Beschreibung
Direkte Figurenrede	szenische Darstellung, Dialoge, in denen sich die Figuren unmittelbar mitteilen, in traditionellen Texten durch Anführungszeichen gekennzeichnet. Gibt dem Text einen dramatischen Akzent, bezieht den Leser direkt in das Geschehen mit ein. Der Erzähler tritt hinter die Figuren zurück.
Indirekte Figurenrede	oft im Konjunktiv durch den Erzähler wiedergegeben, erzeugt Distanz zum erzählten Geschehen
Erlebte Rede	Wiedergabe der Gedanken einer Figur aus der Innensicht; in der Regel im Indikativ Präteritum der 3. Pers. Singular (zu sich selbst Distanz schaffend): Mischung von direkter und indirekter Rede. Es ist oft nicht direkt zu erkennen, wo die indirekte Rede aufhört und die erlebte Rede beginnt, da diese nicht ausdrücklich gekennzeichnet wird.
Innerer Monolog	unmittelbare Wiedergabe der Gedanken einer Figur in Form eines Selbstgesprächs; völliges Zurücktreten des Erzählers; in der Regel im Präsens und in der 1. Person Singular
Stream of Consciousness/ Bewusstseinsstrom	vielschichtig verflochtene, formlose Aneinanderreihung von Bewusstseinsinhalten (Gedanken, Ideen, Wahrnehmungen, Gefühle, Wünsche, Träume usw.) einer Figur; erzähltechnisch eine Erweiterung des inneren Monologs, da im Stream of Consciousness oft auch Satz- und Wortfetzen vorkommen und Grammatik- oder Syntaxregeln nicht eingehalten werden (müssen); dennoch sind z. B. leitmotivische Wiederholungen durchaus erkennbar
Zeitstrukturen	
Erzähltempus	Im traditionellen Roman das Präteritum, weil nur erzählt werden kann, was bereits geschehen ist. Das sogenannte „historische Präsens", eingebettet in das Erzähltempus des Präteritums, kann an besonders zentralen Stellen des Textes die Funktion des Präteritums übernehmen. Die Erzählung im Präsens besitzt größere Unmittelbarkeit. Das Präsens suggeriert, die erzählte Geschichte sei noch nicht fertig, alles sei noch möglich, jedoch bedeutet die Verwendung des Präsens auch einen Mangel an Illusion und Geschlossenheit.
historische Zeit	der historische Kontext, in den ein Text eingebettet ist, der die Handlungen der Figuren bestimmt und auf den der Text in vielfältiger Weise (Accessoires, Sprachduktus, Thematik, Topografie, Daten etc.) Bezug nimmt

Erzählzeit **erzählte Zeit**	zeitliche Dauer des Erzählvorgangs zeitliche Dauer des erzählten Geschehens Das Verhältnis beider Aspekte ist interessant: – sie können in etwa deckungsgleich sein, – die erzählte Zeit kann vielfach gerafft werden, – die erzählte Zeit kann über ihre eigentliche Zeitdauer gedehnt werden. Modernere und experimentellere Umgangsformen mit der Zeit in epischen Texten zielen z. T. auf eine Auflösung der chronologischen Struktur ab. Bei Anwendung der Montagetechnik wird die lineare Zeitstruktur aufgelöst, um Simultaneität vorzuspiegeln.
Motive und Raumgestaltung	
Motiv	Die kleinste strukturbildende und bedeutungstragende Einheit im Werk eines Autors oder in einem Text. Eine spezielle Form ist das *Leitmotiv*, z. B. Farben, Stimmungen, Symbole, Personen, Sätze, Redewendungen und vieles mehr. Ein Leitmotiv kann als sprachliches Bild eine ordnende oder verbindende Funktion innerhalb eines Textes haben oder durch seine häufige Wiederholung die Charakteristika einer Figur, eines Ortes, eines Konflikts betonen.
Raum/ Schauplatz	Der Raum spiegelt nicht immer eine reale Topografie wider. Selbst wenn das fiktive Geschehen an einem in der Realität auffindbaren und konkret benannten Ort spielt, dient dieser vor allem dazu, die Atmosphäre, das soziale Umfeld, das Lokalkolorit zu vermitteln, in denen die Figuren leben und handeln und das sie prägt. Der Text kann daher ein hohes Maß an Authentizität gewinnen sowie eine Wiedererkennungs- und Identifikationsmöglichkeit für den Leser schaffen (besonders im „Historischen Roman“ bzw. im „Zeitroman“). Die fiktive Topografie eines epischen Textes weist vielseitige gestalterische Funktionen auf, da sie immer in Bezug zum Handeln der Protagonisten entsteht und dieses z. B. beeinflussen, konterkarieren, motivieren kann. Im realistischen Zeit- und Gesellschaftsroman des 19. Jahrhunderts können topografische Besonderheiten leitmotivische Funktion innerhalb des Textes übernehmen. Die Raumgestaltung kann durchaus auch jeden realen Bezug verlieren und der Spiegelung und Vergegenständlichung innerer Zustände und Prozesse (innerseelische Topografie) dienen.

Dramatische Texte

Was ist ein Drama?

Neben der *Lyrik* und der *Epik* ist die *Dramatik* die dritte große Gattung der Literatur. Der Begriff *Drama* (griech. Handlung) bezeichnet als Oberbegriff jegliche Form von Theaterstücken. Je nach Aufbau und Ausgestaltung unterscheidet man verschiedene Formen:

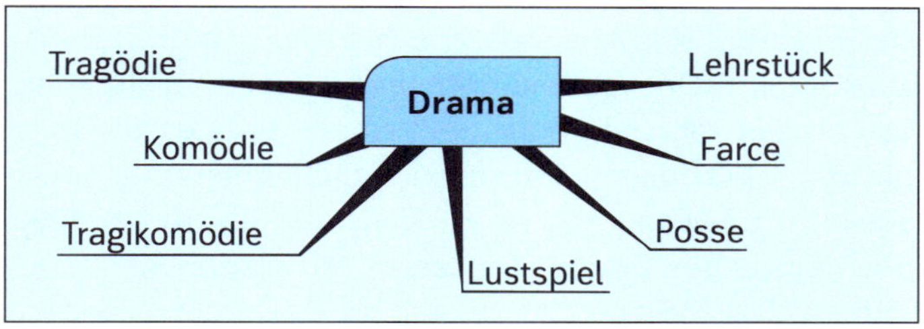

Im weiteren Sinn werden die Begriffe *Drama* und *Schauspiel* auch zur Bezeichnung von weniger streng aufgebauten Theaterstücken verwendet, die sich keiner der in der Abbildung genannten Unterkategorien zuordnen lassen. Vor dem Hintergrund historisch-gesellschaftlicher und technischer Entwicklungsprozesse haben sich von der Antike bis zur Gegenwart die Bühnentechnik sowie die formale und inhaltliche Gestaltung dramatischer Texte deutlich verändert.
Bei dramatischen Texten unterscheidet man grundsätzlich zwischen dem Haupt- und dem Nebentext. Der **Haupttext** ist der auf der Bühne gesprochene Text, zum **Nebentext** gehören die nicht gesprochenen Textteile (Titel, Untertitel, Personenverzeichnis, Sprechernamen, Regieanweisungen usw.).
Im Gegensatz zu den beiden anderen Gattungen ist für die Dramatik eine **szenische Realisierung** (Inszenierung durch einen Regisseur bzw. Dramaturgen) auf einer Bühne kennzeichnend. Eine Ausnahme stellen sogenannte **Lesedramen** dar, die meist so genannt wurden, weil zur Zeit ihrer Entstehung eine Aufführung aus unterschiedlichen Gründen (technischen, sozialen, politischen) nicht möglich war. Gegenüber den Gattungen Lyrik und Epik ist der als Rede oder Gegenrede die Handlung vorantreibende **Dialog** das wesentliche Merkmal der Dramatik (→ S. 176 f.). Eingeteilt in **Akte** (anfangs häufig 5 oder 3 Akte) und **Szenen** bzw. **Auftritte** (→ S. 169 ff.) sind den Textpassagen Figuren zugeordnet, die als psychologische Charaktere, typisierte Ideenträger oder einfache Typen ausgestaltet sein können (→ S. 175 f.). Kernstück vieler Dramen ist in der Regel der **Konflikt**, der je nach Form des Dramas im Schluss des Dramas gelöst oder bei modernen Dramen mit offenem Schluss ungelöst bleibt.
Die Interpretation bzw. die Analyse dramatischer Texte stellt besondere Ansprüche an den Leser bzw. Zuschauer, da ihn in der Regel kein vermittelnder oder kommentierender Erzähler begleitet, sodass er selbst aus den Regieanweisungen bzw. dem Bühnenbild (→ S. 173 ff.) und den Dialogen die Handlung erschließen muss. Während Aufmerksamkeit und Konzentration bei den **aristotelischen Dramen** vor allem durch die komplexen und anspruchsvollen Dialoge gefordert werden, geschieht dies in den

nichtaristotelischen Dramen durch die meist episoden- und sprunghafte Gestaltung des Handlungsgangs.

Die Entwicklung der Spielstätten

Die Anlage und die räumliche Beschaffenheit der Spielstätten sowie die technischen Möglichkeiten wirkten sich nachhaltig auf die Gestaltung der Dramen aus. Die **Amphitheater** sind frühe Zeugnisse der hoch entwickelten Theaterkultur der Antike. Bekannte und gut erhaltene Beispiele sind z. B. das griechische Theater in Ephesos (Türkei) bzw. das Amphitheater in Orange (Südfrankreich). Diese Spielstätten, die für damalige Verhältnisse bereits sehr weit entwickelt waren, prägten die Form der antiken Dramen, da die baulichen und technischen Gegebenheiten schnelle Veränderungen im Bühnenbild nicht zuließen (→ Lehre von den drei Einheiten, S. 169).
Im Gegensatz zu dieser hohen Kultur des Dramas fanden im Mittelalter die Schauspiele im Allgemeinen auf öffentlichen Plätzen statt, wobei die Dekorationselemente schlicht und mobil sein mussten. Das änderte sich erst mit Beginn der Neuzeit, da die Spielstätten zunehmend in geschlossene Säle verlegt wurden. In Anlehnung an das antike römische Theater bestanden die Bühnen aus einem Bühnenhaus im Hintergrund und einer freien Vorderbühne. Diese konnte allerdings durch Vorhänge verschlossen werden.
Die Konstruktion der **Drehbühne** erweiterte diese neuen Möglichkeiten noch einmal erheblich, da mehrere Bühnenbilder gleichzeitig vorbereitet sein konnten und Ortswechsel schnell und mehrfach wiederholt durch die Drehung der Bühne zu realisieren waren. Diese Entwicklung kennzeichnet vor dem Hintergrund gesellschaftlicher Veränderungen den Übergang vom aristotelischen zum nichtaristotelischen Drama (→ S. 170 f.).
Im Vergleich zu den antiken Theaterbühnen verfügen unsere heutigen **modernen Bühnen** über eine sehr komplexe **Bühnentechnik**. Dazu gehören z. B. der Einsatz filmischer Mittel und die Einbindung von Videoinstallationen sowie die digitale Steuerung der Licht- und Toneffekte. Moderne Theaterstücke können daher völlig anders konzipiert werden bzw. auch bewusst auf die Ausschöpfung dieser Möglichkeiten verzichten.
Parallel zu den großen Bühnen gibt es in vielen Städten kleinere **Studiobühnen**, auf denen auf begrenztem Raum und mit für heutige Verhältnisse eher schlichten technischen Mitteln experimentelle Inszenierungen dargeboten werden. Die Reduktion des technischen Aufwands und die unmittelbare Nähe zum Publikum werden dabei nicht als Manko, sondern als Herausforderung betrachtet. Dies gilt in gewisser Weise auch für die freien Theater.
Die Spielpläne unserer Theater zeigen deutlich, dass trotz der oben beschriebenen Entwicklung der Spielstätten die klassischen Dramen, die unter anderen Voraussetzungen entstanden sind, immer noch gespielt werden. Das liegt unter anderem daran, dass viele klassische Dramen eher zeitlos bedeutsame Themen behandeln bzw. dass sie Teil unserer Kultur und Allgemeinbildung sind.

Formen des Dramas

Das aristotelische Drama (geschlossene Form)

Aristotelische Dramen bzw. Dramen der geschlossenen Form orientieren sich stark an der Dramaturgie des antiken Theaters und speziell an der Poetik des griechischen Philosophen Aristoteles (384 – 322 v. Chr.), dem diese Form des Dramas auch ihren Namen verdankt. Die Art der Dramen – in erster Linie der Tragödie – wurde bis ins 19. Jahrhundert ganz wesentlich durch Beobachtungen und Aussagen des Aristoteles geprägt, die dieser in seiner Schrift *Poetik* festgehalten hatte. Seine Ausführungen zum antiken griechischen Drama besaßen vor allem in der Zeit des französischen Klassizismus und im Verlauf der Weimarer Klassik dogmatischen Charakter. Zu den Aussagen des Aristoteles, die die Konzeption der Dramen dieser aber auch noch späterer Zeiten bestimmten, gehören vor allem:
- die Lehre von den „drei Einheiten",
- der Aufbau des (antiken) griechischen Dramas (siehe Schaubild),
- die Ständeklausel,
- die Lehre von der Katharsis.

Die Lehre von den „drei Einheiten"

Mit Bezug auf die Gegebenheiten des griechischen Amphitheaters setzte Aristoteles fest, dass eine Aufführung nur bei Tageslicht – also höchstens in der Zeit von Sonnenaufgang bis Sonnenuntergang – stattfindet und wegen der besonderen Beschaffenheit der damaligen Bühnen nur an einem Ort spielt. Daraus folgte, dass nur **einsträngige Handlungen ohne Nebenhandlungen** dargeboten wurden. Aus diesen auf die spezifische Bühnensituation zugeschnittenen Aussagen entwickelte sich viel später als Forderung für die Gestaltung von Dramen und speziell Tragödien die sogenannten „drei Einheiten":
- Einheit der Zeit,
- Einheit des Ortes,
- Einheit der Handlung.

Der Aufbau des griechischen Dramas

Die von Aristoteles beschriebenen griechischen Dramen waren in der Regel aus **drei oder fünf Akten** aufgebaut, wobei die einzelnen Akte jeweils eine spezifische Funktion besaßen. In seiner Schrift *Die Technik des Dramas* (1863) hat Gustav Freytag entsprechende Aussagen des Aristoteles systematisiert.

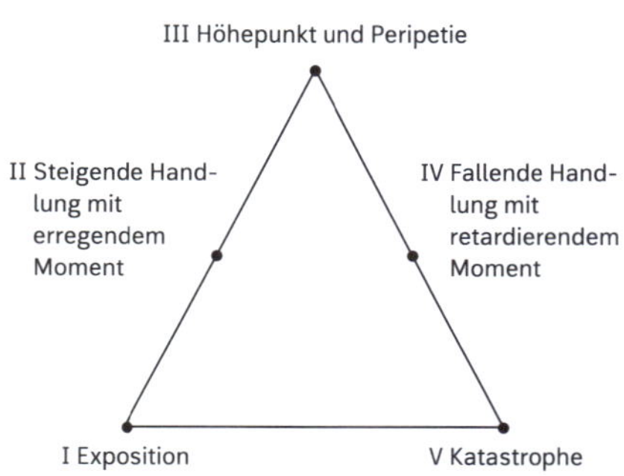

1. Akt	**Exposition**	Einführung in Ort, Zeit, Hauptfiguren und zentrale Motive
2. Akt	**Steigende Handlung**	Die Handlung spitzt sich zu durch Interessenskonflikte, Intrigen usw.
3. Akt	**Höhepunkt/ Peripetie**	Die Zuspitzung der Handlung/des Konfliktes erreicht ihren Höhepunkt, sodass es zu einem Wendepunkt (Peripetie) kommt, der zum Erfolg oder Scheitern der Hauptfigur führt.
4. Akt	**Fallende Handlung**	Auf dem Weg zum Untergang bzw. zur Rettung kommt es zu Verzögerungen (retardierenden Momenten), die der Steigerung der Spannung auf den Ausgang dienen.
5. Akt	**Katastrophe**	Häufig verbunden mit dem Tod der Hauptfigur kommt es in der Tragödie zum Untergang, der aber in der Regel einen moralischen und ideellen Sieg darstellt. In der Komödie folgt demgegenüber nach der fallenden Handlung die Rettung bzw. die Lösung des Konflikts.

Der Aufbau vor allem der älteren Dramen entspricht häufig diesem Aufbauschema. Bei Dreiaktern entfallen die Akte II und IV.

Die Ständeklausel

Für die Figuren galt bis zur Entwicklung des bürgerlichen → Trauerspiels vor allem durch Gotthold Ephraim Lessing (1729 – 1781) die Ständeklausel. Sie bedeutet, dass in der Tragödie nur Personen hohen oder gehobenen Standes auftreten durften, da nach Aristoteles der Gegenstand der Tragödie die **Nachahmung** einer abgeschlossenen Handlung von einer bestimmten **Fallhöhe** (bedeutendes Schicksal) darstellen muss. Das Personal der Tragödie bestand daher vor allem aus Göttern, Königen und adligen Personen.
Für die Komödie, deren Bedeutung wesentlich niedriger eingestuft wurde, galt diese Ständeklausel nicht.

Die Lehre von der Katharsis

Die Gesamtkonzeption der Dramen sollte gemäß der aristotelischen Katharsis-Lehre dazu beitragen, beim Zuschauer Mitleid und Furcht zu erregen, wovon man sich eine reinigende Wirkung durch die Identifikation mit den Dramenfiguren versprach.

Das nichtaristotelische Drama (offene Form)

Mit dem Begriff nichtaristotelisches Theater werden im Allgemeinen alle dramatischen Stücke bezeichnet, die den aristotelischen Regeln nicht bzw. nur sehr bedingt entsprechen. Die Dichter des *Sturm und Drang* z. B. haben sich ganz bewusst über das feste und statische Regelwerk der Dramen der geschlossenen Form hinweggesetzt, indem sie die Einheit des Ortes und der Handlung durch die Verwendung von *Fetzenszenen* aufgaben und **Prosa statt Versdichtung** nutzten. Sie lehnten die dem strengen Formalismus frönenden französischen Dramen inhaltlich und formal ab und nahmen sich die offene Form der Dramen von William **Shakespeare** zum Vorbild.

Entsprechende Umbrüche hat es im Verlauf der Entwicklung des Dramas immer gegeben, auch zum Beispiel während der Epoche der Klassik. Ebenfalls sind die Dramen Christian Dietrich Grabbes (1801–1836) und Georg Büchners (1813–1837) aus der Epoche des Jungen Deutschlands zu den nichtaristotelischen Stücken zu zählen. Aber erst im 20. Jahrhundert erreichte das nichtaristotelische Drama mit dem epischen Theater Bertolt Brechts und dem absurden Theater einen eigenen und maßgeblichen Stellenwert.

Das bürgerliche Trauerspiel

Für das bürgerliche Trauerspiel, das von Gotthold Ephraim Lessing in der Epoche der Aufklärung eingeführt wurde, ist wesentlich, dass es statt in Versen in Prosa verfasst ist und mit der Ständeklausel der klassischen Tragödie bewusst bricht, indem nur noch **niedriger Adel** und das **Bürgertum** zum Personal der Stücke gehören. Dementsprechend sind auch die Themen und **Konflikte** gestaltet, die in erster Linie den Bereich der Familie und der privaten Beziehungen betreffen sowie **Fragen der Moral** und des Anstands zum Gegenstand haben.
Lessing befasst sich in seinem bürgerlichen Trauerspiel *Emilia Galotti* (1772) als erster mit dem Problem adliger Willkür vor dem Hintergrund der Spannungen, die sich aus privaten Beziehungen zwischen den adligen und bürgerlichen Ständen ergeben. Dieses und andere Stücke Lessings enthalten bereits gesellschaftskritische Ansätze, die im weiteren Verlauf der Entwicklung des Dramas an Bedeutung gewinnen und zu einer **Reflexion gesellschaftlicher Verhältnisse** anregen.

Das epische Theater (B. Brecht)

Bertolt Brecht (1898–1956) wendet sich mit seiner Dramaturgie des *epischen Theaters* besonders gegen die klassischen drei Einheiten des Ortes, der Zeit und der Handlung, gegen die Einfühlung des Zuschauers und die Katharsis. Stattdessen will er durch seine Art von Theater erreichen, dass der **Zuschauer eine Distanz aufbaut** und **zur kritischen Reflexion angeregt** wird.
Um zu verhindern, dass der Zuschauer sich in das gespielte Stück hineinversetzt, sich mit den Figuren identifiziert, mit ihnen mitempfindet und mit ihnen leidet, verwendet das epische Theater verschiedene **Verfremdungseffekte**. Dazu gehören die Einbindung von Liedern und Songs in das Geschehen auf der Bühne (**Montagetechnik**), die Verwendung von Bildern, Texten und Spruchbändern auf und vor der Bühne, die teilweise direkte Ansprache der Zuschauer durch die Schauspieler sowie das Improvisieren. So entsteht beim Zuschauer keine Illusion, so wird ihm nicht die Identifikation mit den Figuren erlaubt: Es wird ihm jederzeit völlig bewusst gemacht, dass er nur ein Theaterstück sieht. Diesen Zweck soll auch die Kargheit der Bühnenausstattung unterstützen.

Elemente dramatischer Texte

Handlung

Im Gegensatz zur Epik entfalten Dramen die Handlung in der Regel weniger aus aktionsstarken Begebenheiten, sondern stärker aus inneren Konflikten der Figuren.
Die Entwicklung des Dramas und die gravierenden Veränderungen in der Bühnentechnik (→ S. 168) wirken sich deutlich auf den Aufbau und die Gestaltung der Handlung aus. Die Handlung in den meisten aristotelischen Dramen (geschlossene Form) verläuft *linear* und besteht nur aus einem Handlungsstrang (Ausschnitt des Ganzen). Bei den nichtaristotelischen Dramen (offene Form) entwickelt sich die Handlung in der Regel nichtlinear und besteht aus mehreren Handlungssträngen bzw. Einzelsegmenten (Ganzes in Ausschnitten).
Je nach Zuordnung des Dramas (Entstehungszeit) ergeben sich für die Analyse einer ausgewählten Szene also unterschiedliche Beobachtungsschwerpunkte:

Lineare Handlung – Ein Ausschnitt des Ganzen

- **Aristotelische Dramen**, bei denen es sich meistens um 3-Akter oder 5-Akter handelt, entsprechen im Allgemeinen einem *festem Aufbauplan*. In der Regel gibt es daher **nur einen Handlungsstrang** und Nebenhandlungen sind eher die Ausnahme. Die einzelnen Szenen sind fester Bestandteil der Funktion, die der jeweilige Akt im Aufbauplan des Dramas einnimmt. Die einzelne Szene ist daher der *steigenden* oder *fallenden* Handlung zuzuordnen.
- Der **Konflikt**, der in einem Widerstreit der Meinungen und Wertvorstellungen, in der Widersprüchlichkeit der Charaktere oder in dem Gegeneinander der Handlungsziele begründet sein kann, stellt das Kernstück der dramatischen Handlung dar.
- Die **Exposition** ist in den aristotelischen Dramen ein zentrales Strukturelement, deren Aufgabe es ist, den Zuschauer auf die bevorstehende Bühnenhandlung vorzubereiten. Die Exposition kann gleichermaßen vergangenheits-, gegenwarts- und zukunftsbezogen sein, indem sie den Zuschauer/Leser über die Vorgeschichte der Handlung unterrichtet, ihn mit Ort, Zeit und Personen des Stücks vertraut macht und bereits mögliche Konflikte andeutet.
- Die Übergänge von der einen zur anderen Szene werden durch die Beibehaltung des Schauplatzes, durch den Verbleib einer Figur auf der Bühne oder andere Mittel miteinander eng verklammert.
- **Neben- bzw. Parallelhandlungen** werden meist nur durch die Technik der **Mauerschau (sog. Teichoskopie)** oder des **Botenberichts** eingebunden. Das heißt, dass eine erhöht stehende Figur unmittelbar von einem Ereignis berichtet, das gerade für die anderen unsichtbar (quasi hinter einer Mauer) stattfindet bzw. dass jemand eine Botschaft überbringt, in der über eine andere Handlung berichtet wird.
- Der **Schluss** bringt die **Lösung des Konflikts**, die je nach Form des Dramas häufig mit dem Tod des Protagonisten verbunden ist (*Tragödie*) bzw. zu einem unverhofft glücklichen Ende geführt wird (*Komödie*).

Nichtlineare Handlung – Das Ganze in Ausschnitten

- Die **nichtaristotelischen Dramen** bzw. die Dramen der **offenen Form** lassen sich keinem festen Aufbauplan zuordnen, zumal sie aus einer sehr unterschiedlichen Anzahl von Akten und Szenen bestehen können. Die Handlung verläuft meist **nicht linear,** sondern sprunghaft, indem einzelne **Episoden** aus einem oder auch mehreren Handlungssträngen herausgegriffen werden.
- Das Geschehen entfaltet sich häufig im Sinne eines **analytischen Dramas**. Das heißt, dass die für den *Konflikt* entscheidenden Ereignisse von Anfang an die Voraussetzung für die Handlung darstellen und im Verlauf des Dramas nach und nach aufgedeckt werden (Exposition entfällt).
- **Neben- bzw. Parallelhandlungen** sind möglich, da die zeitliche Ausdehnung der Handlung deutlich länger als im aristotelischen Drama sein kann (keine Bindung an die Einheit der Handlung) und häufig **Zeitsprünge** und **Ortswechsel** beim Übergang von der einen zur anderen Szene vorliegen. Die Gleichzeitigkeit von Handlungen wird im Nacheinander der Szenenabfolge dargestellt.
- Der **Schluss** bleibt häufig **offen** und die Lösung des Problems wird an die Zuschauer/Leser delegiert.
- Die Handlung entfaltet sich in ihrer Gesamtheit nicht aus einer klar strukturierten Abfolge von einzelnen Szenen und Akten, sondern aus teilweise eher **isolierten Einzelszenen**, die sehr kurz und unvermittelt sein können (*Fetzenszenen*), um schlaglichtartig Aspekte der Handlung zu thematisieren.

TIPP zum Punktesammeln

Erschließungsfragen für die Analyse
- Ist die Szene Teil einer linearen bzw. nichtlinearen Handlung? Gehört sie zur Haupt-, Neben- oder Parallelhandlung?
- Wie beeinflusst die Szene den weiteren Handlungsverlauf? Welche Funktion und Bedeutung hat die Szene für die Entwicklung der Handlung? (Diese Fragen lassen sich nur bei Kenntnis des gesamten Dramas beantworten).
- Wie ist die zu interpretierende Szene mit der vorausgehenden und nachfolgenden Szene verbunden? Gibt es Zeitsprünge oder Ortswechsel im Übergang von der vorausgehenden bzw. zur nachfolgenden Szene?

Raum- und Zeitgestaltung

Die Gestaltung des Raumes und der Zeit sind an der Entfaltung der Handlung beteiligt, da es schon einen erheblichen Unterschied bedeutet, ob das gesamte Drama nur an einem oder an mehreren Schauplätzen spielt bzw. ob es nur den begrenzten Zeitraum eines Tages oder eine Zeitspanne von mehreren Wochen, Monaten oder auch Jahren umfasst. Für die Analyse einer Szene ist es also wichtig, die Raum- und Zeitgestaltung im Kontext des gesamten Stückes zu beachten.

Raumgestaltung

- Die Angaben zum Raum (synonym verwendet werden **Schauplatz** und **Handlungsort**) sind in den aristotelischen Dramen meist wenig konkret, da stärker als in den nichtaristotelischen Dramen die Handlung durch die Dialoge und nicht durch einen aktionsstarken Raum vorangetrieben wird. Der zeitliche Hintergrund, in den die Handlung einzuordnen ist, bestimmt dabei die Vorstellung des Raumes.
- Die häufigen und meist schnell aufeinander folgenden **Ortswechsel** in nichtaristotelischen Dramen bedingen, dass dort oft genauere Angaben zum Raum gegeben werden, denn der Zuschauer/Leser muss die Möglichkeit haben, die Ortswechsel gedanklich nachzuvollziehen. Hinzu kommt, dass der Raum sich wesentlich deutlicher auf das Agieren der Figuren auswirkt.
- Zu **Requisiten** und **Kostümen** werden in dramatischen Texten nur selten direkte Aussagen getroffen. Die konkrete Ausgestaltung ist Bestandteil der jeweiligen Inszenierung, die sich in der Regel aber an dem zeitlichen Hintergrund orientiert.
- Je nach dramaturgischem Konzept ergibt sich aus dem Zusammenspiel von Bühnenraum, Requisiten und Kostümen eine sehr geschlossene und realitätsnahe Ausgestaltung der Bühne oder es wird durch Reduktion bzw. Verfremdung des Bühnenbilds bewusst gemacht, dass es sich bei der Darstellung um eine **Inszenierung** handelt. Vor allem das epische Theater und zeitgenössische Theaterstücke bevorzugen die zweite Variante.

Zeitgestaltung

- Je nach Grundkonzeption und zentraler Thematik eines Dramas wird die Zeit, in der die Handlung spielt, mehr oder weniger stark präzisiert. Dramen, in denen eher grundlegende menschliche Konflikte oder Ideen und Werte im Mittelpunkt stehen, sind zeitlich nicht konkret gebunden. Dramen, die historische Ereignisse bzw. gesellschaftliche Probleme aufgreifen, müssen den **zeitgeschichtlichen Hintergrund** durch die Dialoge bzw. die Gestaltung der Bühne (Raumgestaltung) verdeutlichen. Besonders **im epischen Theater** werden die **aktuellen zeitlichen Bezüge** durch die Präsentation von Prospekten (Plakate bzw. Stellwände mit Fotos, Zeitungsartikel, Spruchbänder usw.) im unmittelbaren Umfeld der Bühne hergestellt.
- Die zeitliche Struktur eines Dramas wird geprägt durch das Verhältnis zwischen Spielzeit und gespielter Zeit. In Analogie zu den Termini → Erzählzeit und → erzählte Zeit in der Epik bezeichnet die **Spielzeit** dabei den Zeitraum, den eine Aufführung umfasst, während **gespielte Zeit** den Zeitraum angibt, den die Handlung umfasst. In aristotelischen Dramen ist dies unter Berücksichtigung der Einheit der Zeit meist ein Tag, in den nichtaristotelischen Dramen können dies Tage, Wochen oder auch Jahre sein. Aus dem im gesamten Drama vorliegenden Verhältnis zwischen Spielzeit und gespielter Zeit ergibt sich eine eher **zeitraffende** (Spielzeit ist kleiner als gespielte Zeit) oder **zeitdehnende** (Spielzeit größer als gespielte Zeit) **Handlung**. Eine Besonderheit dramatischer Texte besteht darin, dass die einzelne **Szene immer zeitdeckend** ist, da im Dialog der Figuren Spielzeit und gespielte Zeit übereinstimmen. Bei der Analyse einer dramatischen Szene ist deshalb zu berücksichtigen, wie die Szene sich in das zeitliche Kontinuum des gesamten Stücks einbettet.

- Besonders in den nichtaristotelischen Stücken mit einer längeren gespielten Zeit und folglich häufigeren **Zeitsprüngen** wird die zeitliche Zuordnung einer Szene durch Formulierungen, die Verknüpfungen herstellen oder **Anspielungen** auf vorausgehendes oder nachfolgendes Geschehen enthalten, kenntlich gemacht. Der Hinweis z. B. auf eine Aktivität, die eine Figur in Zukunft ausführen will (z. B. „um das zu klären, muss ich XY aufsuchen"), verklammert zeitlich die Szene mit einer anderen, in der dieser Plan konkretisiert wird.

TIPP zum Punktesammeln

Erschließungsfragen für die Analyse

- Gibt es direkte Hinweise zum Handlungsort und zur Ausgestaltung des Raumes im Text? Wie kann oder muss man sich den Raum vorstellen, in dem die Figuren agieren?
- Sind Anfang bzw. Ende der Szene durch einen Ortswechsel gekennzeichnet?
- Werden Bezüge dieser Szene zu anderen Szenen über die Wahl des Schauplatzes hergestellt?
- Gibt es wichtige Requisiten, die den Schauplatz näher bestimmen?
- Wie ist die Szene in die zeitliche Struktur des gesamten Dramas eingebettet?
- Liegen beim Übergang von der vorausgehenden Szene zur nachfolgenden Szene Zeitsprünge vor? Wie werden diese Zeitsprünge deutlich gemacht? Gibt es in den Formulierungen der Figuren zeitliche Verklammerungen?

Figuren und Figurenkonstellationen

Die Figuren im Drama können grundsätzlich als Charaktere bzw. Typen bezeichnet werden. Von einem **Charakter** spricht man, wenn die Figur im Drama differenzierter dargestellt wird, so dass man verschiedene Eigenschaften und Verhaltensweisen kennen lernt. Von einem **Typ oder Typus** spricht man dagegen, wenn eine Figur mehr oder weniger nur auf einen Aspekt (z. B. Geiz, Gewalttätigkeit usw.) reduziert wird.

- Die *Namen* bzw. die *Bezeichnung der Figuren* können bereits deutliches Indiz für die **Figurenzeichnung** sein, wenn z. B. *sprechende Namen* (*Oberlin, Schufterle, Grimm, Gottlieb Biedermann* ...) verwendet werden oder den Figuren nur Funktionsbezeichnungen (*Doktor, 1. Handwerksbursche* ...) zugewiesen werden. Der Anordnung der Figuren im Personenverzeichnis, eventuell ihren Namen und den vielleicht beigefügten Angaben zu ihrem Status lassen sich unter Umständen bereits Informationen darüber entnehmen, welche Rolle die Figuren im Stück spielen bzw. in welcher Beziehung sie zueinander stehen.
- Als **Protagonisten** bezeichnet man Figuren des Dramas, die die Handlung maßgeblich vorantreiben, wobei nicht unbedingt die Titelfigur des Dramas darunter sein muss. Die **Hauptfiguren** werden häufig auch mit den Begriffen **Held** oder **Anti-Held** bezeichnet, je nachdem, ob sie selbstbewusst, eigenverantwortlich und aktiv am Verlauf des eigenen Schicksals beteiligt (Held) oder eher passiv und leidend fremden Mächten und Kräften ausgesetzt sind (Anti-Held). Erst mit Aufhebung der

Ständeklausel in den nichtaristotelischen Dramen werden auch Anti-Helden zu den Hauptfiguren der Dramen.

- Da in dramatischen Texten kein Erzähler die direkte **Charakterisierung** (→ S. 164) der Figuren übernehmen kann, charakterisieren sich die Figuren durch ihr Verhalten und vor allem durch das gesprochene Wort selbst bzw. werden indirekt durch die Aussagen anderer charakterisiert. Speziell im zweiten Fall ist dabei zu berücksichtigen, dass diese Art der Charakterisierung nicht objektiv ist, da sie aus der Perspektive einer anderen Figur vorgenommen wird.
- Die Figuren in einem Drama werden erst wirklich lebendig und dadurch charakterisiert, dass sie in der **Interaktion** mit anderen Figuren gezeigt werden. Jede Figur ist eingebunden in eine **Figurenkonstellation**, die z. B. bestimmt wird durch den Grad der Zuneigung, Abneigung oder Feindschaft zu einer anderen. Um Charaktereigenschaften zu verdeutlichen, werden einzelnen wichtigen Figuren **Gegenspieler** oder *Kontrastfiguren* gegenübergestellt.
- **Gestalt, Mimik, Gestik, Körperhaltung** und -bewegung sowie die **Kleidung** charakterisieren eine Figur. Allerdings finden sich dazu in den Dramentexten nur wenig konkrete Hinweise (Regieanweisungen), sodass der Leser entsprechende Vorstellungen aus der Handlung und vor allem aus dem gesprochenen Wort selbst entwickeln muss. Dem Zuschauer einer Aufführung wird durch die Inszenierung bereits eine Interpretation angeboten. Bei der Analyse einer Dramenszene muss also deutlich werden, ob es sich bei Aussagen zum äußeren Erscheinungsbild um eine eigene Interpretation oder um konkrete Vorgaben handelt, die durch Textbelege nachgewiesen werden können.

Sprache und Dialogführung

- Der Dialog ist das zentrale Merkmal dramatischer Texte, denn das Drama lebt vom gesprochenen Wort. Die Analyse einer Dramenszene muss deshalb im besonderen Maße auf die inhaltliche Aussage und die **formale Gestaltung der Dialoge** (Ausdrucksweise, Wortwahl, Satzbau usw.) eingehen.
- Das Prinzip der Ständeklausel prägt **im aristotelischen Drama** auch die Sprache, sodass der Sprachstil der Figuren getragen bzw. gehoben ist und bis hin zum Pathos reichen kann. Die **Sprache der Figuren** ist kunstvoll gestaltet, reich an Bildlichkeiten und anderen rhetorischen Mitteln. Der Text ist häufig in **Blankversen** geschrieben. Vorherrschend ist ein hypotaktischer Sprachstil.
- **In nichtaristotelischen Dramen** werden Stilebenen und die Ausdruckshaltung gemischt und es findet eher eine **Orientierung an der Alltagssprache** statt (verschiedene Soziolekte, Jargon, spontane Äußerungen, „Aneinandervorbeireden"). Anders als beim geschlossenen Drama, wo das Bewusstsein die Sprache dominiert, dominiert hier die Sprache über das Bewusstsein. Ausrufe, elliptische und parataktische Satzkonstruktionen sind Ausdruck einer lebendigen, spontanen und emotionalen Sprache, die die Figuren deutlich charakterisiert.
- Die gründliche Analyse der Dialoge muss kommunikative Strukturen mitberücksichtigen, da der Dialog immer eine Form der **Interaktion** ist. Das bedeutet, dass nicht nur inhaltlich geklärt wird, *was* genau gesagt wird, sondern auch *wie* diese

Inhalte kommuniziert werden. Dazu gehört, dass man Aussagen zum Sprachstil, d. h. zur Wortwahl, zum Satzbau und zu den verwendeten rhetorischen Figuren, trifft. Qualitativ wirksam werden entsprechende Aussagen aber erst, wenn sie nicht nur beschrieben, sondern in der Deutung funktionalisiert werden.

- **Sprechtempo, Tonfall** und **Lautstärke** werden in dramatischen Texten nur selten durch Regieanweisungen präzisiert und müssen daher aus dem dargestellten Geschehen erschlossen werden, sollten aber im direkten Zusammenhang mit der sprachlichen und kommunikationstheoretischen Analyse berücksichtigt werden.
- Um den Zuschauer an Gedanken einer Figur teilnehmen zu lassen, finden **Monologe** bzw. die **Technik des Beiseitesprechens** Anwendung. Beide Formen sind typische dramaturgische Elemente, wenn auch etwas realitätsfern, da es eher ungewöhnlich ist, dass eine Person längere Zeit laut für sich selbst spricht (Monolog) bzw. dass eine Person quasi hinter vorgehaltener Hand ihre Gedanken laut preisgibt (Beiseitesprechen), während andere anwesend sind. Das Beiseitesprechen wird in der Regel durch die Regieanweisung „beiseite“ deutlich angegeben.
- In den Dramen der offenen Form, speziell **im epischen Theater**, wird der **Zuschauer direkt angesprochen**, indem z. B. eine Figur die Rolle quasi verlässt und sich unmittelbar an das Publikum wendet. Im **Monodrama**, einem monologischen Einpersonenstück, werden diese Techniken prägendes Gestaltungsmittel, da es Dialoge im eigentlichen Sinne hier nicht mehr gibt.

TIPP zum Punktesammeln

Erschließungsfragen für die Analyse

- Handelt es sich bei den agierenden Figuren eher um Charaktere oder Typen? Kann eine der Figuren als Protagonist der Handlung bzw. als Held oder Anti-Held bezeichnet werden?
- Wie ist die einzelne Figur in die Figurenkonstellation des gesamten Stücks bzw. in die Szene eingebunden? Gibt es direkte Gegenspieler oder Kontrastfiguren?
- Wie und wodurch charakterisieren sich die Figuren selbst bzw. werden sie von anderen charakterisiert?
- Welchen Anteil hat die Sprache an der Charakterisierung der Figuren?
- Auf welchem Sprachniveau entwickelt sich das Gespräch? Handelt es sich um eine gebundene oder eher freie und emotionale Sprache?
- Welche Wirkung wird durch den Satzbau und die Wortwahl erreicht?
- Welche rhetorischen Figuren werden verwendet und welche Funktion haben sie?
- Wie müssten Sprechtempo, Tonfall und Lautstärke in einzelnen Passagen der Dialoge gestaltet sein?
- Welche kommunikativen Strukturen werden in den Dialogen deutlich? Wie groß sind die Redeanteile der Figuren? Welche Figur ergreift die Initiative im Gespräch und welche Figur beendet es?
- Gibt es Tendenzen zur Monologisierung der Dialoge?

Sachtexte

Was ist ein Sachtext?

Unter Sachtexten versteht man in der Regel alle **nichtfiktionalen Texte**. Das heißt, Sachtexte beziehen sich direkt auf **Sachverhalte aus der Wirklichkeit**. So ist für den Reisebericht der Bezugspunkt das Land, das er beschreibt, für die Gebrauchsanweisung der Gegenstand, den sie erklärt, für die Analyse eines fiktionalen Textes der Text, den sie untersucht. Damit haben Sachtexte in praktischen Handlungskontexten einen Gebrauchswert.
Sachtexte umfassen ein breites Textsortenspektrum. Dabei kann es sich um geschriebene oder gesprochene Sachtexte handeln (z. B. Nachrichten, Wissenschafts- oder Kultursendungen). Darüber hinaus unterscheidet man zwischen **kontinuierlichen Sachtexten (Fließtexten)** und **diskontinuierlichen Sachtexten (Diagramme, Schaubilder, Tabellen etc.)**.
Hilfreich ist es, bei der Klassifizierung von der (vermuteten) Intention des jeweiligen Verfassers und der damit verbundenen Funktion des jeweiligen Sachtextes auszugehen. Die meisten Textsorten umfassen sowohl informierende, argumentierende als auch appellierende Elemente. Bei jeder Textsorte steht jedoch eine Funktion im Vordergrund. Wer einen Leserbrief schreibt, will vor allem seine Haltung zu einem Sachverhalt darlegen und nicht in erster Linie sachlich informieren. Dennoch enthält ein Leserbrief selbstverständlich informierende und evtl. auch appellierende Elemente.

Welche Funktionen können Sachtexte wahrnehmen?

informieren, darstellen, instruieren	**argumentieren, erörtern**	**appellieren**	**regulieren**
Textsorten – Nachricht – Textanalyse – Wissenschaftliche Untersuchung (z. B. literatur- oder sprachtheoretische Texte) – Gebrauchsanweisung – …	**Textsorten** – Kommentar – Leserbrief – Rezension – Kritiken – …	**Textsorten** – Werbung – Flugblatt – Wahlrede – …	**Textsorten** – Gesetzestext – …

Elemente von Sachtexten

Sachtexte können unterschiedlichen Anliegen folgen:

- Bei **informierenden Sachtexten** werden ausgehend von einem Aufhänger, der die Aufmerksamkeit der Leser binden soll, die verschiedenen Teilbereiche eines Themas nacheinander entfaltet. Die Teilbereiche werden häufig mit Zwischenüberschriften gekennzeichnet.
- Bei **argumentierenden Sachtexten** stellt der Verfasser seine Position zu einem bestimmten Thema mittels Thesen, Argumenten und Beispielen dar. Dabei bezieht er mögliche Gegenpositionen und damit verbundene Argumente in seine Überlegungen ein und entkräftet oder relativiert sie.

Die Übergänge zwischen informierenden und argumentierenden Sachtexten sind fließend. Die Fachbegriffe dienen der Beschreibung des Aufbaus/der Struktur eines Sachtextes.

Informierende Sachtexte	**Aufbau**	**Argumentierende Sachtexte**
Information über das Thema des Textes	**Titel**	Information über das Thema des Textes
mögliche Eingrenzung des Themas auf einen Aspekt, z. B. eine spezielle Forschungsfrage	**Untertitel**	Verdeutlichung der Position, die der Autor gegenüber dem Thema einnimmt
Aspekt, der die Aufmerksamkeit der Leser binden soll, z. B. ein Zitat	**Aufhänger**	Aspekt, der die Aufmerksamkeit der Leser binden soll, z. B. ein Zitat
	Aufbau	
Abfolge des Gedankenganges, Aufeinanderfolge einzelner Aspekte (roter Faden)	**Makrostruktur**	Formulierung der These und evtl. der Antithese, Darstellung von Argumenten und Gegenargumenten nach ihrer jeweiligen Gewichtung und ihren thematischen Zusammenhängen
Detailinformationen der einzelnen Sinnabschnitte bezogen auf das Thema	**Mikrostruktur**	Detailinformationen zu einzelnen Argumenten, Veranschaulichung durch *Beispiele*
Bündelung der Ergebnisse	**Zusammenfassung**	Bekräftigung der These mit Hinweis auf die gewichtigsten Argumente
Ableitung von Folgen aus den Arbeitsergebnissen	**evtl. Schlussfolgerung**	Ableitung von Folgen aus den Arbeitsergebnissen

Die sprachliche Gestaltung von Sachtexten

Die **Aussageabsicht**, der **Adressatenkreis** und damit verbunden die Wahl der **Textsorte** (→ S. 168 f.) bestimmen die sprachlich-formale Gestaltung eines Sachtextes. Der Leitartikel einer Tages- oder Wochenzeitung, der wesentlich zur öffentlichen Meinungsbildung beitragen soll, verlangt eine andere sprachliche Gestaltung als ein populärwissenschaftlicher Artikel, der über die neueren Entwicklungen auf einem bestimmten wissenschaftlichen Gebiet informieren soll; ein literaturwissenschaftlicher Interpretationsansatz folgt anderen sprachlichen Gestaltungsnormen als eine Rezension.
Der gezielte Einsatz ausgewählter sprachlich-formaler Gestaltungsmittel verstärkt die jeweilige Aussageabsicht. Deshalb müssen die sprachlich-formalen Gestaltungsmittel immer mit Blick auf ihre Funktion beschrieben werden.

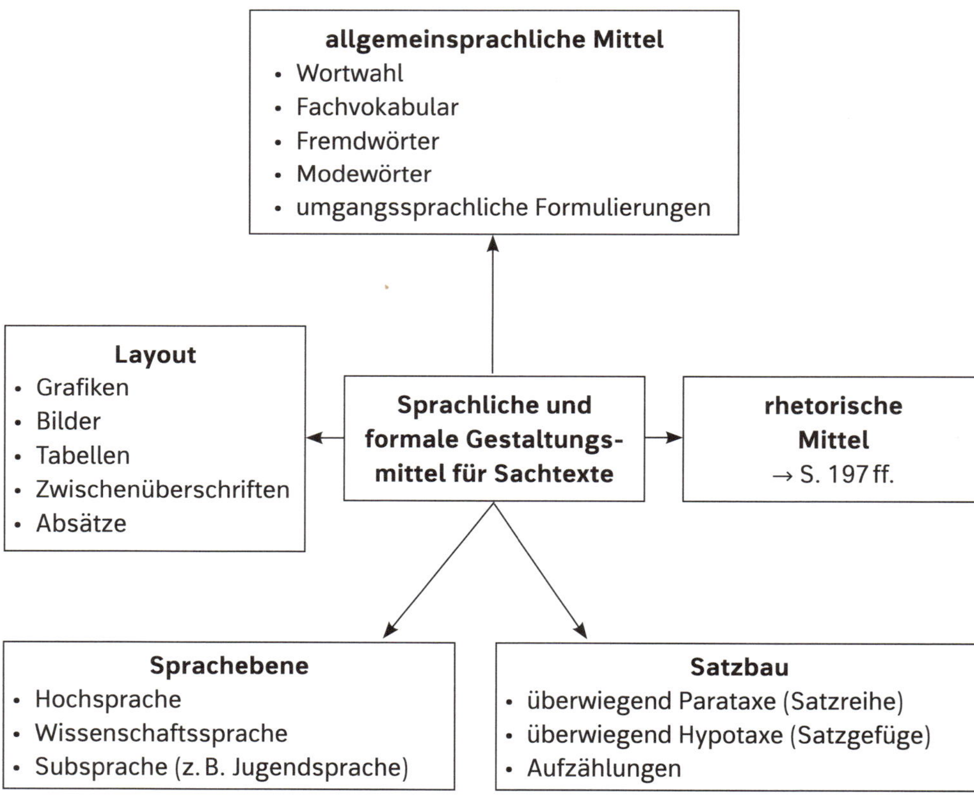

Inhaltsfeld Kommunikation

Inhaltliche Schwerpunkte (Kernlehrplan)
- Sprachliches Handeln im kommunikativen Kontext
- Rhetorisch ausgestaltete Kommunikation in funktionalen Zusammenhängen
- Autor-Rezipienten-Kommunikation

Sprachliches Handeln im kommunikativen Kontext

Der Begriff **Kommunikation** im weiteren Sinne bezeichnet den Austausch bzw. die **Übertragung von Informationen** jeglicher Art. Im engeren Sinn beschreibt der Begriff Kommunikation eine **soziale Interaktion**, bei der Informationen zwischen zwei oder mehreren Personen mithilfe eines **Kommunikationsmittels** (Kanal) ausgetauscht werden. Grundsätzlich wird dabei unterschieden zwischen der interpersonalen (face to face) und der technisch vermittelten Kommunikation (→ *Inhaltsfeld Medien,* S. 181 ff.). Voraussetzung für das Gelingen der Kommunikation ist, dass der Kanal störungsfrei funktioniert und Sender und Empfänger über denselben Code verfügen.

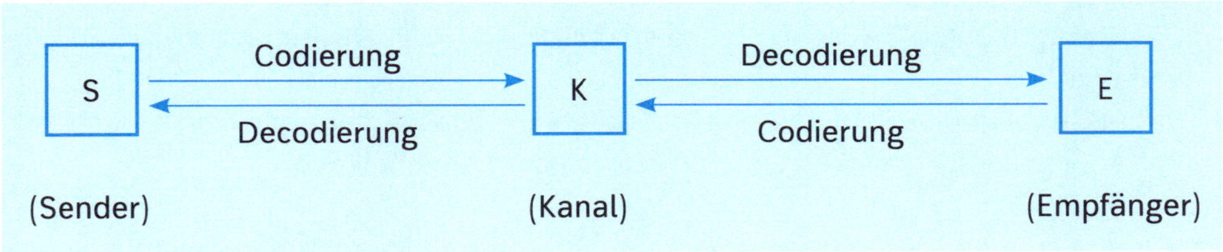

Einfaches Schema einer wechselseitigen Kommunikation

Mit seinem **Vier-Seiten-Modell** stellt der Kommunikationswissenschaftler Friedemann **Schulz von Thun** (*1944) heraus, dass jede Äußerung vier Botschaften gleichzeitig enthält, wobei diese je nach Situation unterschiedlich akzentuiert sein können:
a) die Sachinformation (worüber ich informiere),
b) die Selbstkundgabe (was ich von mir zu erkennen gebe),
c) den Beziehungshinweis (was ich von dir halte und wie ich zu dir stehe) und
d) den Appell (was ich bei dir erreichen möchte).

Das als Nachrichten- oder Kommunikationsquadrat bekannte Modell Schulz von Thuns stellt die vier Seiten einer Nachricht aufseiten des Senders heraus, während sein Vier-Ohren-Modell denselben Sachverhalt aufseiten des Empfängers darstellt.

Vier-Ohren-Modell (nachSchulz von Thun)

Kommunikation als äußerst komplexer Prozess ist sehr anfällig gegen Störungen. Häufige Ursachen solcher **Kommunikationsstörungen** sind:

- Umwelteinflüsse: Lärm, Unruhe usw.
- Art des Sprechens: Modulation der Stimme (Lautstärke, Tonfall usw.)
- Unterschiedliche Codes bei Sender und Empfänger: Fremd- bzw. Fachsprachen, Dialekte, Gruppensprachen usw.
- innere Befindlichkeit beim Sender und Empfänger: Konzentration, Grundstimmung (Wut, Müdigkeit, zeitlicher Stress usw.)
- Widerspruch zwischen verbalen und nonverbalen Elementen der Kommunikation: Das Gesagte und die Körpersprache sind nicht stimmig (Diskrepanz zwischen Was und Wie).
- Interessens- und Beziehungskonflikte: Unterschiedliche Interessen bzw. bestehende Beziehungskonflikte wirken als Störfaktoren der Kommunikation.

Störungen können die Grundbedingungen der Kommunikation unterschiedlich stark beeinträchtigen (z. B. durch Lärm) oder im kommunikativen Verlauf zu Konflikten führen (z. B. bei Interessens- oder Beziehungskonflikten). Man spricht dann von einer „gestörten Kommunikation", wobei der Grad der Störung sehr unterschiedlich sein kann (z. B. Unterbrechung oder Abbruch).

Info Alltagskommunikation

Alltagskommunikation ist der unmittelbare Austausch von Informationen bei wechselseitiger Wahrnehmung der Kommunikationspartner (face to face). Aufgrund des Bekanntheitsgrades der Verhaltensmuster, die die Beteiligten in solchen Standardsituationen zeigen, besteht eine recht hohe Erwartungssicherheit bei den Kommunikationspartnern. Kennzeichen von Alltagskommunikation sind

- direkte Kommunikation mit den Kommunikationspartner,
- eine möglichst geringe Anzahl von Kommunikationspartnern (zwei oder drei),
- die unmittelbare und wechselseitige Wahrnehmung der Kommunikationspartner,
- den gemeinsamen Erwartungshorizont des Alltäglichen der Kommunikationspartner, der sich aus dem funktionalen Kontext (z. B. dem gemeinsamen Warten im Wartezimmer) bzw. dem situativen Kontext (z. B. beim Sport, während der Arbeit, in der Schule, mit Freunden im Kino usw.) ergibt.

Kommunikation im engeren Sinn bzw. interpersonale Kommunikation besteht im Wesentlichen aus Gesprächen unterschiedlicher Art und Form. Für die analytische Auseinandersetzung mit Gesprächen in unterschiedlichen situativen Kontexten (z. B. Alltagskommunikation, Gespräche in den Medien oder auch in literarischen Texten) ist die Kenntnis bestimmter Klassifizierungen für eine grundlegende Einordnung hilfreich.

Grundsätzlich lassen sich Gespräche einer der folgenden Gattungen zuordnen:

natürliche Gespräche	Dazu zählen alle Gespräche, die nicht zu den folgenden beiden Gattungen gehören. Unterschieden werden kann zwischen natürlich spontanen und natürlich arrangierten Gesprächen.
fiktive/fiktionale Gespräche	Fiktive Gespräche sind zu bestimmten Zwecken hergestellt (z. B. als Demonstrations- oder Schulungsmaterial). Fiktionale Gespräche sind Bestandteil einer fiktionalen Realität in der Literatur (z. B. Dialoge in Erzähl- bzw. dramatischen Texten/Theateraufführungen und Fernsehserien).
inszenierte Gespräche	Dazu zählen Gespräche, die für eine Aufführung vorbereitet sind (z. B. in Theateraufführungen). Nicht ohne kritischen Unterton werden dazu oft Gespräche gezählt, die im Fernsehen ausgestrahlt werden (z. B. Interviews, Talkshows).

Je nach Anlass und Ausgestaltung lassen sich verschiedene Gesprächstypen und Gesprächsformen unterscheiden, von denen hier nur eine Auswahl genannt wird:
- Gespräch (die Auseinandersetzung mit dem Gesprächspartner steht im Mittelpunkt)
- Rede (andere zu unterhalten oder sie von der dargestellten Sache/Meinung zu überzeugen, ist das wesentliche Ziel)
- Debatte (die Durchsetzung der eigenen Meinung ist zentrales Anliegen)
- Diskussion (die Auseinandersetzung mit der Sache steht im Zentrum)
- Interview (im Vordergrund steht die eigene Person)
- Verhandlung (es geht unmittelbar um die eigene Person und die Gesprächspartner)

Gespräche finden nicht im luftleeren Raum statt, sondern sind immer durch eine Reihe von außersprachlichen Faktoren bestimmt:
- Der **situative Kontext von Gesprächen** unterscheidet sich durch die Gruppengröße und dadurch, ob die Kommunikation zeitlich und räumlich nah (z. B. face to face) oder fern verläuft (z. B. Onlinechats).
- Der **Grad der Öffentlichkeit** eines Gesprächs kann unterschiedlich sein: privat, halböffentlich (z. B. Referat vor der Klasse) oder öffentlich (z. B. Rede des Jahrgangssprechers bei der Entlassungsfeier). Je nachdem, ob es sich eher um ein Gespräch im privaten oder eher öffentlichen Bereich handelt, können inhaltliche Akzentuierung und Ausgestaltung des Gesprächs variieren.

- Die **Konstellation der Gesprächspartner** ist ein entscheidendes Kriterium für den Verlauf des Gesprächs. Die soziale Beziehung bzw. das soziale Verhältnis der Gesprächspartner kann symmetrisch oder asymmetrisch bzw. komplementär sein. Unterschiede sind bedingt durch
  - entwicklungsbedingte Faktoren (z. B. Lebensalter, Sprachfähigkeit),
  - den sozialen Status,
  - sachliche oder fachliche Unterschiede (z. B. Vorhandensein von Fachwissen oder Kompetenzen),
  - die besondere Funktion bzw. Position von Gesprächsteilnehmern in bestimmten Gesprächsformen (z. B. der Moderator in einer Talkshow) und
  - den unterschiedlichen Bekanntheitsgrad der Gesprächspartner.
- Die dominierende **Handlungsdimension** eines Gesprächs wirkt sich auf die Gesprächsgestaltung, den Gesprächsverlauf und die Wirkung des Gesprächs aus. Narrative Gespräche (z. B. Partygespräche, Small Talk, Onlinechats) haben vor allem die Funktion, Kontakt herzustellen und zu pflegen.
  Direktive Gespräche sind auf das Geben von Anweisungen, Hinweisen und Ratschlägen ausgerichtet (z. B. zwischen Chef/Arbeitnehmer oder zwischen Arzt/Patient).
  Als diskursive Gespräche bezeichnet man Gespräche, die der kritischen Auseinandersetzung mit einer Sache im privaten oder wissenschaftlichen Bereich dienen (z. B. Streitgespräch oder Debatte).
- Die **thematische Fixierung** eines Gesprächs (z. B. durch die Vorgabe des Themas in einer Debatte oder Talkshow) kann den Gesprächsverlauf beeinflussen, je nachdem, ob die Themenvorgabe eher eng oder offener abgesteckt ist.
- Je nach **Einfluss des außersprachlichen Handelns** unterscheidet man empraktische Gespräche, die ihre Bedeutung vor allem durch den außersprachlichen Kontext erhalten (z. B. Gespräche im Klassenzimmer oder vor Gericht), von apraktischen Gesprächen, die weitgehend frei von solchen Einflüssen sind.

Anwendungsbeispiel: Zwei Schüler, die sich aus einer Sportarbeitsgemeinschaft kennen, treffen sich zufällig an der Bushaltestelle vor der Schule und überbrücken die Wartezeit mit einem Gespräch über einen Kinofilm, den beide gesehen haben. Sechs andere Personen, die ebenfalls an der Haltestelle warten, beteiligen sich nicht an ihrem Gespräch.
Aus dieser Gesprächskonstellation ergibt sich folgende Klassifizierung:
- Gesprächsgattung = natürliches Gespräch, Alltagskommunikation
- Gesprächstyp = Gespräch, Debatte
- situativer Kontext des Gesprächs = Face-to-Face-Kommunikation, Kleingruppe
- Konstellation der Gesprächspartner = symmetrisch
- Grad der Öffentlichkeit = privat
- Handlungsdimension des Gesprächs = narratives Gespräch
- thematische Fixierung = Themenvorgabe offen
- Einfluss des außersprachlichen Handelns = apraktisch

In Gesprächen jeglicher Art ergänzen sich verbale und nonverbale Kommunikation:

Nonverbale Kommunikation

1. Nonvokale nonverbale Kommunikation	2. Vokale nonverbale Kommunikation	3. Nonverbale Kommunikation im weiteren Sinne
– Gestik – Mimik – Verhalten im Raum – taktiles Verhalten – olfaktorische Formen – Blickverhalten – Körperhaltung, Körperbewegung	– sprachbegleitende Formen, z. B. Betonung, Tempo und Lautstärke – selbstständige Formen, z. B. Lachen, Seufzen, Gähnen	(Artefakte, z. B. Kleidung, Frisur)

Die **Bedeutung nonverbaler Zeichen** für das Gelingen- bzw. Nichtgelingen von Kommunikation wird häufig unterschätzt, obwohl eigentlich jeder aus Erfahrung weiß, dass z. B. die Mimik, die Körperhaltung oder der Tonfall das gesprochene Wort erheblich beeinflussen können.

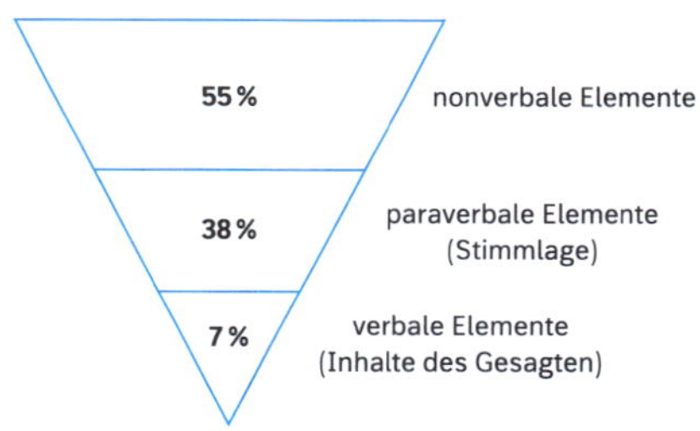

Rhetorisch ausgestaltete Kommunikation in funktionalen Zusammenhängen

Anders als in Alltagssituationen, bei denen Gespräche sich meist eher zufällig ergeben, unterliegen Gespräche in funktionalen Zusammenhängen (z. B. Vorträge, Interviews, Reden, Debatten usw.) bestimmten Vorgaben bzw. Regeln und sind dementsprechend vorbereitet. Eine gute Vorbereitung und die bewusste Gestaltung der Gesprächssituation sind wesentliche Mittel für eine überzeugende Gesprächsführung. Wesentlich sind in rhetorisch ausgestalteten Kommunikationssituationen Strategien zur Leser- bzw. Hörerbeeinflussung:

Unerwünschte Nebenbotschaften vermeiden

Mit Blick auf das Nachrichtenquadrat bzw. das Vier-Ohren-Modell Schulz von Thuns sollte in einem eigenen Gesprächsbeitrag darauf geachtet werden, dass Botschaften, die parallel gesendet werden, nicht von der eigentlichen Mitteilung ablenken. Wer z. B. einen wichtigen Gedanken zum Ausdruck bringen will, sollte darauf achten, dass die **Sachebene im Vordergrund** steht und Mimik, Gestik sowie Körperhaltung angemessen sind. Um Parallelbotschaften angemessen kontrollieren zu können, ist es wichtig, die Beziehung zwischen Sender und Empfänger (**Adressatenbezug**) bei der Vorbereitung und während der Durchführung des Gesprächs zu berücksichtigen.

Mit Kommunikationsstörungen zurechtkommen

Kommunikationsstörungen zu vermeiden, ist gar nicht so einfach, da diese recht vielfältiger Art sein können. Zum Beispiel trägt das Sprechen bei Unruhe (Nebengespräche, Applaus usw.) dazu bei, dass Teile des Gesprächsbeitrags nicht oder nur teilweise wahrgenommen werden. Es kommt also einerseits darauf an, Störungen durch die Gestaltung des eigenen Gesprächsbeitrags zu verhindern und über Strategien zur **Reaktion auf Störungen** zu verfügen (z. B. Warten, Wiederholungen, direkte Ansprache usw.).

Rückmeldungen und Feedback nutzen

Auf Rückmeldungen der Gesprächspartner bzw. des Publikums sollte man gewissenhaft achten, um das eigene Gesprächsverhalten zu kontrollieren und gegebenenfalls zu korrigieren. So können unerwünschte Begleitbotschaften abgestellt, Störfaktoren gezielt ausgeschaltet und Missverständnisse, welche die Sachebene der eigenen Mitteilung beeinträchtigen, vermieden werden.

Längere Gesprächsbeiträge in der Öffentlichkeit dienen häufig der Herstellung eines Konsenses zwischen Sender und Empfänger über einen Sachverhalt. Es kommt darauf an, im Rahmen eines bestimmten Themas schlüssig zu argumentieren, um die Zuhörer zu überzeugen: Sachlicher Gehalt, Ausgestaltung und, bei appellativen Vorträgen, die Anordnung der Argumente entscheiden über die Qualität eines Kurzvortrags bzw. einer Rede.

Info Argumentieren

Von einem Argument wird gesprochen, wenn eine **These/Behauptung** durch eine **Begründung** und **Beispiele** belegt wird.
In der Regel wird dialektisch argumentiert. „Dialektik" kommt vom griechischen dialégesthai (= sich unterreden). Dialektisch argumentieren oder erörtern meint, dass Argumente und Gegenargumente aufgrund der Bewertung von Begründungen und Beispielen gegeneinander abgewogen werden (Pro und Kontra), um eine Entscheidung zu treffen, eine Position zu beurteilen bzw. zu ihr Stellung zu nehmen.

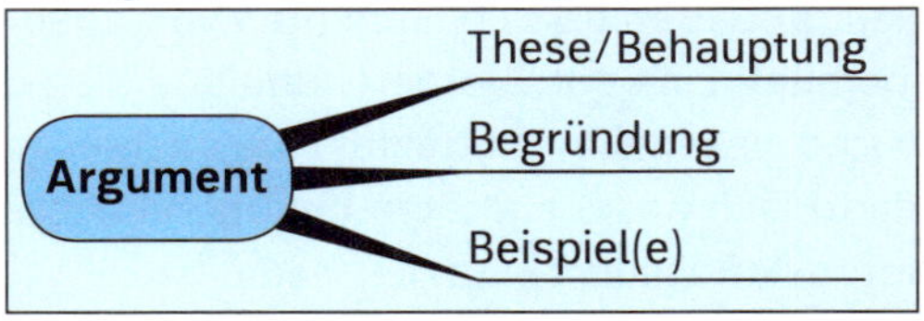

Autor-Rezipienten-Kommunikation

Bisher war man gewohnt, die Kommunikation zwischen Autor und Rezipient eher als kommunikative „Einbahnstraße“ aufzufassen, da eine wechselseitige Kommunikation aufgrund der Spezifika des Kommunikationsprozesses meist nicht gegeben war. Leserbriefe, Rezensionen oder das direkte Feedback (z. B. bei einer Lesung) sind zwar Möglichkeiten einer solchen Kommunikation der Rezipienten mit Autoren, stellen aber eine in ihrer Qualität und Wirksamkeit eher begrenzte Ausnahme dar.
Das galt und gilt speziell auch für literarische Texte, die im System der Kommunikation einen Sonderfall darstellen, da in ihnen Kommunikation auf mehreren strukturell unterschiedlichen Ebenen stattfindet.

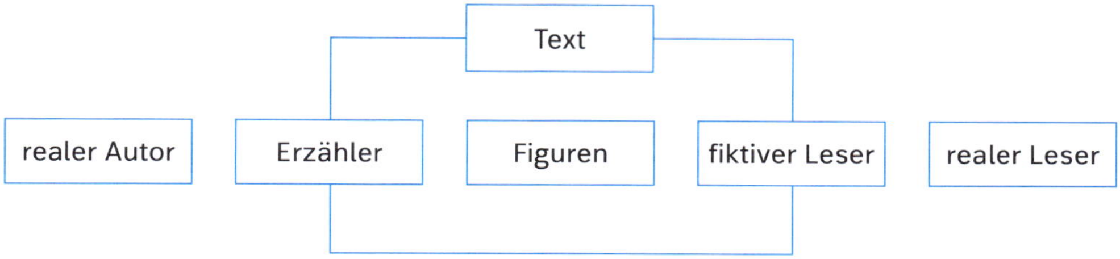

Im Gegensatz zur Alltagskommunikation kann der Erzähler, die „Stimme“ eines Textes, nicht unhinterfragt mit dem Autor gleichgesetzt werden. Bei der Kommunikation der Figuren, die eine eigene Ebene bilden, handelt es sich um **durch den Erzähler vermittelte Kommunikation**, die durchaus wechselseitig sein kann. Dabei können die Aussagen einer Figur nicht grundsätzlich als Meinung des Autors interpretiert werden. Der fiktive Leser befindet sich mit dem Erzähler auf gleicher Ebene, da der Erzähler ihn anspricht. Der **fiktive Leser** kann also nicht mit dem realen Leser gleichgesetzt werden kann, da weder der reale Autor noch der von ihm gestaltete Erzähler wissen können, wer einmal realer Leser sein wird.
Das oben stehende grafische Modell sowie die damit verknüpften Erläuterungen verdeutlichen anschaulich, warum speziell in literarischen Texten eine Kommunikation zwischen dem Autor / realen Autor und dem Leser / realen Leser nur in Ausnahmefällen stattfinden kann.

Die schnelle Entwicklung der Medien seit Mitte des 20. Jahrhunderts hat bei Medientheoretikern die Hoffnung aufkommen lassen, dass dadurch die „kommunikative Einbahnstraße“ zwischen Autor und Rezipient überwunden werden könne. Wie Brecht in seiner „Radiotheorie“ oder Enzensberger in seinem „Baukasten zu einer Theorie der Medien“ (→ S. 195) sahen sie die Möglichkeit, dass die Rezipienten durch den direkten und damit wechselseitigen Dialog an der Entstehung des Mediums beteiligt sein könnten. In der Tat bietet heute vor allem das **Internet** mit Formaten wie Blogs, Chats oder Foren (meist via Facebook, Twitter und Instagram) die Möglichkeit, mit dem Autor eines Beitrags **direkt in Kontakt zu treten**.

Ein Beispiel dafür, wie Texte durch Nutzung elektronischer Medien im **Prozess des kollaborativen Schreibens** (mehrere Autoren schreiben gemeinsam an einem Text) entstehen können und ggf. Verbreitung finden, ist das seit 2001 weltweit genutzte Onlinelexikon Wikipedia. Heute ist Wikipedia das umfangreichste Lexikon der Welt und rangiert auf Platz 7 der international am häufigsten besuchten Webseiten. Das Besondere an diesem Lexikon besteht darin, dass Millionen von Artikeln (momentan ca. 37 Millionen) von freien Autoren gemeinsam geschrieben, ständig bearbeitet und diskutiert werden.
Dieses Beispiel zeigt einerseits exemplarisch, wie Autor und Rezipient in direkte Kommunikation treten und Rezipienten in der Überarbeitung von Text selbst zu Autoren werden. Andererseits offenbart die seit der Entstehung existierende Kritik an der Zitierfähigkeit des Lexikons, die sich auch in Verboten von Wikipedia als Quelle im akademischen, politischen und juristischen Bereich äußert, ein Grundproblem solch kollaborativer Schreibprozesse. **Zuverlässigkeit** und **Vertrauenswürdigkeit** der Beiträge werden gerade wegen dieses spezifischen Entstehungsprozesses sowie der Möglichkeit, ungewollt für Werbung oder ideologische Einflussnahme missbraucht zu werden, immer wieder angezweifelt bzw. mit Skepsis betrachtet.

Ein grundlegendes Problem der Verwendung elektronischer Medien bzw. von Kommunikationsplattformen, z. B. Social Media, besteht darin, dass weder Sender noch Empfänger zweifelsfrei zu identifizieren sind – zumindest nicht für Laien. Deutlich wird, dass diese spezifische Autor-Rezipienten-Kommunikation in den elektronischen Medien in besonderer Weise zu einer kritischen und problembewussten Nutzung auffordern. Es ist wichtig, dass heutige Mediennutzer lernen, diese Formen der Kommunikation ebenso kreativ wie verantwortungsbewusst zu nutzen. Ein sicher extremes Beispiel der Folgen einer schlussendlich unklaren Sender-Empfänger-Situation bei Nutzung der elektronischen Medien sind die unterstellten Wahlkampfmanipulationen weltweit seit dem zweiten Jahrzehnt des 21. Jahrhunderts. Dem gegenüberzustellen sind die produktiven Chancen der Zusammenarbeit mithilfe elektronischer Anwendungen – sofern Sender und Empfänger autorisiert und authentifiziert sind.

Inhaltsfeld Medien

Inhaltliche Schwerpunkte (Kernlehrplan)
- Information und Informationsdarbietung in verschiedenen Medien
- Filmische Umsetzung einer Textvorlage bzw. filmisches Erzählen
- Bühneninszenierung eines dramatischen Textes
- Kontroverse Positionen der Medientheorie

Informationsdarbietung in verschiedenen Medien

Seit Mitte des letzten Jahrhunderts gewinnen Massenmedien zunehmend an Einfluss und Bedeutung. Da der Umfang und die Geschwindigkeit der Verbreitung von Informationen durch die Medien in den letzten Jahrzehnten erheblich gesteigert wurde (z. B. Anzahl der Fernsehprogramme, Onlinemedien und Streamingdienste) und die Art der Informationsdarbietung sich damit deutlich verändert hat, sprechen wir heute vom „Informationszeitalter".
Besonders die rasante Ausbreitung des World Wide Web und die intensive Nutzung mediengestützter Kommunikationsformen (Smartphones, Tablets usw.) prägen die moderne Medienlandschaft. Die schnelle Entwicklung der Technologien (z. B. Leistungsfähigkeit der Hard- und Software, Geschwindigkeit des Internetzugriffs, Leistungsfähigkeit und Funktionalitätsumfang von Smartphones usw.) bringt Vorteile mit sich, wie den schnellen und **globalen Austausch von Informationen** sowie die **Vielfalt von Kommunikationsmöglichkeiten** mit anderen (z. B. soziale Netzwerke). Mit diesen Vorteilen können allerdings unerwünschte Nebenwirkungen und Gefahren verbunden sein, z. B. unterschiedliche Formen der Internetkriminalität, möglicher Verlust der Privatsphäre sowie negative Auswirkungen auf das Sozialverhalten.

Zu klären ist stetig neu, welchen Einfluss das mediale Umfeld auf Sprachverwendungszusammenhänge und auch die Sprache selbst haben. Das Internet und die vielfältigen mediengestützten Kommunikationsmöglichkeiten besitzen eigene, sehr spezifische Strukturen: Online-Publikationen, Blogs, Internetforen, Chats, E-Mail, SMS, Messengerdienste usw. Die Sprache, die in diesen Medien verwendet wird, weist in einigen Nutzungskontexten Spezifika auf:
- Veränderungen im Wortschatz durch die gehäufte Verwendung von Wörtern aus anderen Sprachen, in erster Linie Anglizismen (z. B. „Backup", „Chat", „Account")
- Verwendung von Emoticons (z. B. Smileys), Aktionswörtern (z. B. „freu" oder „grins"), Abkürzungen und Akronymen (z. B. „LOL" für „**L**aughing **O**ut **L**oud" bzw. „**L**ots **O**f **L**uck" oder „MOTD" für „**M**essage **O**f **T**he **D**ay")
- stärkere Orientierung an der gesprochenen Umgangssprache

Die Diskussion, welche Auswirkungen diese Besonderheiten der Netzsprache auf die Sprachverwendung haben, wird kontrovers geführt (→ *Kontroverse Positionen der Medientheorie,* S. 195 f.). Grundsätzlich lassen sich drei Positionen unterscheiden, die durch folgende Kernaussagen charakterisiert werden können:

1. Im Internet und bei der Kommunikation über z. B. Messengerdienste wird eine spezifische Sprache verwendet, die sich von der Standardsprache erheblich unterscheidet und sich negativ auf die mündliche und die schriftliche Sprachverwendung Jugendlicher im Alltag auswirken kann.
2. Ein grundsätzlich negativer Einfluss des Internets und der Kommunikation per Kurznachricht auf die Qualität der Sprachverwendung Jugendlicher wird zurückgewiesen, da eine spezifische „Netzsprache“ nur im Freizeitbereich verwendet werde, in anderen Nutzungskontexten (z. B. Onlineforen, informellen Webseiten und vielen Chats) aber kaum eine Rolle spiele.
3. Die „Netzsprache“ wird als eigenständiges Sprachmedium aufgefasst, das eigene und neue Funktionen besitze und diese mit spezifischen Strukturen umsetze. Beobachtbare Spezifika in der Sprachverwendung (siehe unten) werden eher als Bereicherung denn als Gefahr aufgefasst.

Sprachkritische Ansätze **(Position 1)** warnen, im Sinne der Sprachpflege (→ S. 145 f.), vor einer Überfremdung der Sprache durch die gehäufte Verwendung von Anglizismen. Zudem befürchten sie langfristig eine Schwächung der mündlichen und schriftlichen Sprachkompetenz durch einen an der Umgangssprache orientierten Sprachstil und die Auflösung syntaktischer Strukturen durch die Verwendung von Aktionswörtern, Abkürzungen und Akronymen.

Autoren der **Position 2** bemerken zur beobachtbaren Häufung von Anglizismen, dass diese durchaus verständlich sei, weil Englisch mit fast 60 % aller Internetseiten die Sprache des Netzes sei und die Entstehung des World Wide Web von Amerika ausging. Allerdings weisen sie gleichzeitig auf neuere Statistiken hin, die belegen, dass heute Webseiten in deutscher Sprache – noch vor Französisch und Spanisch – mit ca. 8 % des Gesamtanteils bereits Platz 2 einnehmen. Die Kritik an der Verwendung von Emoticons, Aktionswörtern, Abkürzungen und Akronymen halten sie für überzogen, da es sich um Sprachspielereien handele, die fast ausschließlich die private Nutzung betreffe. Grundsätzlich geben sie zu bedenken, dass noch nicht wirklich geklärt sei, welchen Einfluss die Sprachverwendung in elektronischen Medien auf die Sprech- und Schreibkompetenzen Jugendlicher hat. Sie verweisen diesbezüglich auf neuere Untersuchungen, die zeigen, dass die heutigen Jugendlichen sehr wohl in der Lage seien, normgerecht zu kommunizieren und zu schreiben.

Diejenigen, die eher der **Position 3** zuzuordnen sind, fordern in der Diskussion zu mehr Gelassenheit auf und bewerten die intensive Mediennutzung der „Netzgeneration“ als unproblematisch. Im Gegensatz zu den Kritikern heben sie die Vorzüge hervor: die Orientierung in einem bedeutsamen Medium, die Förderung des Denkens durch kritische Auswahl, die Intensität der Kommunikation sowie breite Möglichkeiten zur Recherche.

Die Spezifika der Netzsprache interpretieren sie als konzeptionelle Mündlichkeit. Demnach beweisen typische Merkmale der mündlichen Kommunikation, wie umgangssprachliche Wendungen (z. B. „Tach“ statt „Guten Tag“), Verkürzungen (z. B. „nich“ statt

„nicht") oder die Verwendung von Aktionswörtern (z. B. „stöhn", „würg") keinen Verlust an Sprachkompetenz, sondern sind Ausdruck eines bewusst gewählten Konzeptes. Dessen Ziel sei es, besonders in Messengerdiensten und Chats Nähe zum Adressaten herzustellen.

Obwohl man heute natürlich nicht wissen kann, wie die Medienlandschaft der Zukunft aussehen wird, ist schon jetzt klar, dass mediengestützte Kommunikationsformen im Internet allen Printmedien erhebliche Konkurrenz machen. Die eingangs formulierte Frage nach dem Einfluss der Medien auf die Sprache muss vor diesem Hintergrund sicherlich stetig aufs Neue untersucht werden.

TIPP zum Punktesammeln

Vor dem Hintergrund der oben angedeuteten Kontroverse muss man bei der Analyse von Sachtexten, die sich mit dem Thema „Einfluss der Medien auf die Sprache" befassen, davon ausgehen, dass je nach Position eine gewisse Einseitigkeit in der Argumentation vorhanden sein kann. Bei der Analyse der Texte sollte man deshalb zeigen, dass man das gesamte Spektrum der Diskussion kennt und in der Lage ist, kritisch reflektierend einen eigenen Standpunkt dazu einzunehmen.

Filmisches Erzählen

Grundsätzlich bezieht sich jede analytische Auseinandersetzung mit dem Medium Film auf drei Ebenen:

Erzählebenen	Darstellungsmittel
visuelle Ebene	Bildausschnitt, Bildformat, Kameraperspektive, Kamerabewegung, Einstellungsgrößen der Kamera, Farbe, Beleuchtung, Bildschärfe, Bildaufbau
auditive Ebene	On- und Offton, Sprache (Figurenrede, Dialoge), Erzählerstimme, Geräusche, Filmmusik
narrative Ebene	Erzähler, Story, Plot, Figuren(konstellation), Erzählzeit / erzählte Zeit, Montage (Schnitt, Auf- und Abblendung), erzählende Mittel der Montage (Schuss/Gegenschuss, Parallelmontage, Crosscutting, Flashback und Flashforward)

Die **filmischen Gestaltungsmittel** sind für das Gelingen der Kommunikation zwischen Film und Zuschauer, auch wenn diese Kommunikation nicht wie bei Bühneninszenierungen (→ S. 193 f.) direkt, sondern nur mittelbar stattfindet. Sie lenken den Blick und arbeiten mit spezifischen filmischen Codes, die die Zuschauer entschlüsseln müssen. Im Zentrum der Analyse stehen Kameraeinstellung und -bewegung sowie Schnitt bzw. Montage. Hinzu kommen die Tonspur (Sprache, Musik, Geräusche) sowie Effekte der

Digitaltechnik. Alle diese Elemente können **als Zeichen verstanden** und beschrieben werden.
Eine entsprechende Analyse setzt die Kenntnis zentraler Gestaltungsmittel des Films voraus. Übersichten dazu sind im Internet leicht verfügbar.

Da ein Film erst durch die Kommunikation zwischen Film und Zuschauer mithilfe der persönlichen Fantasie des Zuschauers entsteht, besitzen symbolhafte Andeutungen durch visuelle Zeichen, Musik, Licht und Farbe sowie Aussparungen und Auslassungen eine besondere Bedeutung hinsichtlich der Wirkung.

TIPP zum Punktesammeln

Die analytische Beschäftigung mit der filmischen Umsetzung einer Textvorlage erfordert eine intensive Auseinandersetzung mit der Textvorlage und mit der **zu analysierenden Filmsequenz**. Zur Vorbereitung der Filmanalyse ist es ratsam, bei mehrmaligem Anschauen des Films ein Storyboard bzw. Sequenzprotokoll anzulegen, um folgende Gestaltungselemente festzuhalten:
- einzelne Einstellungen und deren Dauer
- visuell-formale Ebene (Kameraführung/-bewegung, Einstellungsgröße/-perspektive)
- Handlungsebene (Personen, Szenenfolge, Requisiten, Dramatik)
- auditive Ebene (sprachliche Information, Musik, Geräusche, Offstimmen)
- Einstellungswechsel: Montageformen

Beim **Vergleich einer literarischen Textvorlage** mit einer filmischen Umsetzung ist es hilfreich, zentrale Gestaltungsmerkmale beider Medien zu parallelisieren, auch wenn das der prinzipiellen Eigenständigkeit beider Medien nicht ganz gerecht wird:

Film	Text
Kamera	Erzähler bzw. Sprecher
Schnitt, Montage	Orts-, Zeit-, Handlungswechsel
Bildkomposition	sprachliche Gestaltung
Soundtrack	sprachliche Gestaltung
Spannungsaufbau	sprachliche Gestaltung

Auf Grundlage des Storyboards/Sequenzprotokolls können filmische Umsetzung und Textvorlage vertiefend miteinander verglichen werden, um die Wirkung zu erschließen, die durch den spezifischen Einsatz der filmischen Gestaltungsmittel erreicht wird.

Bei der **Analyse eines Films**, der nicht nur in Ausschnitten vorliegt, sind ebenfalls die zuvor beschriebenen Kompetenzen erforderlich. Allerdings steht die Auseinandersetzung mit dem filmischen Erzählen, also der narrativen Struktur des Films in seiner Gesamtheit stärker im Fokus, wenn das Verhältnis von Inhalt, Ausgestaltung und Wirkung auf den Zuschauer beurteilt werden soll.

Bezogen auf das Medium Film meint „Narration“ die **im Film erzählte Handlung** und deren filmische Umsetzung (= Inszenierung). Die narrative Struktur eines Films umfasst die Gesamtheit (Entwicklung, Anordnung und Darstellung) der Erzählung und schließt dabei die Kameraführung, den Schnitt und die Ausstattung der Szenen ein. Von besonderer Bedeutung ist dabei die **Dramaturgie** des filmischen Erzählens. Durch eine interessante und effektvolle Bild- und Tongestaltung kann Aufmerksamkeit geweckt, Spannung erzeugt und Identifikationsangebote geschaffen werden. Unabhängig davon, ob die dramaturgische Anlage eher symbolisch distanziert, poetisch verspielt oder dokumentarisch nüchtern ist, beeinflussen vor allem die visuellen Gestaltungsmittel des Films die Gefühlslage der Zuschauer und prägen damit den Erzählstil eines Films. In Analogie zu literarischen Texten übernimmt die **Kamera** dabei quasi die **Funktion des Erzählers** (→ *Formen und Elemente von epischen Texten / Erzähltexten,* S. 163 ff.). Alles, was im Bild gezeigt und wie es gezeigt wird, ist für die Wirkung des Films und die Interpretation durch den Zuschauer von besonderer Bedeutung.
Im Kontext der Beurteilung der Wirkung von Filmen und ihrer Gestaltungsmittel auf den Zuschauer und mit Blick auf die Möglichkeiten der Einflussnahme des Rezipienten auf das Medium Film bieten sich Bezüge zu unterschiedlichen medientheoretischen Positionen an (→ *Kontroverse Positionen der Medientheorie,* S. 195 f.)

Bühneninszenierung eines dramatischen Textes

Mit dem Begriff **„Inszenierung“** wird das In-Szene-Setzen eines dramatischen Textes unter der Leitung der Regieführenden auf einer Bühne bezeichnet, wobei durch den Einbezug theatraler Mittel die Intention des Dichters herausgearbeitet und die Wirkung des Werkes verstärkt werden soll. Früher sprach man von einer gelungenen Inszenierung dann, wenn die Aufführung des Stückes als möglichst werkgetreu aufgefasst wurde. Wenn heute von einer gelungenen Inszenierung die Rede ist, geht es meist nicht um das Kriterium der Werktreue, sondern im Allgemeinen um ein Lob für die Qualität der Aufführung, ohne dass die Kriterien der Bewertung dabei offenkundig werden. Bühneninszenierungen dramatischer Texte als geplante und in der Regel geprobte Aktivitäten entfalten ihre Wirkung erst vollständig in der Aufführung durch den unmittelbaren Kontakt mit dem Publikum.
Da man heute nicht mehr davon ausgeht, dass es nur die eine richtige Inszenierung gibt, wird jede Inszenierung eines dramatischen Textes als eine **Interpretation** derjenigen verstanden, die Regie führen. Daher unterscheiden sich Inszenierungen ein und desselben dramatischen Textes häufig sehr deutlich, indem z. B. ältere Stoffe durch Übertragung in die Gegenwart aktualisiert werden. Gesellschaftliche Veränderungen, Veränderungen der Seh- und Wahrnehmungsgewohnheit, das Bemühen um künstlerische Originalität und der Konkurrenzkampf der Bühnen untereinander bzw. im Spannungsfeld mit anderen Medien fördern die Eigenständigkeit von Interpretationen bei der Inszenierung eines dramatischen Textes. Die Ausweitung plurimedialer Strukturen der Bühneninszenierungen, z. B. durch den verstärkten Einbezug von Videos und anderen visuellen und akustischen Effekten, unterstützen diesen Prozess.

Nur wenn der Zuschauer die dramatische Textvorlage selbst gut kennt, wird er sich ein Urteil bilden können, ob die Interpretation einer Inszenierung sich mit der eigenen Interpretation des Stückes deckt.
Die Analyse der ästhetischen Gestaltung einer Bühneninszenierung setzt sich mit der Umsetzung zentraler Elemente dramatischer Texte auseinander:

- Handlung
- Raum- und Zeitgestaltung
- Figuren und Figurenkonstellation
- Sprache und Dialogführung

Das Kapitel *Dramatische Texte* (→ S. 167 ff.) enthält ausführliche Hinweise zu diesen Elementen und bietet Erschließungsfragen für die Analyse dramatischer Texte, die auch für die Auseinandersetzung mit der Gestaltung der Inszenierung des Stücks hilfreich sind. Dabei sollte sich die Beobachtung darauf konzentrieren, wie diese Elemente in der Inszenierung durch die Gestaltung der Bühne (Raumkonzeption, Dekoration, Requisiten, Beleuchtung, akustische, visuelle sowie andere bühnentechnische Effekte), die Besetzung der Figuren, ihre nonverbale und verbale Ausdrucksweise sowie Maske und Kleidung ausgestaltet werden. Auswahl und Zusammenwirken dieser theatralischen Mittel bestimmen wesentlich die Wirkung auf den Zuschauer. Da dramatische Texte meist nur sparsame Vorgaben (Regieanweisungen) zur konkreten Ausgestaltung enthalten oder die Regie sich bewusst von Vorgaben (z. B. Zeit der Handlung) löst, sind entsprechende Konkretisierungen Ergebnis und Ausdruck der Interpretation.

Folgende Erschließungsfragen sind geeignet, die Aufmerksamkeit auf plurimediale Strukturen und ästhetische Gestaltungselemente einer Inszenierung zu lenken und die **Inszenierung** bzgl. Inhalt, Ausgestaltung und Zuschauerwirkung zu **beurteilen**:

- Welcher Bezug besteht zwischen dramatischer Textvorlage und Bühneninszenierung? Sind Veränderungen der inhaltlichen Schwerpunktsetzung durch Streichungen, Ergänzungen bzw. die Verlagerung von Zeit und Ort nachvollziehbar?
- Kann das Publikum die dramatische Textvorlage, sei sie noch so gut oder bekannt, angemessen rezipieren? Wäre es für die Rezeption erforderlich, die dramatische Textvorlage anzupassen, den Inhalt zu aktualisieren und die Aufführung moderner zu gestalten?
- Wie unterstützt die gewählte Bühnenkonzeption Aussage und Rezeption? Welche Funktion nehmen dabei bühnentechnische Besonderheiten (Drehbühne, Einbezug des Zuschauerraums usw.) sowie akustische und visuelle Effekte ein?
- Können die Schauspieler(innen) die zu besetzenden Rollen glaubhaft verkörpern? In welcher Weise unterstützen Bewegung, verbaler und nonverbaler Ausdruck die Rezeption?

Kontroverse Positionen der Medientheorie

Die Geschwindigkeit der Veränderung und Ausbreitung der Massenmedien seit Anfang der 1930er-Jahre wird begleitet von teilweise kontroversen medientheoretischen Ansätzen. Während Bertolt **Brecht** in seiner „Radiotheorie" aus dem Jahre 1932 noch die Vision vom Rundfunk als einem **großartigen Kommunikationsapparat des öffentlichen Lebens** zum Ausdruck bringt, kritisieren gut sechzig Jahre später Soziologen und Gesellschaftstheoretiker die Eigendynamik, die Medien im politischen, gesellschaftlichen und privaten Bereich erlangt haben.
Mit Blick auf die rasante Entwicklung der elektronischen Medien in seiner Zeit (Aufkommen einer **„Bewusstseinsindustrie"**) geht noch Hans Magnus **Enzensberger** im „Baukasten zu einer Theorie der Medien" 1962 davon aus, dass anders als bei Brecht etwa dreißig Jahre zuvor beste Voraussetzungen gegeben seien, um die Distributionsapparate zu Kommunikationsapparaten werden zu lassen und die Bevölkerung als „Sender" aktiv in das Mediengeschehen einzubinden. Wie Brecht begründet auch Enzensberger seine Einschätzung mit den dazu bereits vorhandenen technischen Möglichkeiten der Medien. Diese könnten ohne großen Aufwand genutzt werden, um die Empfänger an der Produktion der Medieninhalte zu beteiligen, worin er ein geeignetes Instrument sieht, neue gesellschaftliche Strukturen zu etablieren.

Gut sechzig Jahre nach Brechts visionärer „Radiotheorie" und fast dreißig Jahre nach Enzensbergers Medientheorie äußert sich der Soziologe und Medienkritiker Niklas Luhmann (1927 – 1998) sehr skeptisch über die direkte Teilhabe der „Empfänger" an der Medienproduktion, da nicht die Realität an sich, sondern die durch Medien vermittelte Realität in diesen Beiträgen zum Ausdruck kommt. Dabei handelt es sich nach **Luhmann** um eine eher **unbewusste Manipulation durch die Medien**, die für ihn darauf angelegt scheint, für den Umsatz ihrer Ware eine individuelle psychische Verankerung zu schaffen. Ebenfalls neuere Thesen der Medienwirkungsforschung stellen kritisch den erheblichen Einfluss heraus, den heutige Massenmedien auf die Konsumenten haben.

Wirkung von Massenmedien	Erläuterungen
Agendasetting	These: Durch gezieltes Setzen bestimmter Themenschwerpunkte lässt sich beeinflussen, worüber Zuschauer sich Gedanken machen.
verfehlte Kultivierung	Hypothese: Bei „Vielsehern" weicht häufig die Weltsicht von der Realität ab, da sie sich stärker mit der Fernsehwelt auseinandersetzen, die die Darstellung der Realität verzerrt.
Schweigespirale	These: Massenmedien können erheblich Einfluss auf den Zuschauer nehmen, indem sie dem Einzelnen gegenüber bestimmte Meinungen als angebliche Mehrheitsmeinungen präsentierten, sodass dieser aus Furcht vor Isolation in der Öffentlichkeit schweigt, obwohl er eigentlich eine andere Meinung hat.

Wissenskluft	Hypothese: Der wachsende Informationsfluss der Massenmedien (mit meist trivialen Inhalten) führt zu einer Vergrößerung der Wissenskluft zwischen Menschen mit höherem und niedrigerem sozioökonomischem Status.
Medienpriming	These: Medienkonsumenten beurteilen politische Akteure verstärkt nach den Kategorien, die in der Medienberichterstattung bevorzugt thematisiert werden.
Third-Person-Effekt	Die Tendenz vieler Menschen, zu glauben, dass andere durch die Massenmedien mehr beeinflusst werden, als sie selbst, ist Ausdruck einer verzerrten Wahrnehmung.

Im Gegensatz zu diesen medienkritischen Ansätzen gibt es gegenwärtig auch positive Positionen, die beinah euphorisch vom **„Beteiligungsboom“** in der heutigen Medienlandschaft sprechen. Ein Phänomen, das für die Vertreter dieser Sichtweise Ergebnis einer grundlegenden Änderung der weltweiten Kommunikationssysteme ist und vor allem durch die Rückkoppelungseffekte im Internet erheblichen Einfluss auf die Gesellschaft haben wird, wozu sie über das Internet organisierte Formen des politischen Widerstands (z. B. Demokratiebewegung in Ägypten, Stuttgart-21-Gegner) als Beispiele anführen.
Mit den genannten Beispielen wird ein häufig als **„Internet-Tsunami“** bezeichnetes Phänomen der Gegenwart angesprochen. Mit diesem Begriff sind meist politisch motivierte Massenbewegungen gemeint, die durch gezielte Veröffentlichungen im Internet ausgelöst werden, indem durch Rückkopplungseffekte eine Art „Meinungsimpulswellen“ hervorgerufen werden. Im Sinne Brechts und Enzensbergers scheint sich für sie das Internet vom Distributionsapparat zum Kommunikationsapparat zu wandeln und sie prophezeien, dass diejenigen, die nicht selbst Teil dieses dynamischen Prozesses sind, langfristig abgehängt würden.
Vor dem Hintergrund dieser gegensätzlichen medienkritischen Ansätze der Gegenwart gilt es durch differenziertes Abwägen der Möglichkeiten und der Gefahren zu erkennen, dass die Dynamik des Internets durchaus positive Effekte haben kann, aber auf der Grundlage desselben Wirkungsmechanismus auch missbraucht werden kann. Bleibt man im Bild des Tsunamis, offenbart sich das Problem darin, dass Bewegungen ausgelöst werden können, die sich verselbstständigen und dann der Kontrolle entziehen. Als weiteres einfaches und bekanntes Beispiel können hier über Twitter oder Facebook erfolgte Einladungen zu Geburtstagspartys angeführt werden, die bereits des Öfteren wegen des unkontrollierten Ansturms ins Chaos geführt haben. Ebenso ist Cybermobbing ein Beispiel für das in der Dynamik enthaltene Gefährdungspotenzial. Da die Entwicklung der Medien nicht an Tempo zu verlieren scheint, ist davon auszugehen, dass sich auch ihr Einfluss auf die Gesellschaft weiter verändern wird.

Rhetorische Mittel

Folgende rhetorische Figuren und Fachbegriffe können Ihnen als Hilfsmittel für die Textanalyse sehr von Nutzen sein:

Fachbegriff / rhetorische Figur	Erklärung	Beispiel
Allegorie	Sinnbild für einen abstrakten Begriff	*Justitia* als Frau mit verbundenen Augen; Waage und Schwert als Sinnbild für *Gerechtigkeit*
Alliteration	Wiederkehr des gleichen Anlauts bei mehreren aufeinanderfolgenden Wörtern	Milch macht müde Männer munter
Anakoluth	grammatisch fehlerhafte Satzkonstruktion; Satzbruch	Es ist zwar teurer und es ist klein.
Anapher	Wiederholung mindestens eines Wortes am Vers- oder Satzanfang	Es zu kämmen gegen den Strich/ Es zu paaren widernatürlich / Es nackt zu scheren (M. L. Kaschnitz, *Ein Gedicht*)
Antithese	Gegenüberstellung gegensätzlicher Aussagen	Tages Arbeit; abends Gäste;/ Saure Wochen, frohe Feste! (J. W. Goethe, *Der Schatzgräber*)
Aposiopese	bewusster Abbruch eines Satzes vor der entscheidenden Aussage	Mit diesen kleinen Händen hätt ich ihn –? (H. v. Kleist, *Penthesilea*)
Apostrophe	Form der Anrede: Abwendung vom Publikum, Hinwendung zu anderen Ansprechpartnern	Ihr Götter, steht mir bei!
Assonanz	Reim nur der Vokale, nicht der ganzen Silbe	Romanzen vom Rosenkranz (C. Brentano)
Asyndeton / asyndetische Reihung	Aneinanderreihung ohne beiordnende Konjunktion (Gegenteil → Polysyndeton)	Falschgeldprägen, Lichtausknipsen, Zähneputzen, Totschießen. (G. Grass, *Die Blechtrommel*)
Chiasmus	kreuzweise bzw. spiegelbildartige Stellung von Satzgliedern	Die Kunst ist lang! / Und kurz ist unser Leben. (J. W. Goethe, *Faust I*)

Chiffre	sprachliches Bild/Symbol, dessen Bedeutung nur aus dem Textzusammenhang hervorgeht, diesen aber erst verständlich macht/bestimmt	schwarze Milch der Frühe (P. Celan, *Todesfuge*)
Ellipse	unvollständiger Satz, Auslassungssatz	Wohin gehst du? *Nach Hause.* *Ende gut, alles gut.*
Enjambement (Zeilensprung)	Der Satz- und Sinnzusammenhang reicht über das Vers- oder Strophenende hinaus. Das Enjambement hebt vor allem Begriffe am Versende hervor.	Über allen Gipfeln / Ist Ruh ... (J. W. Goethe, *Ein gleiches / Wandrers Nachtlied*)
Enumeratio	Aufzählung	Alles rennt, rettet, flüchtet. (F. Schiller, *Die Glocke*)
Epipher	Wiederholung des gleichen Worts/der gleichen Wörter am Schluss parallel gesetzter Wortgruppen oder Sätze	Doch alle Lust will *Ewigkeit,* / will tiefe, tiefe *Ewigkeit!* (Friedrich Nietzsche, *Also sprach Zarathustra*)
Euphemismus	Untertreibung, mildernder oder beschönigender Ausdruck	*ein kleines Problem* statt: *eine schwierige Situation*
Hyperbel	Übertreibung	blitzschnell; himmelhoch; Schneckentempo
Inversion	Umstellung von Wörtern im Gegensatz zur üblichen Syntax	Einen Krimi lese ich gern.
Ironie	es wird das Gegenteil von dem gesagt, was gemeint ist	Ich finde es prima, dass du heute wieder zu spät kommst.
Klimax	Höhepunkt; steigernde Reihung	Heute back' ich, morgen brau' ich, übermorgen hol' ich der Königin ihr Kind. (Rumpelstilzchen)
Litotes	Verneinung oder Abschwächung des Gegenteils	*nicht hässlich* statt: *schön*; *nicht übel* statt: *gut*
Metapher	Bedeutungsübertragung in der Beziehung der Ähnlichkeit; sprachliches Bild	Mauer des Schweigens; Licht der Wahrheit; Durchbohrt hat mich der Läst'rung giftiger Speer. (F. Schiller)

Metonymie	Ersetzung eines Wortes durch ein anderes, das mit ihm in einer logischen Verbindung steht	*Das Weiße Haus meldet ...* statt: *Der amerikanische Präsident ...*
Neologismus	Wortneuschöpfung	schwerschwarz (G. Grass, *Die Blechtrommel*)
Onomatopoesie	Lautmalerei, sprachliche Nachahmung von Geräuschen oder Lauten durch ähnlich klingende Worte	grrrrmpft!; knistern und knastern
Oxymoron	Verbindung zweier sich widersprechender Begriffe	bittersüß; Hassliebe; stummer Schrei; beredtes Schweigen
Paradoxon	(scheinbarer) Widerspruch	Die Tragödie des Alters ist nicht alt zu sein, sondern jung. (O. Wilde)
Parallelismus	Wiederholung derselben Wortstellung bei nebeneinandergereihten Satzgliedern oder Sätzen	Heiß ist die Liebe, kalt ist der Schnee. Wie ist das Wetter, wie ist die See?
Parenthese	Einschub, Schaltsatz	Ich möchte dir – ich fasse mich kurz – von den Ereignissen erzählen.
Personifikation	Vermenschlichung von Tieren, Gegenständen oder abstrakten Begriffen	Väterchen Frost; die Sonne lacht
Pleonasmus	überflüssige Verbindung von Wörtern mit gleicher Bedeutung zur Verstärkung	schwarzer Rappe; weißer Schimmel
Polysyndeton	Reihung von beiordnenden Konjunktionen (Gegenteil → Asyndeton)	*Und* es wallet *und* siedet *und* brauset *und* zischt. (F. Schiller, *Der Taucher*)
Prämisse	Grundannahme, auf der weitere Überlegungen aufbauen	Ich glaube an den Menschen und das heißt, ich glaube an seine Vernunft! (B. Brecht, *Leben des Galilei*)
Refutatio	Vorwegnahme eines möglichen Einwands, der sogleich widerlegt wird	Sie werden sagen, dass ..., aber ...

rhetorische Frage	Frage, auf die keine Antwort erwartet wird oder deren Antwort bereits feststeht	Möchten Sie gerne Ferien?
Suggestivfrage	Frage, die eine bestimmte Auslegung durch den Zuhörer nahelegt	Könnte es vielleicht sein, dass Ihnen Hausarbeiten lästig sind?
Syllogismus	logische Denkfigur, bei der aus zwei Prämissen ein Schluss gezogen wird	Stimmbänder sind notwendig, um sprechen zu können. Fische haben keine Stimmbänder. Also können Fische nicht sprechen.
Symbol	ein konkretes Zeichen für ein bestimmtes Handeln oder einen bestimmten Begriff	*Kreuz* als Symbol des christlichen Glaubens; *Taube* als Symbol für Frieden
Synästhesie	Vermischung verschiedener Sinneseindrücke	heiße Musik; schreiende Farben
Synekdoche	Bezeichnung, die einen Teil für das Ganze setzt (Pars pro Toto) oder das Ganze durch einen Teil wiedergibt (Totum pro Parte)	Wir flehen um ein *wirtlich Dach* (für: *gastfreundliches Haus*) (F. Schiller)
Tautologie	Doppelaussage, oft synonym zu → Pleonasmus gebraucht	nackt und bloß; einzig und allein; heiter und froh; alter Greis
Trikolon	dreigliedriger Ausdruck	Und wiegen und tanzen und singen dich ein. (J. W. Goethe, *Erlkönig*)
Vergleich	bildhafter Hinweis auf einen anderen Bereich	Er ist schlau wie ein Fuchs.
Wiederholung	mehrfaches Auftreten identischer Wörter, Satzteile oder ganzer Sätze	Singet leise, leise, leise.
Wortspiel	geistreiches Spiel mit Worten, um eine witzige Wirkung zu erzielen	Entrüstet Euch! (Wahlspruch der Friedensbewegung)